文革史料叢刊第六輯

第二冊

李正中　輯編

只有不漠視、不迴避這段歷史，中國才有希望，中華民族才有希望！忘記歷史意味著背叛！

——摘自「文革史料叢刊·前言」

蘭臺出版社

巴金先生說在文革
受盡火与血磨煉
的人是不會沉默的

八十又
五叟　李正平

著名中國古瓷與歷史學家、教育家。
李正中　簡介

祖籍山東省諸城市，民國十九年（1930）出生於吉林省長春市。
北平中國大學史學系肄業，畢業於華北大學（今中國人民大學）。
歷任：天津教師進修學院教務處長兼歷史系主任（今天津師範大學）。
　　　天津大學冶金分校教務處長兼圖書館長、教授。
　　　天津社會科學院中國文化研究中心主任、研究員。
現任：天津文史研究館館員。
　　　天津市漢語言文學培訓測試中心專家學術委員會主任。
　　　香港世界華文文學家協會首席顧問。
　　　（天津理工大學經濟與文化研究所供稿）
為加強海內外學術交流，應邀赴日本、韓國、香港、臺灣進行講學，
其作品入圍德國法蘭克福國際書展和美國ABA國際書展。

提要

　　無產階級文化大革命時間長達十年之久，被人們稱為「十年動亂」、「十年浩劫」，在歷史的長河中，它的重要性終究不會被抹滅。李正中是一位文革受難者，也是歷史研究者，他認為保留史料以供後人研究是十分重要的事，於是花費數十年的歲月，有計畫地整理蒐集。

　　本書由李正中輯編，其所蒐集的文革史料，部分來自於天津拍賣市場、古舊物市場等地購買；部分是學生贈送。這些第一手直接史資料的內容，包羅萬象，有手寫稿、油印品，鉛印文字、照片、繪畫，傳單、小報等等文革遺物，甚至造反隊的隊旗、臂標也在內。

　　《文革史料叢刊》第六輯共五冊，收錄文革時期的舞臺藝術劇本及政治性質歌曲集。

　　本書為第六輯第二冊，總共421頁，由下列三本書籍合併編排印刷：

　1. 革命現代京劇-紅色娘子軍

　　　八大革命樣板戲之一。中國京劇團根據同名舞劇集體移植創作，1972年1月演出本，人民解放軍戰士出版社翻印，全書143頁。

　2. 革命現代京劇-海港

　　　八大革命樣板戲之一。上海京劇團（海港）劇組集體改編，1972年1月演出本，人民文學出版社出版，人民解放軍戰士出版社翻印，1972年1月第一版，全書135頁。

　3. 革命現代京劇-龍江頌

　　　八大革命樣板戲之一。上海市《龍江頌》劇組集體改編。1972年1月演出本，由人民解放軍戰士出版社翻印，全書132頁。

文革五十周年祭

百萬紅衛兵打砸搶燒殺橫掃五千年中華文史精華　　可惜

中國知識分子慘遭蹂躪委曲求全寧死不屈有氣節　　可敬

國家主席劉少奇無法可護窩窩囊囊死無葬身之地　　可歎

內鬥中毛澤東技高一籌讓親密戰友林彪墜地身亡　　可悲

2016年李正中於5.16敬祭

前言：忘記歷史意味著背叛

文學巨匠巴金說：

應該把那一切醜惡的、陰暗的、殘酷的、可怕的、血淋淋的東西集中起來，展覽出來，毫不掩飾，讓大家看得清清楚楚，牢牢記住。不能允許再發生那樣的事。不再把我們當牛，首先我們要相信自己不是牛，是人，是一個能夠用自己腦子思考的人！

那些魔法都是從文字遊戲開始的。我們好好地想一想、看一看，那些變化，那些過程，那些謊言，那些騙局，那些血淋淋的慘劇，那些傷心斷腸的悲劇，那些勾心鬥角的醜劇，那些殘酷無情的鬥爭……為了那一切的文字遊戲！……為了那可怕的十年，我們也應該對中華民族子孫後代有一個交代。

要大家牢記那十年中間自己的和別人的一言一行，並不是讓人忘記過去的恩仇。這只是提醒我們要記住自己的責任，對那個給幾代人帶來大災難的「文革」應該負的責任，無論是受害者，或者害人者，無論是上一輩或是下一代，不管有沒有為「文革」舉過手點過頭，無論是造反派、走資派，或者逍遙派，無論是鳳或者是牛馬，讓大家都到這裡來照照鏡子，看看自己為「文革」做過什麼，或者為反對「文革」做過什麼。不這樣，我們怎麼償還對子孫後代欠下的那一筆債，那筆非還不可的債啊！

（摘自巴金《隨想錄》第五冊《無題集·紀念》）

我高舉雙手讚賞、支持前輩巴老的呼籲。這不是一個人的呼籲，而是一個民族對其歷史的反思。一個忘記自己悲慘歷史和命運的民族，就是一個沒有靈魂的民族，沒有希望的民族，沒有前途的民族。中華民族要真正重新崛起於世界之林，實現中華夢，首先必須根除這種漠視和回避自己民族災難的病根，因為那不意味著它的強大，而恰恰意味著軟弱和自欺。這就是我不計後果，一定要搜集、編輯和出版這部書的原因。我想，待巴老呼籲的「文革紀念館」真正建立起來的那一天，我們才可以無愧地向全世界宣告：中華民族真正走上了復興之路……。

當本書即將付梓時刻，使我想到蘭臺出版社出版該書的風險，使我內心感動、感激和感謝！同時也向高雅婷責任編輯對殘缺不全的文革報紙給以精心整理、校對，付出辛勤的勞累致以衷心得感謝！

感謝忘年交、學友南開大學博導張培鋒教授為拙書寫「序言」，這是一篇學者的呼喚、是正義的伸張，作為一個早以欲哭無淚的老者，為之動容，不覺潸然淚下：「一夜思量千年事，人生知己有一人」足矣！

李正中於古月齋
2014年6月1日文革48周年紀念

序言：中國歷史界的大幸，也是國家、民族之大幸

張培鋒

　　李正中先生積三十年之功，編集整理的《文革史料叢刊》即將出版，囑我為序。我生於1963年，在文革後期（1971-1976），我還在讀小學，那時，對世事懵懵懂懂，對於「文革」並不瞭解多少，因此我也並非為此書寫序的合適人選。但李先生堅持讓我寫序，我就從與先生交往以及對他的瞭解談起吧。

　　看到李先生所作「前言」中引述巴金老人的那段話，我頓時回想起當年我們一起購買巴老那套《隨想錄》時的情景。1985年我大學畢業後，分配到天津大學冶金分校文史教研室擔任教學工作，李正中先生當時是教務處長兼教研室主任，我在他的直接領導下工作。記得是工作後的第三年即1987年，天津舉辦過一次大型的圖書展銷會（當時這樣的展銷會很少），李正中先生帶領我們教研室的全體老師前往購書。在書展上，李正中先生一眼看到剛剛出版的《隨想錄》一書，他立刻買了一套，並向我們鄭重推薦：「好好讀一讀巴老這套書，這是對「文革」的控訴和懺悔。」我於是便也買了一套，並認真讀了其中大部分文章。說實話，巴老這套書確實是我對「文革」認識的一次啟蒙，這才對自己剛剛度過的那一個時代有了比較深切的瞭解，所以這件事我一直記憶猶新。我記得在那之後，李正中先生在教研室的活動中，不斷提到他特別讚賞巴金老人提出的建立「文革紀念館」的倡議，並說，如果這個紀念館真的能夠建立，他願意捐出一批文物。他說：「如果不徹底否定「文革」，中國就沒有希望！」我這才知道，從那時起，他就留意收集有關「文革」的文獻。算起來，到現在又三十年過去了，李先生對於「文革」那段歷史「鍾情」不改，現在終於將其裒輯付梓，我想，這是中國歷史界的大幸，也是國家、民族之大幸！

　　前兩年，我有幸讀到李正中先生的回憶錄，對他在「文革」中的遭遇有了更為真切的瞭解。「文革」不僅僅是中國知識分子的受難史，更是整個民族、人民的災難史。正如李先生在「前言」中所說，忘記這段歷史就意味著背叛。李先生是歷史學家，他的話絕非僅僅出於個人感受，而是站在歷史的高度，表現出一個中國知識分子的真正良心。

　　就我個人而言，雖然「文革」對我這一代人的波及遠遠不及李先生那一代人，但自從我對「文革」有了新的認識後，對那段歷史也有所反思。結合我個人現在從事的中國傳統文化教學與研究來看，我覺得「文革」最大的災難在於：它對中華優秀傳統文化做出了一次「史無前例」的摧毀（當時稱之為「破四舊，立新風」，當時究竟是如何做的，我想李先生這套書中一定有非常真實的史料證明），從根本上造成人心

的扭曲和敗壞，並由此敗壞了全社會的道德和風氣。「文革」中那層出不窮的事例，無不是對善良人性的摧殘，對人性中那些最邪惡部分的激發。而歷史與現在、與未來是緊緊聯繫在一起的，當代中國社會種種社會問題、人心的問題，其實都可以從「文革」那裡找到根源。比如中國大陸出現的大量的假冒偽劣、坑蒙拐騙、貪汙腐化等現象，很多人責怪說這是市場經濟造成的，但我認為，其根源並不在當下，而可以追溯到四十年前的那場「革命」。而時下一些所謂「左派」們，或別有用心，或昧了良心，仍然在用「文革」那套思維方式，不斷地掩飾和粉飾那個時代，甚至將其稱為中國歷史上最文明、最理想的時代。我現在在高校教學中接觸到的那些八十年代、九十年代後出生的年輕人，他們對於「文革」或者絲毫不瞭解，或者瞭解的是一些經過掩飾和粉飾的假歷史，因而他們對於那個時代的總體認識是模糊甚至是錯誤的。我想，這正是從巴金老人到李正中先生，不斷呼籲不要忘記「文革」那段歷史的深刻含義所在。不要忘記「文革」，既是對歷史負責，更是對未來負責啊！

記得我在上小學的時候，整天不上課，拿著毛筆——我現在感到奇怪，其實就連毛筆不也是我們老祖宗的發明創造嗎？「文革」怎麼就沒把它「革」掉呢？——寫「大字報」，批判「孔老二」，其實不過是從報紙上照抄一些段落而已，我的《論語》啟蒙竟然是在那樣一種可笑的背景下完成的。但是，僅僅過去三十多年，孔子仍然是我們全民族共尊的至聖先師，「文革」中那些「風流人物」們今朝又何在呢？所以我認為，歷史是最公正、最無情的，是不容歪曲，也無法掩飾的，試圖對歷史進行歪曲和掩飾其實是最愚蠢的事。李正中先生將這些「文革」時期的真實史料拿出來，讓那些並沒有經歷過那個時代的人們真正認識和體會一下那場「革命」的真實過程，看一看那所謂「革命」、「理想」造成了怎樣嚴重的後果，這就是最好的歷史、最真實的歷史，這也就是巴老所說的「文革紀念館」的一個重要組成部分啊！我非常讚成李正中先生在「前言」中所說的，只有不漠視、不回避這段歷史，中國才有希望，中華民族才有希望！

是為序。

中華民族最黑暗的年代「文革」48周年紀念於天津聆鍾室
〔注〕張培鋒：現任南開大學文學院教授博士班導師

古月齋叢書8　文革史料叢刊　第六輯

前言：忘記歷史意味著背叛　李正中

序言：中國歷史界的大幸，也是國家、民族之大幸　張培鋒

第一冊：劇本、歌曲集

革命文革創作歌曲集　11

革命現代京劇-沙家濱　81

革命現代京劇-紅燈記　204

革命現代京劇-智取威虎山　321

第二冊：劇本、歌曲集

革命現代京劇-紅色娘子軍　11

革命現代京劇-海港　154

革命現代京劇-龍江頌　289

第三冊：劇本、歌曲集

革命現代京劇-奇襲白虎團　11

革命現代京劇-杜鵑山　134

天津創作歌曲選　308

第四冊：劇本、歌曲集

革命歌曲選4　11

工農兵歌曲3　76

革命歌曲選3　115

革命歌曲選6　　　　　　　　　　　　　　　　　180

我們都是小闖將-批林批孔兒歌專輯　　　　　230

第五冊：劇本、歌曲集

革命歌曲選3　　　　　　　　　　　　　　　　　11

海河兒女的心聲　　　　　　　　　　　　　　　61

革命歌曲第一集　　　　　　　　　　　　　　　125

革命歌曲第五集　　　　　　　　　　　　　　　171

電影歌曲第一輯　　　　　　　　　　　　　　　219

革命现代京剧

红色娘子军

毛 主 席 语 录

革命战争是群众的战争，
只有动员群众才能进行战争，
只有依靠群众才能进行战争。

每个共产党员都应懂得这
个真理："枪杆子里面出政权"。

毛主席语录

革命文化，对于人民大众，是革命的有力武器。革命文化，在革命前，是革命的思想准备；在革命中，是革命总战线中的一条必要和重要的战线。

我们的文化艺术都是为人民大众的，首先是为工农兵的，为工农兵而创作，为工农兵所利用的。

毛 主 席 语 录

没有一个人民的军队，便没有人民的一切。

经过政治教育，红军士兵都有了阶级觉悟，都有了分配土地、建立政权和武装工农等项常识，都知道是为了自己和工农阶级而作战。

革 命 现 代 京 剧

红 色 娘 子 军

中国京剧团根据同名舞剧集体移植创作

（一九七二年一月演出本）

第一次刊印本

中国人民解放军战士出版社翻印

目　录

剧　本

主要人物 …………………………………………… 1

序　幕　冲出虎口 ………………………………… 7

第一场　常青指路 ……………………………… 10

第二场　诉苦参军 ……………………………… 17

第三场　里应外合 ……………………………… 24

第四场　教育成长 ……………………………… 36

第五场　山口阻击 ……………………………… 46

过　场　飞速进军 ……………………………… 52

第六场　战斗前进 ……………………………… 53

主要唱段

打不死的吴清华我还活在人间 ………………… 61

天下的受苦人心心相连 ………………………… 65

新新日月照河山 ………………………………… 70

战火中炼出了英雄连队 ………………………… 74

同心踏碎旧世界 ………………………………… 76

找见了救星，看见了红旗 ……………………… 80

靠群策制订好战斗方案 ………………………… 87

万紫千红分外娇 ………………………………… 89

英勇奋战为人民 ………………………………… 92

闹革命靠的是阶级力量……………………………98

永葆这战斗青春………………………… 100

送女把军参………………………… 108

永远冲锋向前方………………………… 110

革命洪流滔天浪………………………… 120

接过红旗肩上扛………………………… 121

剧 照………………………… 129

洪常青——娘子军连党代表。

吴清华——娘子军连战士，后接任党代表。

连　长——娘子军连连长。

南霸天——恶霸地主，反革命"民团"总指挥。

老　四（区广四）——南霸
天的爪牙，团丁头目。

洪常青——娘子军连党代表。

人　物　表

洪常青——男，娘子军连党代表。

吴清华——女，娘子军连战士，后接任党代表。

连　长——女，娘子军连连长。

小　庞——男，红军通信员。

营　长——男，红军营长。

炊事班长——男，娘子军连炊事班长。

男、女红军战士若干人。

黄　威——男，赤卫队长。

郑阿婆——女，贫苦农民。

小　娥——女，郑阿婆的女儿。

赤卫队员若干人。

汉族、黎族群众若干人。

丫头若干人。

南霸天——男，恶霸地主，反革命"民团"总指挥。

老　四（区广四）——男，南霸天的爪牙，团丁头目。

国民党匪营长。

地主。

土豪。

国民党党棍。

土匪头子。

国民党匪兵若干人。

团丁若干人。

序幕 冲出虎口

〔十年内战时期。海南岛。

〔夜。南霸天的土牢里。

〔凄厉的鞭声。

〔幕启：大柱子上，铁链吊着满腔怒火的吴清华；同牢二难友——郑阿婆与小娥焦急、担心地在一旁望着吴清华。

〔老四刚打完最后一鞭；团丁甲手提灯笼，侍立在牢门旁暗影里。

老　四　（对着吴清华吼叫）你说！还跑不跑了？……说！你还跑不跑了？

吴清华　跑！……跑！！

老　四　嗬！吊了三天，你还是这句话！（对团丁甲）来！拿家法，敲断她的双腿！

团丁甲　是！

〔老四解开铁链，放下吴清华。

〔团丁乙匆匆跑进牢门。

团丁乙　四爷，四爷！总爷叫！……（与老四耳语）

老　四　（对吴清华）你等着！我回来再收拾你！（率二团丁出牢，关牢门，下）

〔郑阿婆、小娥奔向吴清华。

小　娥　（扶着吴清华伤痕累累的手臂）妈，你看！……

郑阿婆　这群狗奴才！简直要把人活活整死呀！

吴清华　南霸天的鞭子狠，我们穷人的骨头硬！

郑阿婆　清华，你都跑了四回了，每次抓回来都打个半死，你要
　　　　是再跑……

吴清华　跑！只要还有一口气，我就要跑出去！在这儿，没有我
　　　　们穷苦人的活路！

小　娥　是呀！妈，咱们家不就只欠老贼一担租，就给抓进来了？！

吴清华　阿婆，进了这南府，就只有死路一条哇！

郑阿婆　可跑出去，也是财主的天下……

吴清华　那也不能在这儿等死啊！

　　　唱【西皮散板】

　　　　　想求生路只有跑！

　　　　　决不能含冤忍气，再受煎熬。

　　　　　南府里，死去的姐妹有多少！

　　　【流水】

　　　　　奴隶雪佃户泪流到几时恨方消？

　　　　　抬起头，挣断这枷锁镣铐，

　　　　　拚一死也定要冲出黑牢！

郑阿婆
小　娥　对！

　　　〔牢门开，老四带团丁甲上。

老　四　吴清华！总爷叫你哪！这回呀，你就别想再跑了，有你
　　　　的好去处啦！

郑阿婆　（一惊，扑向吴清华）清华！他们这是要卖你呀！

小　娥　（紧紧地拉住吴清华）清华姐！……

老　四　你们想找死！走！（恶狠狠地将三人分开）快走！

　　　〔吴清华向牢门走去。

郑阿婆
小　娥　（奔向吴清华）　清华！……
　　　　　　　　　　　　清华姐！……

老　四　（回身）他妈的，滚！（举起铁链，欲打郑阿婆、小娥）

　　　　　〔吴清华一把夺过铁链，踢倒老四，转身冲向牢门；团丁甲扑过
　　　　　来拦阻，被吴清华挥铁链打倒。

　　　　　〔老四又扑向吴清华。吴清华将铁链向老四砸去；老四跌倒。

郑阿婆
小　娥　（趁机扭住老四，对吴清华）快跑！

　　　　　〔吴清华转身冲出牢门，飞快跑下。

老　四　（大叫）追！

　　　　　〔老四与团丁甲推开郑阿婆、小娥，急急追下。

　　　　　　　　　　　　　　　　　　　　　　　——暗　转

第 一 场 　 常 青 指 路

〔紧接序幕。漆黑的椰林。

〔老四率团丁持灯笼、绳索，追捕、搜索吴清华。

老　四　　（指挥团丁）快！快！……这边！……那边！……快！

〔团丁们分下。老四下。

〔吴清华机警地从树后闪出，"亮相"；环顾四周，"圆场"，"翻身"，"亮相"。

吴清华

唱【西皮散板】

南霸天，狗强盗！想要我低头，永别办不到！

你四次抓回我五次逃！

【摇板】

一颗心只想着把仇报，把仇报，

两只手只恨无有杀贼的刀！

不怕你恶奴紧追，团丁狂叫，

虎口狼窝里，硬要闯开路一条！

〔吴清华向前跑去，突然发现有团丁追来，急葬身树后。

〔二团丁上，搜索。另一团丁跑过。二团丁大叫："跑了！""追！"跟踪追下。

〔吴清华见团丁走远，转身向另一侧跑去；老四上，挡住去路。

老　四　　（狞笑）吴清华！你往哪儿跑！

〔吴清华与老四拚死搏斗，将老四踢倒。

老　四　　（狂叫）来人！

〔团丁们闻声赶来。吴清华寡不敌众，重落魔掌。

老　四　死丫头，我叫你跑！把她绑在树上，给我打！

〔团丁们拖吴清华下。

〔另一侧，团丁甲跑上。

团丁甲　四爷，总爷到！

老　四　怎么？！惊动总叶啦！

〔南霸天在团丁、丫头们簇拥下怒冲冲上。

老　四　（迎过去）总爷，抓住了！

南霸天　（走向幕侧观看）……

〔幕侧传来鞭打声。

老　四　（跟过来）总爷！……

南霸天　这个丫头是第几回逃跑了？

老　四　第五回了。

南霸天　废物！一群废物！

老　四　是！

南霸天　（低声对老四）如今这海南岛上在闹红军，你不是不知道！

老　四　是。

南霸天　连一个小小的丫头都看不住，将来这椰林寨还不翻了天！

老　四　是！……总爷，这个丫头也不扎手了，还是赶紧把她卖了算啦。

南霸天　不！我今天要杀一儆百！

老　四　是！把吴清华带过来1

〔团丁们推吴清华上。吴清华受伤欲倒，倔强挺立。

南霸天　吴清华，我现在就要你一句话，你还跑不跑了？

吴清华　跑！打不死就跑！

南霸天　好！看是你的骨头硬，还是我的鞭子硬！来！给我打！

　　　　　往死里打！

老　四　打！

　　　〔老四率团丁挥鞭毒打吴清华。丫头们欲上前护住吴清华，被团
　　　丁驱开。

　　　〔吴清华猛地夺过老四手里的鞭子，狠狠一鞭抽在南霸天身上。
　　　团丁们一拥而上，扭住吴清华。南贼趁机举手杖猛击吴清华。
　　　吴清华晕眩倒地，又倔强地挣扎起来，高举拳头，怒视南贼，
　　　终因力不能支，倒下，昏了过去。

老　四　（取水泼吴清华，见吴清华不动）总爷，打死了！

南霸天　算了！（背上鞭伤疼痛）嘶！……

老　四　总爷！……（好丫头们）看见了吗？以后谁要是再敢逃跑，
　　　这就是下场！

南霸天　（阴险地）这也是她自寻死路！只要大家服服帖帖，不再
　　　触犯家规，南某是不会亏待你们的。

　　　〔一声闷雷。

南霸天　回府。

　　　〔老四给南霸天打着伞，仓皇走下。

丫头们　（扑向吴清华）清华姐！……

团丁们　走！快走！（驱赶丫头们下）

　　　〔电光闪闪，霹雳声声，暴雨倾盆而下。

　　　〔少顷，鱼势渐弱。

　　　〔吴清华被雨浇醒。

吴清华　唱【西皮导板】

　　　　　昏沉沉只觉得天旋地转，（从地上慢慢挣扎起来）

　　　【回龙】

　　　　　咬牙关，挺胸站，打不死的吴清华我还活在人间！

【原板】

关黑牢三天未见一粒饭，

遭毒打遍体伤痕血未干。

湿淋淋分不出哪是血呀哪是雨，

黑压压看不清密密椰林哪是边。

这世道，谁肯听我诉苦难？

谁能替我报仇冤！

【垛板】

雷电哪，你为什么不化作利剑，劈开椰林寨？

五指山，你为什么不把五指握成拳，打死南霸天！

打死南霸天！

〔吴清华复又昏倒。

〔风雨过去，天已破晓。

洪常青　内唱【西皮小导板】

风雨夜巧改扮（率小庞上场）把敌情察探，

〔二人"走边"，侦察前进。

洪常青　【散板】

穿椰林踏泥径，静悄悄趋向前。

〔洪常青、小庞发现了倒在地上的吴清华。

洪常青　警戒！（警惕地察看四周，见无动静）小庞，快！

〔二人救起吴清华。吴清华苏醒，见是两个陌生人，立即挣脱逃跑；洪常青、小庞上前拦阻。吴清华转身向另一侧跑去，突然两眼晕黑，支持不住；洪常青、小庞赶过去，将她扶住。

〔洪常青用毛巾替吴清华轻轻擦伤；吴清华抽回手臂，盯着洪常青。

洪常青　是谁把你打成这个样子？

吴清华　（怀疑、警惕地望着洪常青）……

小　　庞　是南霸天？！

洪常青　你是南府里逃出来的丫头？……　（见吴清华欲躲闪，亲切地）

唱【西皮散板】

你休害怕，莫慌乱，

【原板】

天下的受苦人心心相连。

吴清华　（接唱）

黑椰林见惯了浪奔蛇窜，

怎有这好心人来到身边？

又怀疑又感激真假难辨……

洪常青　（接唱）

千道伤万般痛含恨无言。

南霸天欠血债定要清算！

吴清华　【散板】

多少年的心里话，他一语说穿！……

洪常青　【原板】

只身投奔何处去？

可还有家在海南？

吴清华　【摇板】

黄连水里泡大我，

孤儿无家十三年。

哪里投奔哪里去？

我问遍大地问青天！

【垛板】

两代冤恨未能报，

到死我也心不甘！

31

洪常青 （激情泌涌）

  唱【原板】

    血泪迸发仇难咽，

    阶级姐妹遭迫害，如刀扎我心间。

    压迫深反抗重，压迫深反抗重，

    一滴水映出了大海狂澜！

  【二六】

    莫道这苦难深渊无路走，

    有一条解放大道就在眼前。

    冲出黑椰林，跨越三座山，

    迎着朝阳去，训跑无阻拦。

  【快板】

    红云乡刀枪挥舞天地变，

    共产党领导工农把身翻。

    打土豪分田地红旗招展，

    那里是崭新日月照河山！

吴清华 真的？

洪常青 真的！

吴清华 哎！（回头就跑）

洪常青 等等。

吴清华 （止步，走回）

洪常青 你叫什么名字？

吴清华 我叫吴清华。

洪常青 （从衣袋里拿出两个银毫子）吴清华，我这儿有两个银毫子，

    你带着，路上用。

吴清华 （目不转睛地望着洪常青，满心感激，颤抖地把双手在胸前擦了

擦，珍重地接过银毫子，热泪盈眶）

唱【散板】

　　从小做牛马，谁把我当人看……

　　天大手也捧不下这指路的恩情无边！

〔吴清华激动地向洪常青鞠了一躬，转身飞快地跑下。

洪常青　（目送吴清华远去）

唱【快板】

　　一身仇恨一身胆，

　　求解放，敢夺霸主鞭！

　　这样的奴隶齐奋起，

　　将冲决一切罗网，迎来朝霞满天！

〔洪常青、小庞继续侦察敌情，"亮相"。

　　　　　　　　　　　　　　　　——幕　闭

第二场 诉苦参军

〔几天后的上午。红色根据地广场。

众 　幕后齐唱【西皮导板】

　　　　红云乡里红花放！

〔歌唱声中幕启：晴空万里，阳光灿烂，白云朵朵。高大的英雄树下，黄威与赤卫队员、红军战士、男女群众载歌载舞，一片欢腾。

众 　【流水】

　　　　英雄树下战歌扬。

黄　威　（接唱）

　　　　红缨飞舞

众 　　（齐唱）

　　　　河山壮，

黄　威　（接唱）

　　　　丹心辉映

众 　　（齐唱）

　　　　日月长。

黄　威　（接唱）

　　　　军民齐聚演兵场，

众 　　（齐唱）

　　　　意气风发练刀枪！

〔红旗前导，连长率娘子军连战士列队走上；重拥上前欢迎。

黄　威　连长，我们都准备好了。

连　长　好！乡亲们，同志们！我们根据地军民每天抓紧练兵，为的是什么？

战士们　解放椰林寨！扩大根据地！

众　　　消灭南霸天！

连　长　对！我们要把练兵场当作战场，勇猛顽强，一往无前！

黄　威　刀枪凝聚阶级恨，同仇敌忾——

众　　　打豪绅！

连　长　开始操练！

〔连长率战士们练劈刺，英姿飒爽，杀声震天。

〔赤卫队员们练红缨枪，勇武豪迈，矫健敏捷。

〔娘子军连战士们练刀，银光闪闪，刚毅奔放。

〔操练结束，集体"亮相"。

〔队形散开，连长、黄威走到台前。

黄　威　（激动地）连长啊！看着我们这些贫农女儿，渔家姐妹，拿起刀枪，成了战士，真叫人心里头高兴啊！

唱【西皮二六】

　　　战火中炼出了英雄连队，

　　　妇女武装闹革命，开天辟地第一回。

　　　打豪绅杀蒋匪勇猛无畏，

　　　献赤心爱人民体贴入微。

【垛板】

　　　红云乡若不是你们来守卫，

　　　哪有这工农当家，万众欢腾，大旗卷风雷！

　　　根据地乡亲齐赞美，

　　　娘子军恰似海南英雄树，铁干繁华，风雨难摧！

连　长　大伯！

唱【西皮二六】

娘子军来自工农，是人民的军队，

和乡亲，如鱼水，同甘苦共安危。

深根扎在群众的土壤内，

才能够茁壮成长，经得起台风吹。

乡亲们关怀我们情深百倍，

百倍深情爱护这五星军徽。

【流水】

多少次来营房，举行祝捷会，

多少次来慰问，笑语环绕篝火飞。

战斗中勇支前不怕苦和累，

送弹药埋地雷，雨夜带路并肩把敌追！

烽火征途千万里，

军民步步紧相随。

同心踏碎旧世界，

海北天南迎朝晖！

黄　威　是呀，连长，我们军民一心，就无往不胜！

赤卫队员甲　连长！这回打南霸天，给我们什么战斗任务啊？

黄　威　我们贫农会、赤卫队，作好了一切准备，就等着下命令啦！

众　　　连长！下命令吧！

连　长　具体战斗任务，等常青同志回来，再作决定。现在大家
先分头讨论一下，这一仗究竟怎么打法，人人献计献策，
大家说好不好？

众　　　好！

〔众分下。场上留下几个女战士。

战士甲　……同志们，你们看这一仗，是不是这么打！（用刀在地上画着）这是椰林寨……

战士乙　后面有座黑石山，是个制高点！

战士丙　搁上一个排，往下一冲，解决问题！

战士甲　不！强攻硬打，会带来不必要的损失。这回，我们来他个"猛虎掏心"，你们看怎么样？

战士们　好！

战士乙　这回，要把椰林寨的阶级姐妹，全都解放出来！……你们看，那是谁？

〔众抬头望去，吴清华急促地奔上。众迎上前。

吴清华　女兵！……这儿是红云乡吗？

战士乙　是啊！

战士们　这儿就是红云乡！

吴清华　（兴奋、激动地望着战士们的帽徽、领章、袖标，看了又看）我可找到你们啦！……

〔洪常青、小庞、连长上，一些乡亲、战士们随上。

洪常青　吴清华！

吴清华　（奔向洪常青，感激地）恩人！……

洪常青　不，我们是同志。

小　庞　他是我们连党代表常青同志。

吴清华　党代表……

洪常青　这是我们娘子军连连长。

吴清华　（扑向连长，恳切地）连长，收下我吧！我也要当女兵啊！

连　长　我们欢迎你呀！

洪常清　清华，你看，这都是你的亲人！

众　　　清华同志！……同志！欢迎你！……我们欢迎你呀！……

连　长 （端过一碗椰子水，送给吴清华）来，喝口椰子水。……路上
　　　　走累了，先喝口水吧。

洪常青　这儿就是你的家，喝吧。

众　　　喝吧！

　　　〔吴清华受到巨大的温暖，眼含热泪，双手捧起椰子水一饮而尽。

连　长 （接碗，发现吴清华臂上的条条伤痕，极其愤慨地）怎么？这一
　　　　道道的鞭伤……南霸天是怎么折磨你的？

洪常青　清华，这都是你的阶级姐妹，和你一样，祖祖辈辈，当
　　　　牛做马！有什么苦，有什么恨，你就对大家说吧！

众　　　说吧！

吴清华 （满腔仇恨倾泻而出）

　　　唱【反二黄散板】

　　　　十三年，一腔苦水藏心底，

　　　　面对亲人，诉不尽这满腹冤屈。

　　　【原板】

　　　　南霸天凶残歹毒横行乡里，

　　　　逼租讨债，打死我爹娘，抛尸河堤！爹娘啊！……

　　　　硬抓我这五岁孤儿立下一张卖身契，

　　　　从此锁进黑地狱，每日浑身血淋漓！

　　　　睡牛棚，盖草席，

　　　　芭蕉根，强充饥，

　　　　两眼望穿天和地，

　　　　孤苦伶仃无所依！

　　　【快原板】

　　　　剑麻压在石头底，

　　　　筋骨磨碎志不屈。

死不甘心做奴隶，

不向老贼把头低！

拚剩最后一口气，

找不到报仇的好时机……

想不到今天哪，春风引我到这里，

找见了救星，看见了红旗！找见了救星，看见了红

旗！……（奔至红旗下，捧起红旗一角，充满激情地贴在

在脸上；然后转身奔向连长、洪常青身边）

【垛板】

亲人哪！生死和你们在一起，

走遍天涯永不离。

要当兵，要报仇，要造反，要雪恨，

要把南霸天刀垛斧劈！

〔群情激愤。

〔广场上出现了两个大横幅标语："打土豪分田地""活捉南霸

天。"英雄树下，一片怒吼。

众　　　（高呼）解放椰林寨！打倒南霸天！

洪常青　唱【西皮导板】

怒吼声掀巨浪仇深苦大，

【快原板】

这控诉是动员，激励我们把敌杀！

红云乡丽日蓝天江山如画，

椰林寨虎狼逞凶舞爪张牙。

多少乡亲压在铁山下，

急切切盼解放，一双双眼里闪火花！

【快板】

举刀枪，誓将它地狱催垮，

要救出千百个受苦受难的吴清华！

我军民岂怕那风云变化，

定叫那椰林寨，春光灿烂照万家！

〔洪常青向连长示意；小庞递给连长一支枪。

连　长　吴清华同志，我们批准你的要求，从今天起，你就是娘
　　　　子军连一名光荣的战士了。要记住：奴隶求解放，只有
　　　　拿起枪。一颗红心跟着党，战火中百炼成钢！

吴清华　是！（接枪）

　　　唱【快板】

翻身奴隶把兵当，

清华手里有了枪！

两代冤仇聚枪口，

万丈怒火压枪膛！

志更坚来胆更壮，

南霸天！一笔笔血债要你血来偿！

众　　　（齐唱）

血债要用血来偿！

〔连长挥手，吴清华入列。

〔雄壮威武的群像。

————幕闭

第三场　里应外合

〔黄昏。南霸天的庭院。

〔幕启：老四指挥着团丁、丫头们正忙碌地抬送寿礼，布置厅堂。

〔团丁甲匆匆跑上。

团丁甲　四爷，四爷，来了位贵客！

老　四　废物！不是跟你们说过，除了亲朋好友，外客一律不见。

团丁甲　这位气派太大，小的不敢作主。

老　四　走，我看看去。

〔老四率团丁甲下。

〔地主、南霸天、土豪、国民党党棍、土匪头子由厅内走出。

南霸天　哈……

唱【西皮散板】

　　筹枪款扩民团为防暴乱，

党　棍　（对地主）子孔兄，南公的寿辰，可不能扫兴啊！

地　主　南公，扩充民团，捐款买枪，我是责无旁贷呀，不过……

南霸天　嘿……老兄！

（接唱）

　　要合力撑起这海南半壁天。

〔老四慌张地持一大红名帖上。

老　四　总爷，来了位贵客，（呈名帖）洪常青！

南霸天　（瞪了老四一眼）越来越不会办事了，不是吩咐过……

老　四　总爷！……（低声）是光华橡胶公司的……

南霸天　（一惊）光华橡胶公司？【抓过名帖看】

地　主　光华橡胶公司！这可是南洋华侨的大买卖！

土　豪　听说省府的要人，和这家公司过从甚密，后台硬得很哪！

南霸天　只是……来得突然！

党　棍　南公，海南岛风雨飘摇，共产党神出鬼没，虚实莫测呀！

土　匪　干脆，不见！

南霸天　不！请！

　　　　〔南霸天天下，众随下。

老　四　（指挥众团丁持刀列队）请洪先生！（下）

　　　　〔内传呼："请洪先生——！"

　　　　〔洪常青华侨巨商打扮，昂然走上；小庞与数战士扮作"随从"，
　　　　抬着寿礼上。

洪常青　唱【西皮二六】

　　　　　　扮华侨进匪巢横眉四下看，

　　　　　　花灯美酒，遮不住它的血迹斑斑！

　　　　　　靠群策制订好战斗方案，

　　　　　　抓战机选中了这老贼寿筵。

　　　　　　寨墙外天罗地网早布满，

　　　　　　入虎穴插钢刀令群匪胆寒！

　　　　　　午夜里鸣枪为号，里应外合，捣毁他匪徒砦院——

　　　　　　〔老四内声："总爷出迎！"

　　　　　　〔南霸天等上。

南霸天　（迎上前）迎接来迟，还请洪先生多多原谅。

洪常青　南团总！

　　　　（接唱）

　　　　　　不速客来天外，搅扰你阖府不安。

南霸天　这？……

洪常青　啊？哈……

南霸天　嘿……椰林寨今晚添光彩，什么风吹得贵客来？

洪常青　十里春风来海外，欣逢寿辰访高台。

南霸天　才归来，便知南某把寿宴摆，洪先生，耳目灵通消息快！

洪常青　途经椰村，见民团挨户把寿礼派，登门拜贺，难道说有什么不应该？

南霸天　呃，哪里哪里，您这样的贵人，请都请不来呀！

　　　　〔洪常青摆手，小庞筹抬过寿礼。

洪常青　南团总！……

南霸天　唉呀，这怎么敢当啊！

洪常青　莫非见外？

南霸天　愧领愧领，叫洪先生破费钱财，哈……

　　　　〔老四领小庞等抬寿礼下。

南霸天　来来来，请坐，请坐。

　　　　〔众落座；丫头们献茶。

南霸天　（介绍土豪等）这几位都是海南世家，我的老朋友。

地　主　久闻贵公司大名，今日有缘结识洪先生……

地　主
　　　　真是万分幸会呀！
土　豪

洪常青　常青离乡日久，人地两生，还望多多关照。

地　主
　　　　洪先生太客气了。
土　豪

南霸天　洪先生确实离乡日久，人地两生了。海外归侨，直达本岛，都是从金鹰港上岸，洪先生却从椰村而来，（笑）这不是舍近求远了吗？

43

洪常青　归途中绕道广州，再返本岛，请问，不走这条路，该走
　　　　哪条路呢？

地　主　是啊？从广州面来，此乃必经之路。

土　豪　是啊。

南霸天　不过，椰村邻近红区，路上怕不大安全吧！

洪常青　哦？椰村乃椰林寨之门户，听说南团总的民团独霸一方，
　　　　怎么，连椰村也不能确保安全了吗？

南霸天　这？（尴尬地笑）嘿……，看来洪先生对我椰林寨，倒是并
　　　　不生疏啊！

洪常青　哼，出海不问风浪事，如何打得大鱼回？

南霸天　这么说，洪先生来此，必有所为罗！

红常青　事不相瞒，常青此来，负有特殊使命！

南霸天　特殊使命？

洪常青　敝公司拟在海南创办一所大型橡胶园。投资银元十万！

众　　　哦？！

洪常青　愿借助南团总在政界，军界的声望，同舟共济，一本万
　　　　利，海内称雄！

南霸天　（贪婪地）噢！……

地　主　哎呀洪先生！椰林寨地狱广阔，南总爷财势压众，二公
　　　　携手合作，真是珠联壁合呀！

土　豪　贵客临门，灯花爆喜，常言说得好：进了三宝殿，都是
　　　　烧香人嘛！

南霸天　都是烧香人？……

党　棍　这年头，进了三宝殿，未见得都是来烧香的。

土　匪　对，说不定还有来拆庙的哪！

洪常青　南团总，这是什么意思？

南霸天　我这几位朋友，胸无城府，心直口快，洪先生何必多虑哪！

洪常青　不然！拒我看，想来拆庙的，还大有人在！

南霸天　大有人在？

洪常青　多得很！

南霸天　什么人？

红常青　红军！

南霸天　哼哼！只怕他不敢！我这椰林寨，民团剽悍，防卫森严，
　　　　真要有红军共党，大胆混入，我叫他插翅难飞！

〔众团丁架起刀门；南贼等盯住洪常青，虎视眈眈，剑拔弩张。

洪常青　（仰天大笑）哈……

南霸天　洪先生，你笑什么？

洪常青　笑你们已被红军吓破了胆！

〔众匪惊呆。

洪常青　说什么民团剽悍，防卫森严，不过是虚张声势，外强中干！

南霸天　此话从何说起？

洪常青　请看，今日常青轻装简从，登门造访，已使诸公坐立不
　　　　安，如临大敌！倘若真是来了红军，那还不一触即溃，
　　　　土崩瓦解！

南霸天　唔！

洪常青　我公司自创业以来，上有远大之宗旨，下有坚韧之毅力，
　　　　同人齐心，众志成城，名扬四海，声震八方！

南霸天　哦！

洪常青　此次开发海南橡胶园，有关当局，大力支持，各界父老，
　　　　纷纷赞助！不料踏进南府，竟遭冷遇！主人见疑，宾客
　　　　喧嚣，谈虎色变，草木皆兵！看来这椰林寨，地，不是
　　　　安全可靠之地；人，并非合作共事之人！成大业，脚下

自有千条道，我何必，非走南府这独木桥！

地　主\
土　豪　（慌乱地）南总指挥！……

南霸天　唉！南某闯荡半生，这份家业，得来不易！不见真佛，我是不能烧香啊！

〔小庞持一皮包走上，侍立洪常青身旁。

地　主\
土　豪　（哀求）洪先生……

洪常青　（对小庞示意）……

〔小庞从皮包里取出一件"公文"。

南霸天　（接过，大惊）"……广东省政府！……"

〔众匪争看"公文"，相顾失色。

地　主\
土　豪　手眼通天哪！……

南霸天　（尴尬地笑）洪先生，南某真是有眼不识泰山哪！

洪常青　（抽回"公文"，顺手递与小庞，蔑视地笑）哼哼……

唱【二黄原板】

常青仰天微微笑，

椰林寨度量浅见识不高！

南霸天　全是误会，以后在省座面前，还求洪先生多美言几句哟！

党　棍\
土　匪　是呀，洪先生，……

洪常青　唔？

（接唱）

难道说不怕我前来"拆庙"？

党　棍\
土　匪　呃？！……

南霸天　多有得罪！洪先生，南某也有苦衷啊！

洪常青　（接唱）

　　　　似这样疑虑重重，怎能"成交"？

　　　　创大业就应该有胆略，识航道，

　　　　五湖风浪一肩挑！

南霸天　对！洪先生，一切包在南某身上。

土　匪　兄弟手下还有百十个弟兄，愿为洪先生效劳！

地　主
土　豪　文武相济，大事必成！

南霸天　洪先生放心好了！就是倾家荡产，我也毫无反悔！

洪常青　好！我们既然选种这椰林寨，那就不达目的，决不罢休！

南霸天　（喜出望外）就这样谈妥了吧？！

众　　　（争相逢迎）洪先生！……

洪常青　哈哈……

　　　　唱【二黄快二六】

　　　　众望所归根基牢，

　　　　鸿图大展云路遥。

　　　　且看明朝椰林寨，

　　　　万紫千红分外娇！

　　〔老四上。

老　四　酒宴齐备，请爷入席。

南霸天　洪先生，请！哈……

　　〔洪常青机智、英勇地战胜上敌人，大摇大摆，走进厅去。南贼
　　等随下。

　　〔静场，灯光渐暗；入夜，更鼓二响。

　　〔院内一团丁站岗，不住地打哈欠。

47

〔吴清华与战士甲悄悄上，乘团丁不备，突然上前，将团丁勒住，拖下。

〔吴青华、战士甲复上，二人"走边"。

吴清华　（指）你看，那就是老贼的炮楼！……

〔皮鞭声。

战士甲　隐蔽！

〔吴清华、战士甲隐蔽假山后。

〔二团丁凶狠地鞭打小娥过场。

〔吴青华愤怒地冲出；战士甲追上，劝阻地将她拉下。

〔小庞急步走上，"亮相"，"走边"。

〔小庞机警地观察着四周，用暗号和吴青华联系；亩侧应声。

〔吴清华、战士甲上。

战士甲　小庞！

小　庞　外面都布置好了？

战士甲　唔。连长叫问，有什么新情况？

小　庞　没有！安全按照预定方案，常青同志鸣枪为号，一齐动手！

战士甲　好。

吴清华　小庞，你看！（指）从这儿过去，按就是炮楼！

小　庞　好！我们分头行动！（下）

〔老四内声："送客！"

〔战士甲拉吴清华隐蔽下。

〔老四与团丁打着灯笼引南霸天送土豪、党棍有厅内走出。

南霸天　哈……请，请……

〔南霸天送土豪、党棍下。

〔吴清华从隐蔽处冲出；战士甲紧迫上。

吴清华　唱【西皮快板】

　　　　　　一见南霸天，

　　　　　　怒火烧心间！

　　　　　　老贼！我叫你尝尝仇恨的子弹！……

　　〔南霸天内声："怒不远送！"

　　〔南霸天退上。

　　〔吴清华欲开枪，战士甲拦阻。吴清华按捺不住满腔怒火，推开战士
　　甲，开枪打伤南霸天；南贼急闪身墙外。吴清华开第二枪，未击中。

　　〔团丁们喊声："抓凶手！……"

　　〔战士甲急拉吴清华下。

　　〔团丁们慌张追过；老四扶南霸天上。

　　〔四面枪声起。

南霸天　上炮楼！

　　〔二人欲跑，幕侧传来炮楼爆炸声。

南霸天　完了！

老　四　总爷！下地道跑吧！

南霸天　快！

　　〔老四扶南霸天至假山旁，按动机关。假山开，二人进地道。假
　　山复合。

　　〔土豪、党棍仓皇跑上。

土　豪
党　棍　南总指挥！……

　　〔土匪从厅内狂奔出。

　　〔洪常青由厅内追出，开始打死土匪。土豪、党棍慌忙逃下。

　　〔扮作"随行丫环"的战士们跟出厅来。

洪常青　唱【西皮小导板】

风波陡起形势变！

【快板】

当机立断莫迟延。

劈门断锁迎主力，

搜捕匪首南霸天！

〔战士们应声分下。

〔几个团丁跑上，被洪常青击毙。

〔军号声中，连长率战士们冲上。

〔红旗招展，红常青与连长见面。

〔洪常青、连长指挥战士们、赤卫队员们冲杀过场。

〔土豪、党棍、团丁等四处逃窜，无地藏身，跪倒机械。

洪常青　押下去！

〔众匪被押下。

〔小庞跑上。

小　庞　报告！南霸天不见了！

洪常青　继续搜查！

连　长　跟我来！（率小庞冲进厅去）

〔战士们、赤卫队员们拥着乡亲们及郑阿婆、小娥等解放了的奴隶们奔上。

〔郑阿婆奔向洪常青身边，握住洪常青的手。

郑阿婆　红军哪！椰林寨的穷苦老百姓，可把你们盼来了！

洪常青　乡亲们！椰林寨解放了！穷苦人要翻身，就只有跟着中国共产党，跟着伟大领袖毛主席闹革命！

众　　　（高呼口号）

毛主席万岁！

中国共产党万岁！

洪常青　唱【西皮原板】

　　　　红旗漫卷椰林寨，

黄　威　（接唱）

　　　　春雷震塌阎王殿，铁锁铜枷全砸开！

众　　　（齐唱）

　　　　铁锁铜枷全砸开！

洪常青　【流水】

　　　　烧毁他地契添租高利贷，

众　　　（齐唱）

　　　　分粮分地分浮财！

〔炊事班长引战士们、赤卫队员们扛粮食上。

郑阿婆　（手捧粮食）

　　　　（接唱）

　　　　这粮食是我们穷人的血和汗，

　　　　是红军把它送回我们手中来！

群众甲　（接唱）

　　　　盼翻身，盼解放，盼了多少代！

众　　　（齐唱）

　　　　盼了多少代！

洪常青　【散板】

　　　　阳光下，把大地山河再安排！

众　　　（齐唱）

　　　　把大地山河再安排！

炊事班长　常青同志！南霸天的粮仓打开了！

洪常青　乡亲们！快分粮食去呀！

炊事班长　乡亲们，跟我分粮食去呀！

51

〔众随炊事班长下。

〔连长、小庞等押地主上。

〔吴清华、战士甲由另一侧奔上。

连　长　快说！南霸天呢？

战士们　说！

地　主　大……大概从地道跑了。

洪常青　地道呢？

〔地主走近假山按机关，假山开。

〔地主被押下。

洪常青　不知道是谁先打了两枪，整个行动就提前了。

连　长　这两枪是谁打的？

吴清华　报告，我打的。

连　长　你？！你是怎么搞的？

吴清华　（悔恨地）我这两枪没打准，我应该追上去再打一枪，……

连　长　清华同志！把枪给我。

吴清华　啊？！

连　长　把枪给我！

吴清华　（把枪交与连长）我……

连　长　（生气地）唉！……

战士甲　报告，清华同志开枪，我没拦住，我也有责任。

洪常青　我们的责任，不仅仅是拦住开枪，更重要的是，我们思
　　　　想上，要懂得如何掌握手中枪！

吴清华　党代表……

洪常青　（关切地走到吴青华身边）清华同志！……

〔音乐声。

——幕　闭

第四场　教育成长

〔拂晓。娘子军连宿营地。

〔幕启：椰林莽莽，河水潺潺。连部桌旁，洪常青正在读一本油印的文件。

洪常青　……无产阶级只有解放全人类，才能最后解放无产阶级自己！……

〔军号声中，一队娘子军连战士跑步过场。

〔洪常青合上文件，站起身上，凝神远望。

洪常青　唱【西皮导板】

军号声唤醒了沉睡的椰海，

【原板】

娘子军战火中成长起来。

好根苗离不了雨露灌溉，

不负党交重任，要培育顶天立地栋梁材！……

〔连长挑着水桶，炊事班长端着菜筐上。看见洪常青，二人止步，放下水桶、菜筐，走了过来。

炊事班长　常青同志，常青同志！

洪常青　哦，老班长，河边洗菜去呀？

炊事班长　恩。常青同志，我可要批评你了！

连　长　又是一宿没睡。

炊事班长　可得注意身体呀！

〔三人一起会心地笑了。

〔幕后喊声："党代表！……"

〔战士乙与战士丙拿着军衣跑上；一男战士追上。

战士乙　党代表，你给评评理儿……

〔男战士从战士乙手中抢过军衣，但立即又被战士丙抢走了。

男战士　快把衣裳给我。

战士乙　党代表，你给评评理儿。我们帮他补几件军衣，他就是不同意。

男战士　（憨厚地）我自己也有两只手！

战士丙　那你们休息时候，还较我们练枪……

战士乙　投弹、瞄准呢！

男战士　那时我应该的嘛。

战士乙　党代表，连长，你们常说，革命队伍里，就要互相帮助。我们怎么做，不对吗？

洪常青　（与连长相视而笑）对！

战士乙　（对男战士）对！

战士丙　（拿起洪常青的一件军衣）党代表，你这件军衣也该缝缝啦！

洪常青　哎，这……

炊事班长　（笑拦洪常青）这呀，一百个对！

〔男战士挑起水桶，战士乙、丙抬起菜筐，悄悄溜走。

炊事班长　（发现菜筐没了）哎哎，这可不对！

战士们　这呀，一百个对！（笑着跑下）

炊事班长　等等，等等！……（追下）

〔洪常青、连长笑望着战士们跑去的方向

洪常青　这帮小鬼呀，真拿他们没办法。

连　长　常青同志，昨天的政治课，战士们反应很强烈，你出的那个题目："为谁扛枪，为谁打仗？"班讨论得热火朝天！

洪常青　吴清华的情绪怎么样？

连　长　思想上触动很大。他们班给她做了不少工作。我刚才叫
　　　　人找她去了，打算再跟她谈谈。

洪常青　这个同志本质很好，我们应该多启发她。

连　长　对。

　　　　〔黄威上。

黄　威　连长，常青同志！昨天晚上，在南霸天家里，又翻出一
　　　　箱子地契来！

洪常青　哦！

黄　威　土地清算委员会，有几个事儿，等着你拿主意哪！

洪常青　好　（对连长）我去去就来。

黄　威　还有，郑阿婆又来打听她女儿小娥参军的事。

洪常青　那孩子还小哇！……

　　　　〔洪常青、黄威边谈边下。

　　　　〔吴清华上。

吴清华　报告！

连　长　清华！来，坐，坐嘛。（递水给吴清华喝）给，怎么样？思
　　　　想上还有什么疙瘩解不开？

吴清华　（直爽地）我想通了，连长！打椰林寨，我是犯了纪律。
　　　　领导上批评我，同志们帮助我，都是对的。连长，以后，
　　　　我再也不犯纪律了。

连　长　那好哇！可是你想过没有，到底是为什么犯的纪律呀？

吴清华　连长，你知道，我跟南霸天有两代的血海深仇哇！

连　长　（耐心地启发诱导）清华同志啊！

　　　　唱【西皮散板】

　　　　　　光知道你有仇哇你有恨，

无产者哪个不是苦出身？

就拿我们连队来说吧，小菊她爹，因为还不起财主的阎王债，被逼得投河自尽；周英一家，逃荒要饭，两个姐姐饿死在山村！还有我们党代表常青同志……

吴清华　常青同志他……

连　长　那更是苦大仇深！

【原板】

党代表生长在海员家庭，

受尽了剥削压榨、苦痛酸辛。

他的娘惨死在皮鞭下，

十岁当童工，父子登海轮。

仇恨伴随年纪长，

风浪中磨练出钢骨铁筋。

【二六】

"四·一二"反动派血洗工会，

他爹爹为革命英勇牺牲。

广州城警车凄厉枪声紧，

共产党人的鲜血染红了珠江之滨。

不怕这白色恐怖、乌云压顶，

【垛板】

常青他含悲愤，下决心，昂首前进，参加红军闹革命，英勇奋战为人民！

清华呀！

【快板】

翻开工农家史看，

冤仇血泪似海深。

【清散板】

　　莫忘了党的关怀，同志的信任，

【快板】

　　要思考为谁扛枪，为谁打仗，为谁杀敌人！……

〔洪常青上。

吴清华　（触动思想，沉思）……原先，我就是想，杀南霸天，报仇报仇！

洪常青　现在哪？

吴清华　（回身）党代表！

洪常青　现在你是怎么想的呢？

吴清华　现在我觉得原先那个想法不对了。……

洪常青　清华，（拿出一张纸）你看看，这是什么？

吴清华　（接过那张纸，满腔仇恨地）这是我那张买身契呀！它就象椰林寨后面那座黑石山一样，压了我整整的十三年哪！……

洪常青　为什么就凭这么一张纸，他们就能这样横行霸道呢？

吴清华　他们有县衙门！

连　长　他们哟印把子，他们有政权！

洪常青　可是现在哪，还是这张纸，为什么就再也不顶事了哪？

吴清华　现在，我们有了红军！

洪常青　我们有了中国共产党，我们有了伟大领袖毛主席！有了毛主席为我们指出的革命路线！

连　长　所以我们才能解放椰林寨，把这座黑石山砸了粉碎！

洪常青　清华同志！革命不但要靠勇敢，还要有一条正确的路线啊！

　　唱【二黄原板】

你可曾认真想一想，

在海南，在全国，这样的卖身契，还有多少张？

要让那天下工农全解放，

怎能够光凭这一家仇恨、个人勇敢、孤舟独桨、匹

马单枪？

闹革命靠的是阶级力量，

跟着党，将万里征途放眼望，四海风云心内藏。

只有解放全人类，才能最后解放无产阶级自己，

这真理我们要时刻牢记永不忘，心明眼亮不迷航！

吴清华 ……只有解放全人类，才能最后解放无产阶级自己……

〔洪常青向连长示意；连长点头，二人下。

吴清华 只有解放全人类，才能最后解放无产阶级自己！……（异

常激动，望着党代表和连长的背影，心情振奋）

唱【二黄慢板】

一番话字字重千斤，

拨开迷雾照亮我的心。

好象是引来万泉河水层层浪，

冲刷掉我胸中点点灰尘。

【快三眼】

霎时间如登上高峰峻岭，

看到了北国烽烟、南海怒涛、东方火炬、西山枪林！

多少奴隶战斗求解放，

多少清华日夜盼翻身！

【原板】

拿起枪跟着党冲锋陷阵，

为的是解放亿万受苦人。

只想着为自己报酬雪恨，

算什么红色娘子军……

娘子军连歌天天唱，

今天唱来格外亲，今天唱来格外亲！

征途上全靠党来把路引，

天底下唯有这共产主义真！

【垛板】

从此后，要更发奋，

提高觉悟炼红心。

满怀忠诚献革命，

不做顽铁做真金。

决不忘这一回深切教训，

做一个纯粹的革命者，永葆这战斗青春！

〔吴清华沉浸在阶级觉悟提高以后的愉快情绪中。

〔炊事班长上。

炊事班长　清华。

吴清华　老班长！

炊事班长　连长党代表跟你谈过啦？

吴清华　跟我谈过了。

〔洪常青、连长上。

炊事班长　（关切地）想通了？

吴清华　对我的教育可大了！老班长，你放心，我一定好好干革命！

洪常青
连　长　对！

吴清华　（转身）党代表，连长！我离一个无阶级战士差得太远了，你们批评我吧，处分我吧！

洪常青　清华同志，认识了改了就好嘛。

连　长　（拿出枪）清华同志，给！

吴清华　（激动地接过枪）我保证：一辈子跟着党，为无产阶级战斗
　　　　到底！

　　　　〔一阵急促的马蹄声由远而近。

　　　　〔几个战士与赤卫队员闻声走上。

　　　　〔马蹄声止，小庞跑上

小　庞　报告！营部命令，有紧急战斗任务。

　　　　〔连长结果，与洪常青同看。

连　长　（对吴清华）通知部队，准备出发！

吴清华　是！

　　　　〔吴清华、炊事班长及战士、赤卫队员们急速跑下。

　　　　〔小庞至桌旁，收拾文件等物，下。

连　长　（念命令）"　　国民党匪军伙同土豪民团正分路进犯我
　　　　根据地，我主力部队要星夜插入敌后，袭击敌人.……娘
　　　　子军连立即抽调两个排，随主力行动；留一个排，坚持
　　　　在红云岭一带，阻击敌人。……"

洪常青　时间紧迫，马上行动！你带一、二排随主力插入敌后，
　　　　三排随我去红云岭。

连　长　常青同志，我去红云岭！

洪常青　不，还是我去吧。

连　长　常青同志……

洪常青　连长，就这样决定了吧！

连　长　常青同志，你的担子很重啊！

洪常青　放心吧，任务完成以后，我们会很快赶上主力部队，和
　　　　你们胜利会师！

连　长　好！

　　〔郑阿婆、小娥、黄威、赤卫队员和乡亲们内喊："连长！……"
　　拥上。

　　〔战士们上。

郑阿婆　连长，听说你们要走了，是真的吗？

连　长　是呀，阿婆，有紧急战斗任务，部队马上就要出发了。

黄　威　这么说，要打仗了？

洪常青　对。乡亲们！南霸天勾结国民党匪军又想打回来！

众　　　什么？！

黄　威　这个老贼，他还想来变天！

郑阿婆　我们椰林寨的穷苦百姓刚刚翻了身，他有要让我们再坐
　　　　黑牢哇！党代表！你们要走了，我这心里头，有很多
　　　　话，不知道该怎么说呀！……亲人哪！阿婆只有一个心
　　　　愿，你们把我这孩子特带了去，很狠地打旗人！

洪常青　好！我们同意小娥参军！阿婆，你放心吧！

郑阿婆　党代表！……

　　唱【西皮散板】

　　　　含热泪送亲人奔赴前线，

　　　　才相聚又分离，千言万语涌心间：

　　【二六】

　　　　要不是你们打开椰林寨，

　　　　穷苦人哪年哪月才能出牢监！

　　　　万泉河两岸庆解放，

　　　　山也笑来水也欢。

　　　　红军恩情深如海，

　　　　阿婆我满心感激，饮水思源，送女把军参。

孩子啊！

你长在穷人家，从小受磨难，

懂得奴隶苦，应知翻身甜。

要为我工农打天下，

天下不红你莫回还！

黄　威　　常青同志！

　　　　唱【散板】

赤卫队请战士火线，

枪林弹雨里，军民肩并肩。

敢闯千难踏万险，

用生命保卫我红色政权！

众　　　　誓死保卫红区！

洪常青　　乡亲们！我们一定要回来的！

　　　　唱【快板】

乡亲情谊重如山，

鼓舞我们永向前。

滔滔河水流不断，

军民红心紧相连。

胸怀着亲人嘱托英勇赴战——

连　长　　集合出发！

　　　　〔战士们列队；小娥站在吴清华身旁。

洪常青　　【散板】

杀敌捷报送万泉！

　　　　〔战士们、赤卫队员们告别乡亲，分成两路出发，飞驰向前。

　　　　〔洪常青、连长和乡亲们握别，"亮相"。

——幕　闭

第 五 场　山 口 阻 击

〔黄昏。红云岭上阻击阵地。

〔激烈的枪炮声。

〔幕启：风驰云飞，硝烟弥漫。洪常青、吴清华率领战士们顽强
战斗，打退了敌人的又一次进攻。

战士们　敌人又被我们打退了！

洪常青　同志们，我们在这红云岭上整整战斗了一天了！敌人十
　　　　一次冲锋，全被我们打退了！同志们打得勇敢，打得顽
　　　　强！现在我们的主力正大踏步向敌后挺进，我们在这里
　　　　多坚持一分钟，整个的战斗就多一分胜利！

战士们　坚决完成任务！

〔幕侧传来密集的枪声，黄威奔上。

黄　威　常青同志，敌人又集中火力想侧翼阵地发起猛攻！

洪常青　我马上去！清华同志，这个阵地，由你负责，不论在任
　　　　何艰难困苦的情况下，也要坚决守住！

吴清华　请组织上翻新，山崩海啸，我们顶得住！

众　　　我们顶得住！

洪常青　好。跟我来！

〔洪常青带领几个战士与黄威迎着炮火冲下。

吴清华　同志们，抓紧时间擦拭武器，检查弹药！

战士们　是！

战士乙　清华同志，子弹可不多了！

战士们　　报告，我这儿还有三发！……我这儿还有两发！……

小　娥　　哎呀，我的子弹全打光啦！

赤卫队员甲　　敌人又要发起冲锋了！

吴清华　　（坚毅、镇定地）同志们！我们这些当丫头、做奴隶、受苦
　　　　　　受难的阶级姐妹、红军战士们！我们忘不了是怎么扭断
　　　　　　锁链拿起了枪！我们懂得是为了什么来打仗！胜利，永
　　　　　　远是我们的！

　　　　　　唱【西皮流水】

　　　　　　　　为革命为人民为阶级而成，

　　　　　　　　党的领导是我们力量的源泉！

　　　　　　　　迎弹雨，冒硝烟，

　　　　　　　　炮火愈猛志愈坚！

　　　　　　　　子弹打光用刀砍，

　　　　　　　　枪托砸断有铁拳！

　　　　　　　　满山岩石作炮弹，

　　　　　　　　一腔很火凝刀尖！

　　　　　　　　坚守阵地杀敌立功迎接党考验，

　　　　　　　　做一个无产阶级先锋战士、共产党员！

战士们　　人在阵地在，叫敌人有来无还！

　　　　　　〔枪声。

赤卫队员甲　　敌人上来了！

吴清华　　杀！

战士们　　杀——！

　　　　　　〔开打。一群敌人冲上；吴清华率领战士们、赤卫队员们坚毅顽
　　　　　　强地同敌人拼杀。
　　　　　　〔吴清华勇猛奋战，劈死一团丁，追击敌人下。

〔一男战士、一赤卫队员跃下山坡，与二团丁展开白刃格斗，夺过敌人匕首，将匪徒刺死，追歼逃敌下。

〔小娥和一女战士与众匪兵拚刺。

〔女战士甲持断枪冲入敌丛，枪托打，石头砸，将众匪打得东逃西窜。

〔战士们、赤卫队员门飞身跃过山岩，追歼敌人。

〔敌人狼狈溃逃。

〔红旗飞舞，吴清华等集体"亮相"。

〔洪常青、黄威与数战士走上。

洪常青　同志们！

众　　　常青同志！

小　娥　敌人的十二次冲锋，又被我们打退了！

赤卫队员甲　敌人这十二次中锋，全是一个劲儿；上来，舞爪张牙；下去，连滚带爬！

〔众笑。

洪常青　同志们！按照上级规定的时间，主力部队现在已经插入敌后，党交给我们的阻击任务，胜利完成了！现在，我们要迅速撤下去，赶上主力部队。

众　　　是！

〔枪声。

黄　威　敌人又要进攻了！

〔另一侧也响起枪声。

吴清华　党代表，你们先撤吧，我留下掩护！

黄　威　常青同志，我留下掩护！

众　　　报告！我留下！……我留下！……我留下掩护！……

洪常青　小李！陈荣！

65

男 战 士 甲
赤卫队员甲　　到！

洪常青　你们两个跟我留下作掩护！

男 战 士 甲
赤卫队员甲　　是！

洪常青　其余同志，由清华、老黄负责，立刻撤退！

吴清华　常清同志！……

洪常青　（取下公文包）清华同志，如果我们失去联系，你负责把它
　　　　交给营党委。

吴清华　（接过）……

　　　　〔枪声。

洪常青　撤！

吴清华　常青同志！……

洪常青　（果断地挥手）执行命令！

吴清华　是！

黄　　威
吴清华　　撤！

　　　　〔吴清华、黄威与战士们下。

　　　　〔枪声密集。洪常清与二战友巡视阵地，英勇无畏地"亮相"。

洪常青　唱【西皮导板】

　　　　　　革命军人钢铁汉！

　　　　〔三人痛击来犯之敌——战斗的舞蹈。

洪常青　边舞边唱【原板】

　　　　　　保主力插敌后，守阵地排万难，战士双手能擎天！

　　　　　　任枪声围四面，红云岭傲然不可犯，

　　　　〔战斗中，男战士甲中弹负伤。

洪常青　小李！（急上前挽扶）

　　　　〔另一侧敌人疯狂射击，赤卫队员甲喊着："常青同志！"扑过来，用身体掩护洪常青，自己中弹倒地。

洪常青　陈荣！……

　　　　〔几个匪兵喊着"抓活的！"冲上。

洪常青　边打边唱【散板】

　　　　　血战到底，只身也要把敌歼！

　　　　　顽敌血，染刀红，叫匪徒丢魂丧胆！

　　　　〔洪常青勇猛拚杀；匪兵先后被歼。

　　　　〔又一群敌人冲上，围住洪常青。

　　　　〔洪常青掏出手榴弹；匪兵们吓得狂叫着逃下。洪常青趁势投出手榴弹；幕侧轰然一声，众匪惨叫死去。

　　　　〔洪常青急扶起二战友，向山口小路撤去。

　　　　〔猛地一排子弹射来，两个战友壮烈牺牲，洪常青也负了重伤。

洪常青　（轻轻地把战友放下，竭尽最后一点力量，支撑着身体，谣望远方，极其欣慰）

　　　　【散板】

　　　　　心随战友过重山，一路凯歌传……

　　　　〔洪常青伤重昏迷，倒在地上。

　　　　〔匪兵、团丁从两侧搜索上。

　　　　〔南霸天、匪营长惊魂未定地走上。

匪营长　共军主力在哪儿？共军主力呢？

南霸天　这这……胡营长……

　　　　〔老四在山口发现洪常青，吓得大叫一声。

南霸天　什么？

老　四　总、总爷！洪……

南霸天　洪……？！

〔电光似剑，怒刺长空；霹雳轰鸣，群山震撼。

〔洪常青从昏迷中苏醒，挺身站起，甩开过来架他的匪兵，昂首
屹立在红色巨崖前，怒视敌人，"亮相"。

—— **幕　闭**

过场　飞速进军

〔幕启：红旗飘飘，铁流滚滚，排山倒海，一往无前。

〔红军主力部队在营长、连长、吴清华等率领下，追歼匪军，飞
速前进。

—— **幕　闭**

第六场 战斗前进

〔幕启：二道幕前，暗影里。

〔二匪兵抗着匪营长的箱子、行李匆匆走过。

〔匪营长急急走上；南霸天紧追上。匪兵随上。

南霸天　胡营长，胡营长！我求求你，无论如何，多留几天。

匪营长　哦！你嫌我伤亡得还不够惨！

南霸天　胡营长，话不能怎么说呀，红云岭一战，我们总算抓住
　　　　个洪常青嘛！

匪营长　口我们付出了多大代价呀！你抓住个洪常青，又得到了
　　　　什么好处！

南霸天　这……

匪营长　我看，他就跟那红云岭一样，咱们在他面前，休想前进
　　　　一步。

南霸天　别着急，会有结果的。

匪营长　结果早就有了。我实话告诉你说吧，人家主力插过来
　　　　了，把我们打了个七零八落，溃不成军。

南霸天　那，现在走，恐怕也来不及喽。

匪营长　嗷！我还得陪着你一块儿等死啊？勤务兵！

匪　兵　有！

匪营长　立刻开发！

匪　兵　是！

南霸天　（拦住）　胡营长！你不能过河拆桥哇！

匪营长　（大怒）什么？！哼！不识抬举！（悻悻而去）

匪　兵　（端枪逼住南霸天）不许动！

〔匪兵随下。

南霸天　滚吧！滚吧！你们这帮畜生！……

唱【西皮散板】

国民党兵败如山倒，

红军压境似怒涛。

飘摇落叶，怎敌他风狂雨暴？……

挽危局，保基业，绝处求生就看这一招！

〔老四急急跑上。

老　四　总爷，总爷！红军过了红云岭了！

南霸天　你说什么？

老　四　红军打过了红云岭了！

南霸天　（惊）红云岭……

老　四　总爷，光棍不吃眼前亏，我老四带领弟兄们，保您杀出重围。

南霸天　我这万贯家财，也能随身带走？！

老　四　那，您可得快拿主意。

南霸天　（铮狞地）慌什么！我们手里不是还有个红常青吗？我要叫他低头，我要叫他投降！我要利用他挽回这个局面！

老　四　总爷，软的硬的，可都试过了，不好对付啊！

南霸天　哼！蝼蚁尚且惜性命，生死关头无英雄！传我的话，大榕树下，堆起干柴，准备钢刀火把，把红常青押出来！

老　四　是！

〔暗转。

〔音乐声起。

〔二道幕启：黎明前。南霸天家后院外的荒坡上。

〔乌云低压；高坡上一棵大榕树，拔地参天，傲然矗立。

洪常青　内唱【二黄导板】

　　　　负伤陷匪巢，依然在战场！

〔四团丁扭洪常清上。洪常清奋臂甩开团丁，"亮相"。

〔六团丁持刀奔上，围住洪常青。

洪常青　（昂首阔步，大义凛然）

【回龙】

　　　　挺身灭虎豹，奋勇斗豺狼，红心向党，威武豪壮，

　　　　　　面对刀丛头高昂！

〔团丁们持刀围上前。洪常青怒目逼视。团丁们龟缩两侧。

〔洪常青忍住伤痛，挺立刀丛，浩气冲天。

洪常青　【原板】

　　　　任敌人百般折磨用尽支俩，

　　　　撼不动革命者屹立如山，巍峨刚强！

【慢板】

　　　　遥望着红云岭心驰神往，

　　　　战友们时刻刻在我身旁。

　　　　隔云天听见了娘子军战歌声响，

　　　　晨风里看见了红军大旗凌空飘扬。

【快原板】

　　　　井冈山光辉大道壮丽宽广，

　　　　枪杆子必开创人类历史新篇章！

　　　　这几天魔窟里嘈杂吵嚷，

　　　　笑顽敌垂死挣扎枉费心肠。

　　　　洒热血迎黎明我无限欢畅，

望东方已见那光芒四射喷薄欲出的一轮朝阳！

【摇板】

敬爱的毛主席！敬爱的党！亲爱的人民！

【垛板】

我为你而生，为你而战，我为你闯刀山踏火海壮志如钢！生命不息，战斗不止，永远冲锋向前方！冲锋向前方！

〔南霸天阴沉地走上，老四随上。

南霸天　洪先生，椰林寨初次见面，我就非常敬佩你，现在，我依然敬佩你。只要你回心转意，答应我一点点要求，我保你前程万里！……

洪常青　哼！……

南霸天　其实，我的要求很简单，（从老四手里拿过一张白纸）只需要你写一张……

洪常青　（痛斥）痴心妄想！

南霸天　（威胁）洪先生，你应该清楚目前的处境！

洪常青　（蔑视、锋利地）目前的处境，我很清楚，红军大兵压境，你们已经走投无路！

南霸天　（恼羞成怒）别忘了，你是爱我的手里！

洪常青　（坚定如山）你逃不出人民的掌握之中！

南霸天　（疯狂嚎叫）榕树下堆干柴，我叫你藏身烈火！

洪常青　（壮志凌云）为人民献生命，革命者死得其所！

南霸天　（咬牙切齿）你们搞的那个武装暴动，掀不起狂风暴雨！

洪常青　（雷霆万钧）毛主席领导的人民革命，必取得最后胜利！

南霸天　（魂胆俱裂）啊！……

洪常青　（奋臂怒斥）

唱【二黄快板】

螳臂挡车不自量，

穷途末路，捧出纸一张！

你妄想负偶来顽抗，

你妄想入地把身藏，

你妄想重整残兵将，

你妄想保全旧时光。

睁开眼看看这革命洪流滔天浪！

南霸天　（嘶叫）你给我写！……

洪常青　【散板】

叫你难逃覆灭下场！（一把夺过那张纸，撕作两团，劈面

痛掷在南贼头上）

南霸天　（绝望地）烧死他！

〔团丁们拥上前扭住洪常青。洪常青两臂一挥；团丁们踉跄跌倒。

〔又一群团丁持火把拥上，围住洪常青。

〔《国际歌》音乐声震撼天地。

〔洪常青气壮山河，从容镇定，阔步走至大榕树下的柴堆上，昂

然挺立。

洪常青　（振臂高呼口号）

打倒国民党反动派！

中国共产党万岁！

毛主席万岁！

〔柴堆火起，红光一片。

〔众匪徒匍匐在地。

〔暗转。

〔灯光复明，正是黎明时分，蓝天上朝霞万道，格外壮丽。

〔军号声中，营长、连长、吴清华率红军战士上。

营　长　同志们！冲啊！

众　　　冲啊！……

〔红军战士、赤卫队员、男女群众，挥舞红旗，高举各种武器，冲杀过场。

〔团丁们无处逃窜，被围追全歼。

〔老四抱一钱箱逃上，恰巧撞上拼命逃走的南霸天。

南霸天　好哇！你个狗奴才！（扑过去抢）

老　四　（一脚揣倒南霸天）去你的吧！

〔老四狼狈逃走，迎面碰上吴清华。

〔吴清华持枪怒视二贼；二贼惊恐万状。老四挣扎欲逃，被吴清华一枪打死。

〔南霸天仓皇逃命，被吴清华抓住，按倒脚下。

吴情华　唱【西皮快板】

千家冤仇万代恨，

你一条狗命难抵偿！

无产者今日枪在手，

要叫你反动统治阶级全灭亡！

〔南霸天欲夺吴清华枪，被吴清华打倒。南贼挣扎套走；吴清华连发二枪，击中南贼。

〔战士们追上，排枪齐射；恶贯满盈的南贼受到了应有的惩处。

〔战士们、赤卫队员们拥着解放了的奴隶们奔上，欢庆解放。

〔小庞内喊："清华！……"

〔小庞拿着洪常青的军帽跑上。

小　庞　清华同志！我们四处寻找，没有见到常青同志，只发现了他这顶帽子！

吴清华　你说什么？！

小　庞　没有找到常青同志！

〔场上一片寂静。

〔营长默默走上，后随连长及二战士。

众　　　营长！……

吴清华　（奔过去）营长，常青同志……？

营　长　（沉痛地）常青同志为革命英勇地牺牲了！

〔晴天霹雳，震撼全场。众肃立大榕树下，低头致哀。

〔《国际歌》音乐声中，吴清华、营长、连长走向台前。

吴清华　党代表！你永远活在我们心上！当牛做马的女奴隶，成
　　　　长为光荣的共产党员，前进中每一步都靠党培养！……

连　长　常青同志，你永远是我们学习的榜样！我们一定接过你
　　　　的枪！

众　　　我们一定接过你的枪！

营　长　我们要化悲痛为力量，继续冲锋在革命大道上！直到五
　　　　洲四海红旗飘扬！

众　　　直到五洲四海红旗飘扬！

营　长　营党委决定，吴清华同志继任娘子军连党代表！

〔营长将洪常青的公文包授予吴清华。

吴清华　（接过公文包，背上肩，敬礼）

唱【西皮流水】

接过红旗肩上扛，

接过先烈手中枪！

踏着英雄足迹走，

革命到底，永不下战场！

放眼看天下，

风雷震八方！

燎原烈火旺，

工农齐武装！

誓把那南霸天、北霸天、一切反动派统统埋葬！

照耀着我们的是永远不落的红太阳！

〔娘子军连战士列队；不少妇女纷纷参加娘子军，一个接一个地站到队列中去。

〔红旗招展，刀枪挥舞，众并肩前进。

众　　（合唱）

接过红旗肩上扛，

接过先烈手中枪！

踏着英雄足迹走，

革命到底，永不下战场！

…………

——幕　闭

(剧　终)

打不死的吴清华我还活在人间

第一场　吴清华唱

1 = E

散
mp　　p　　　　　　　　　∨ mp　　f　p
(6 — 54 32 35 61 56 13 ‖ 2 — — 3 1 0 70 0 |

62 76 56 | i — | i7 67 i7 65 43 2. 2 12) |

【西皮导板】
p
3 2 2. 1 6561 | 1 — (6 5 61 —) | 2 2 2. 3 5 — |
昏 沉 沉　　　　　　　　　　　　　　只 觉 得

∨ mp　　　　　　　mf　　　　　p
(2. 312 3235 6. 156) | 1 1 13 53 (05 61) | 5 6. 6 5 6 43 |
　　　　　　　　　　　　　　天 旋　　　　　　　　地

2. 3 54 3.2 12 33 23 565 35 6 i6 | 1 — — — |
转,

ff ⟍⟍ ⟍ p ⟍ ff
(2̂ — 7̂ — 6̂ — 1̂ —) |

(0̂ 台 仓才才 仓才台 仓 0)

【回龙】
中速
mf

$\frac{1}{4}$ 2·3 | 5·3 | 5(06) | 5 3 i | i 6 0 | 5·6 3 2 | 1 2 3 | 5 5 |

咬 牙 关，挺 胸 站，打 不 死 的 吴 清

5 3 5 | i·2 6 5 | 3(256) | $\frac{2}{4}$ i i i | i 2 i 2 3 2 | i·2 3 5 3 2 1 6 |

华 我 还 活 在 人 间！

原速
(2̇·2̇ 2̇2̇ | 2̇2̇2̇2̇ 2̇2̇2̇2̇) 稍渐慢 (5 5 5 5 |

2̇ — 2̇ — | 2̇1̇3̇2̇ 3̇·5̇2̇1̇ | i·2 6 5 5 3 5 6 i | 5 — |

(大大 大大

p ⟍⟍⟍
5 3 5 7 6 5 6 i |

5 0 0 | 2̇· i̇2̇ | 3̇· 2̇3̇ | 5 6 5 | 3̇2̇5̇6̇ | 7·7 7 7 |

衣大 衣 仓

p ⟍⟍ ff 突慢 转中慢
7777 7777 | 6 7 2 6 2 2 7 6 | 5̇ i 6 5 | 4·4 4 4 4 4 4 3 | 2·3 5 5 4 3 2 |

【原板】
mp (0 7 6 1)

1 3·5 2 1 7 | 7 6 1 2 1 3 5) | 6 6 5 | 5 3 2 1 7 6 | 1 — |

关 黑 牢

$5\ 5\ \overparen{1\ 2\ 3}\ |\ 4.\underline{3}\ \overparen{2\ 3\ 4}\ |\ \overset{\frown}{3}\ (\underline{1.2}\ \overline{3\ 6\ 4\ 3})\ |\ 2\ 2\ \overparen{2\ 3\ 7\ 6}\ |\ 5\ 6\ 1\ 1\ (\overline{2\ 1\ 2})\ |$

三天 未见 一 粒 饭， 遭毒 打

$\overparen{3\ 2\ 3}\ 4\ 0\ |\ \overset{\frown}{3\ 2}\ 1.\underline{2\ 1\ 2}\ |\ 3\ 6\ \overparen{6\ 2\ 3}\ 5.(\overline{2\ 3\ 5}\ \overline{6\ 5\ 6\ 7}\ |\ \overset{f}{2}\ \overset{mp}{3}\ |\ \dot{1}\ 0\ 0\ \dot{2}\ |$

遍体 伤痕 血未 干。

$\overline{7\ 6\ 5}\ \overline{3\ 2\ 5\ 6})\ |\ \overset{p}{7}.\ \underline{6\ 7}\ |\ \dot{1}\ \overset{\dot{2}}{\frown}\ \overline{7\ 6\ 5}\ |\ \overparen{3\ 6\ 5}\ (\overline{0\ 2\ 3\ 5})\ |\ \overparen{6\ 6\ 7\ 6\ 5}\ |$

湿 淋 淋 分 不

$6(7\ \overline{6\ 5\ 3\ 5})\ |\ \overparen{6.7\ 6\ 5}\ \overparen{2\ 5}\ |\ 5\ 5\ \overset{\frown}{3}\ |\ 2\ 3\ \overparen{1\ 7}\ |\ \overset{(0\ 3\ 2\ 7}{6}\ -\ |$

出 哪是 血呀 哪 是 雨，

$\overset{6.\ 0)}{\overparen{\ \ \ \ }}\ |\ 6.\ 7\ |\ \dot{1}.\ \dot{2}\ |\ 7.\dot{2}\ 7\ 6\ |\ 5.\overset{\curvearrowright}{6\ 7}\ |\ \overset{稍快}{\overset{mf}{6}}\ (6\ \overline{6\ 5\ 3\ 5}\ \overline{6\ 7\ 6\ 5}\ \overline{3\ 2\ 5\ 6}\ |$

$\overset{f}{\dot{1}}\ \overline{1\ 6\ 1\ 3}\ |\ \dot{2}.\ \underline{\dot{1}\ \dot{2}}\ |\ \overset{mp}{7\ 7}\ \overline{0\ 7\ 6\ 5}\ |\ \overline{4\ 3\ 2\ 3}\ \overline{5\ 6\ 7\ \dot{2}}\ |\ 6\ 0\ \overset{mp}{\overline{0\ 1\ 2\ 3}})\ |$

$\frac{1}{4}\ \overparen{4\ 4}\ |\ \overparen{4\ 4\ 3}\ |\ \overparen{2\ 2\ 3}\ |\ 5\ (3\ 6\ 5)\ |\ \overparen{3\ 6\ 5\ 6}\ |\ \overparen{7\ 7}\ \overset{\frown}{7}\ |\ 7\ (6\ \dot{1}\ 7)\ |$

黑压 压 看不 清 密密 椰林

稍慢

| 6 2̣ 7 6 | 6 5 6 | i̇ (3̇ | 2̣ 7) | 6 6 5 | 5⌣3. (2 1 2 |
|哪|是|边。| |这世|道，|

mf

2/4 3) 2 1 2 | i̇ 7 6 5 | 2 — | 2.3 2 3 5 4 | 5⌣3.2 | 1
谁肯听 我 诉苦

2.3 2 3 5 7 | 6 5 4 5 | 3⌣3 0 3 2 1 | 7 6 1 2 3 5 | 5 5.6 3 2 |
难？

原速 mf f

1 0 | 1 1 | 2 (2 2 3 4 3 | 5 2 3 5 6 5 6 i) | 2̇ | 2̇ | 7 6 5 0 6 |
谁 能替我

(0 i̇. i̇ i̇ i̇ i̇ i̇)

i̇ — | 6 2̇ i̇ 0 2̇ | 3̇ — | 3̇.5 3̇ 2 | 1 2 3⌣3 |
报 仇 冤！

(2̇ 2̇ 2̇ 2̇ | p

2̇ — | 2 3 1 2 3 2 3 5 | 6 i̇ 5 6 i̇ 7 6 i̇ | ff 2̇ —) f 2̇ 7⌣6 |
雷电

(大大 大大 大 大大大大 衣大衣 仓)
(△)

【垛板】
慢起渐快

1/4 i̇ | 7 | 6 5 | 3 6 | 5 | 0 3 | 2 1 | 2 5 | 3 0 | 4 | 4 |
哪，你为什 么 不 化作 利 剑，劈

4 | 0 | 32 | 3 | 2 | 0 | 2 | 2 | 2 23 |

开　　椰林寨?　　五　指

5 | 5 | 5 | 5 | 5 | 53 | 2 | 23 | 4 | 4 |

山,　　　　　你为　什

3 | 0 | 3 | 21 | 62 | 1 | 23 | 5 | 5 | 2 |

么　　不把五　指握成拳,　打

35 | 21 | 61 | 2 | 0 | 5 | 31 | 6 | (6 6.) |

死　南霸　天!　　打　死

66 56 1 — 6 1 6 1 — 1(123 5635 6 156 10 |

南霸　　天!

ff　　　　　　　　mf　　　　mp　　　pp

2 — 20 20 22 22 0 20 | 7 — — — 62 76 56 | 4 — 3 2 | 1 — — 0)

天下的受苦人心心相连

第一场　洪常青、吴清华对唱

1 = E

散

fp　　fp　　mp　p　　【西皮散板】

(7 — 6 — 076 5 —) | 5 1 6 6 5 3 |

（洪常青唱）你　休　害　　　怕,

81

慢速

mp > p mf

（0 3 2　1 2　3̂）｜3　5 3̃　5̃̃2　－｜²/₄（5̇·6̇5̇｜4　3 0 3｜

　　　　　　　　　莫　慌　乱，

中慢　　　【原板】

2̇5̇3̇2̇　1̇7̇6̇1̇｜2̇）1̇　5̇6̇·1̇｜2̇5̇3̇2̇　1̇·2̇｜3̇·（5̇6̇1̇　5̇3̇2̇1̇6̇1̇）｜

　　　　　天　下的　受苦　人

（7̇·2̇8̇5̇）　　　　　　　　　　　　　稍慢

2̇ 0　2̇　2̇｜3̇2̇｜5 6 7｜7̇2̇7̇ 6̇·1̇6̇1̇｜2̇·3̇2̇1̇ 2̇ 2̇｜

心　心　相　连。

原速

（1̇ 1̇　1̇6̇1̇2̇｜f　　　　　　mp

1̇　－｜3̇·3̇3̇3̇ 3̇1̇2̇3̇｜5̇ 5̇ 3̇5̇｜6̇ 0 0 4̇3̇｜2̇·3̇ 7̇6̇）5 4 3｜

　　　　　　　　　　　　　　　　　　（吴清华唱）黑　椰

2　－｜0 2　1 2｜5　2̇·3̇｜5 3̃ （3̇2̇5̇6̇）｜1̇·2̇　3̇2̇｜

林　　　见　惯了　狼　奔蛇　窜，　　　怎

稍慢　　　　　　　　　原速

5　6 2̇｜7̇·（2̇　6̇5̇）｜1̇·2̇ 5 3̃｜2̃ －｜3̇5̇2̇3̇　5 0｜

有　这　好　心　人　来到　身

（5̇·5̇　5̇5̇｜　　　　　　　　　（0 3 2̇

5　－｜5 1̇　6̇5̇）｜3̇·5̇ 3̇5̇｜6　6｜1̇·　7｜

边？　　　又　怀　疑

```
p
6 0   0 6 5)│4.3    2 3│5. 3│2.5   3 2│5  — │
            又  感 激      真
1 — │2.3   2 3│4 — │3.5   3 2│1.2   1 7│
假  难       辨……
                                    f
                              (6 2 3│i 0  7 0│
6 2  2 — │2.7  6.7 6 5│3.5 3 5│6 — │6 — │
6 7 6 5   3 5 6)│3.2    i 2│3(5 3 2  i 6 i 2│3)7 6│i 7│
(洪常青唱)千   道 伤      万  般 痛
                      (5  5 6 5│
7.6  6│6(7 6 5 6)7.6│5 — │4 2 4 5  6 i 5 6)│i. 6│
含 恨     无 言。            南 霸
i.(2 3 5  2 i 7 2│i)1  5 3 2│1 2  2 3 4│3 0 (3 — )│
欠 血债 定要  清 算!
【散板】
mp
2 5  6.7  2 6 2  7. 7│6 6.7  2  2 7│
(吴清华唱)多 少 年的 心里 话,他 一 语
中速
(0 6 4 2│
6 6 5 #4 0 3│2/4 5 — │5. 5 5 4  3 5 6 i│5)3  3 2│
说 穿!……              (洪常青唱)只 身
```

83

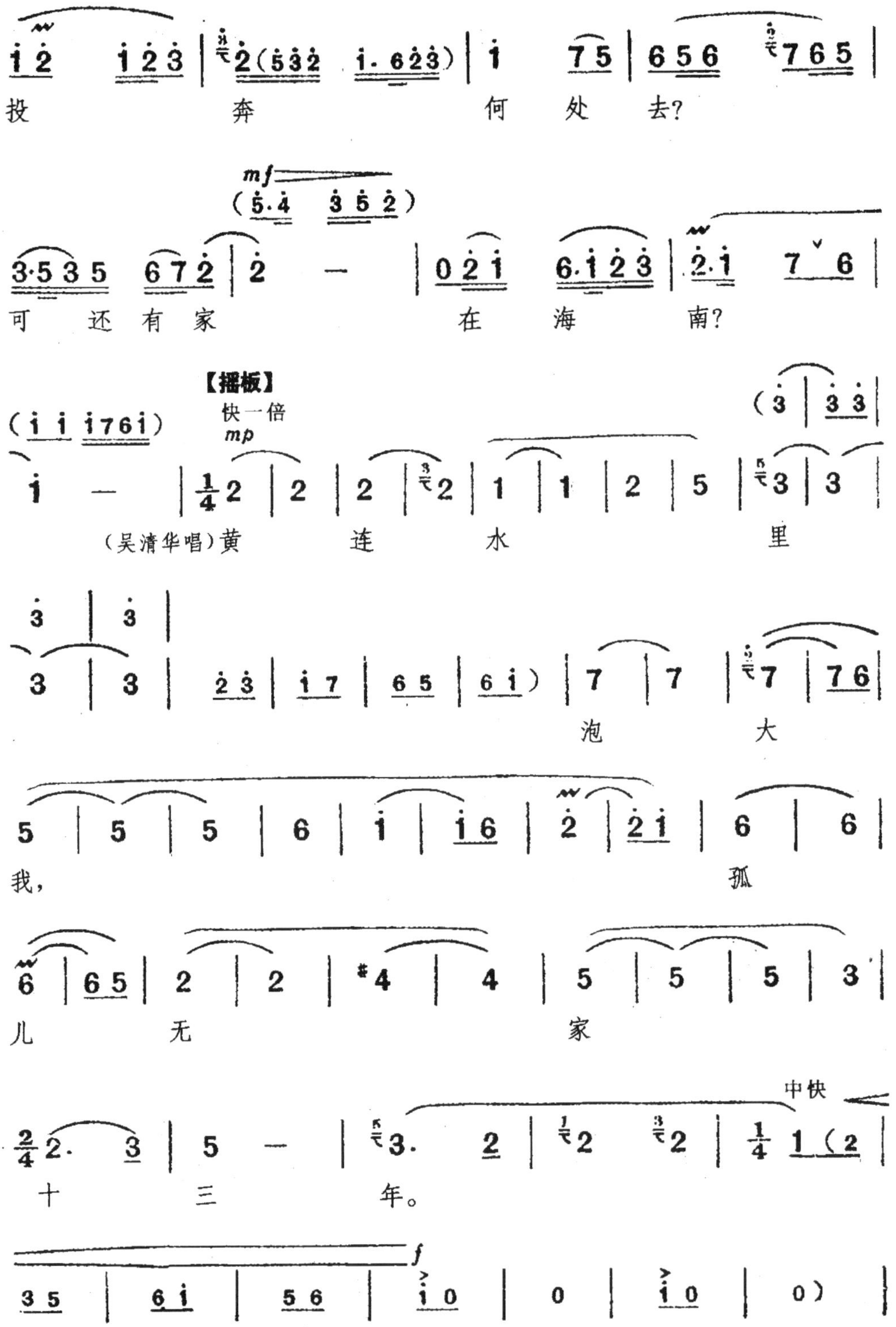
投 奔 何 处 去?
mf
可 还 有 家 在 海 南?
【摇板】
快一倍
mp
(吴清华唱)黄 连 水 里
泡 大
我，孤
儿 无 家
中快
十 三 年。
f

mf

6 2 | i 6 | 3 3 | 2 | 0 | 7 | 76 |
哪 里 投 奔 哪

5 | 56 | 7 | (2·2 | 76 | 56 | 7) | 7 |
里 去？ 我

6 | 6 | 6 | 65 | 36 | 5 | 2 | 23 |
問 遍 大 地 問

4 | 4 | 4 | 4 | 3 | 35 | 6 | 6·i | 5 |
青 天！

【垛板】

0 | 36 | 56 | i | 6 | 56 | i | 6 |
兩 代 冤 恨 未 能 報，

2 | i | 2 | 3 | 3 | 3 | 3 | 3 |
到 死

3 | 3 | 3 | 2 | 232 | i | 2 | 30 |

慢一倍　　　*f*

0 | 35 | 76 | 6 | i 0 | 0 ‖
我 也 心 不 甘！

（仓 0）

85

崭新日月照河山

第一场　洪常青唱

1 = E

散
ff

（嘟　仓0）

【西皮原板】

血　泪　迸　发　　　　　　　仇　难

咽，

阶级　姐妹　遭　迫害，　　　如刀扎

我

原速 f

（1 2 3 5　6 1 5 6｜

3 2 1　2 2｜1　—　｜1 1　1 6 1 6 1｜2 2　2 7 6｜5　4.3　2 5 3 2）｜
心　间。

ff稍慢　　原速

mf

1　5.3｜1（2 7 6　5 6 1）｜0 2 5　3 1｜2（3 2 1　6.1 2）｜0 2　1 5 3 2｜
压 迫 深　　反 抗 重，　　压 迫 深

稍慢

1 2 #4｜3.（2 7 2｜3）7 6｜2.　3 7 6｜5.　6 5 3｜2.　3 5｜5 4　3 3 2｜
反 抗 重，　一 滴 水　　映 出 了

原速 f　　　mp　　【二六】

1 2 3　4.6 3 2｜1/4 1（4｜4 3｜2 5｜5 6 7 6｜1）6｜6.5｜3 6 5 6｜
大 海 狂 澜！　　　　　　莫 道 这 苦 难

1 1｜1 5｜3.2｜1.（2｜3 6 1 2）｜3｜6.5｜5｜5｜
深 渊 无 路 走，　　　有 一 条

mf　　　　　　　　　　　　　　mp

5 6 5｜3 2 1｜1 6（1 2 3 5｜6.6｜6 6｜6 6｜6 6）｜7｜7.6｜
解 放 大 道　　　　　　　　就 在

$$5 \mid (\underline{6 \cdot 6}) \mid \dot{2} \mid \dot{2} \mid \dot{2} \mid \dot{2} \mid \dot{2} \cdot \widehat{\dot{2}} \mid \underline{\dot{1} \dot{2}} \mid \widehat{3 \cdot 5} \mid \underline{\dot{3} \dot{2}} \mid$$

眼　　　前。

$$\overset{p}{\dot{1}} \mid \dot{1} \mid \dot{1} \mid \dot{1} \mid \underline{\dot{1} 0} \mid \underline{6 \cdot 6} \mid \dot{2} \mid \dot{2} \mid \dot{2} \mid \overset{f}{\underset{(6\ 6}{\underline{\dot{2} 0}}} \mid$$

$$\overset{ff}{\dot{2}} \mid \underline{3217} \mid \underline{\dot{6}\ \dot{6}} \mid \underline{\dot{6}\ \dot{6}} \mid \overset{渐快}{\underline{\dot{6}\ \dot{6}}} \mid \underline{6765} \mid \underline{3235} \mid 6) \overset{中快}{\overset{mf}{\dot{1}}} \mid \underline{\dot{1}\ \dot{1}} \mid$$

　　　　　　　　　　　　　　　　　　冲　出

$$\underline{\widehat{\dot{1}\dot{2}65}} \mid 3(\underline{\dot{2}\dot{1}\dot{2}} \mid \dot{3})7 \mid 76 \mid 7 \mid \underline{6767} \mid \dot{2}(\underline{767} \mid \dot{2})\dot{1} \mid \underline{\dot{1}6} \mid$$

黑 椰 林，　跨　越　三　座　山，　迎　着

$$4 \mid 4 \mid \widehat{3}(\underline{\dot{2}\dot{1}\dot{2}} \mid \dot{3}0) \mid \dot{1} \mid \underline{6\dot{1}} \mid \nearrow 5 \mid 0 \mid \overset{f}{\widehat{\dot{2}5}} \mid$$

朝 阳 去，　　　迅　跑　无

【快板】
$$\widehat{3\dot{2}} \mid \dot{1} \mid 0 \mid \overset{mf}{\widehat{36}} \mid \underline{56} \mid \dot{1} \mid \underline{\dot{1}\dot{2}} \mid \underline{\dot{2}7} \mid \underline{65} \mid$$

阻 拦。　　红 云 乡 刀 枪 挥

$$3 \mid \dot{3} \mid \underline{\dot{1}\dot{1}} \mid \dot{2} \mid \overset{\frown}{\underline{\dot{2}5}} \mid \underline{\dot{3}\dot{2}} \mid \dot{1} \mid \overset{\frown}{\underline{\dot{1}\dot{2}}} \mid \overset{f}{\underset{(5}{\dot{3} \cdot}} \mid$$

舞 天 地 变，　共　产　党

6 i	5 6	i 2	③)i	i 6	3	i	2	·3
			领	导 工	农	把	身	

i(5	67)	i	5	6·(7	65)	i	65	3
翻。		打	土	豪		分	田	地

07	76	2	0 { 5	56	7	7̃	6	7̃
红	旗 招	展，						

渐慢

67	67	2(3)	76	5	6	i	3	2	i 2
	那	里 是	崭	新	日				

散 稍慢　　　　　　(5 6 i 2 3 6　　5̂　 — — — —) 快速

70 6	5·6 i	i	—	(032	13	2·5	5	0 6	$\frac{2}{4}$ i 6	16 12)

ff　　　　　　　　　　　　　　　　　慢

3·2	5	5	—	5	—	5	5 5 5	2·3 23	4·6 32	i·(76 i)	5 i
照											河

(i i　 1 2 3 5

2 0 i	2 2	i	—	f 6·6	6 5	4 0	2 0	5 0	0)
山！				(八 0	大 0	仓 0)			

战火中炼出了英雄连队

第二场　黄　威唱

1 = ♭E

稍慢
mp

1 1 3 | 2 1 ⌒6 | 0 3 | 2 3 5 | 7·2 6 7 | 2 2 | 2·(3 4 3 2 3 1 7) ‖
勇 猛 无 畏，　献 赤 心 爱　　人 民

原速
f 　　　　　　　　　　　【垛板】

6 2 7·6 5 6 | 1 (3 5 2 1 7 2 | 1/4 1) 2 | 1·2 | 3 1 | 2·1 |
体 贴 入　 微。　　　　　　红 云 乡若　不 是

6 2 1 | 0 1 | 6 1 | 2 (1 6 1 | 2) 1 | 5 6 | 2 1 2 | 3 2 3 |
你 们　 来　 守 卫，　　哪 有 这 工 农 当 家，

稍慢　　　　　原速　　　　　　　　　　　中快

6 2 1 2 | 3 2 1 | 1 6 1 | 2 5 3 2 | 1 (2 6 2 | 1) 2 | 1 2 | 3 |
万 众　 欢 腾，　大 旗 卷 风　 雷!　　根 据 地乡

2 3 | 2 1 | 1 | 2 | 2 3 | 1 2 | 3 | 0 1⌒6 |
亲 齐 赞 美，　娘 子 军　恰

6 5 | 3 6 | 5 | 1 | 1 | 6 | 2·5 | 3 |
似 海　 南 英 雄 树，　铁 干

散　　　　　　　　　慢一倍

2 | 3 | ⌒5 - 5 0 | 3 2 1 1⌒6 | 1 1 0 0 ‖
繁　 花，　风 雨 难 摧!

（仓0）

91

同心踏碎旧世界

第二场 连 长唱

$1 = {}^bE$ $\frac{2}{4}$

中速

（0 2 3 4 5 6 7 ｜ 1·111 6165 ｜ 36·1 6543 ｜ 2·6 ｜ 5 —

【西皮二六】

07 6·123）｜ 1·321 6·156 ｜ 1·（321 7·2165）｜ 3.5 165

娘　子 军　　　来自 工农，是

6 65 ｜ 535 1 ｜ 6（567 6·535）｜ 7·267 22 ｜

人 民　的 军队，　　和　 乡亲，

2（5 5632 ｜ 73 2356）｜ 11 6165 ｜ 36·1 6543 ｜

如鱼

2·3 ｜ 403 235 ｜ 55 1·23 ｜ 3.5 3·56 ｜ 02 72 ｜

水，　同甘 苦 共　　安

263 5（236 ｜ 556）161 ｜ 1（235）656 ｜ 5 5 3.2 ｜

危。　深根　扎 在 群 众 的

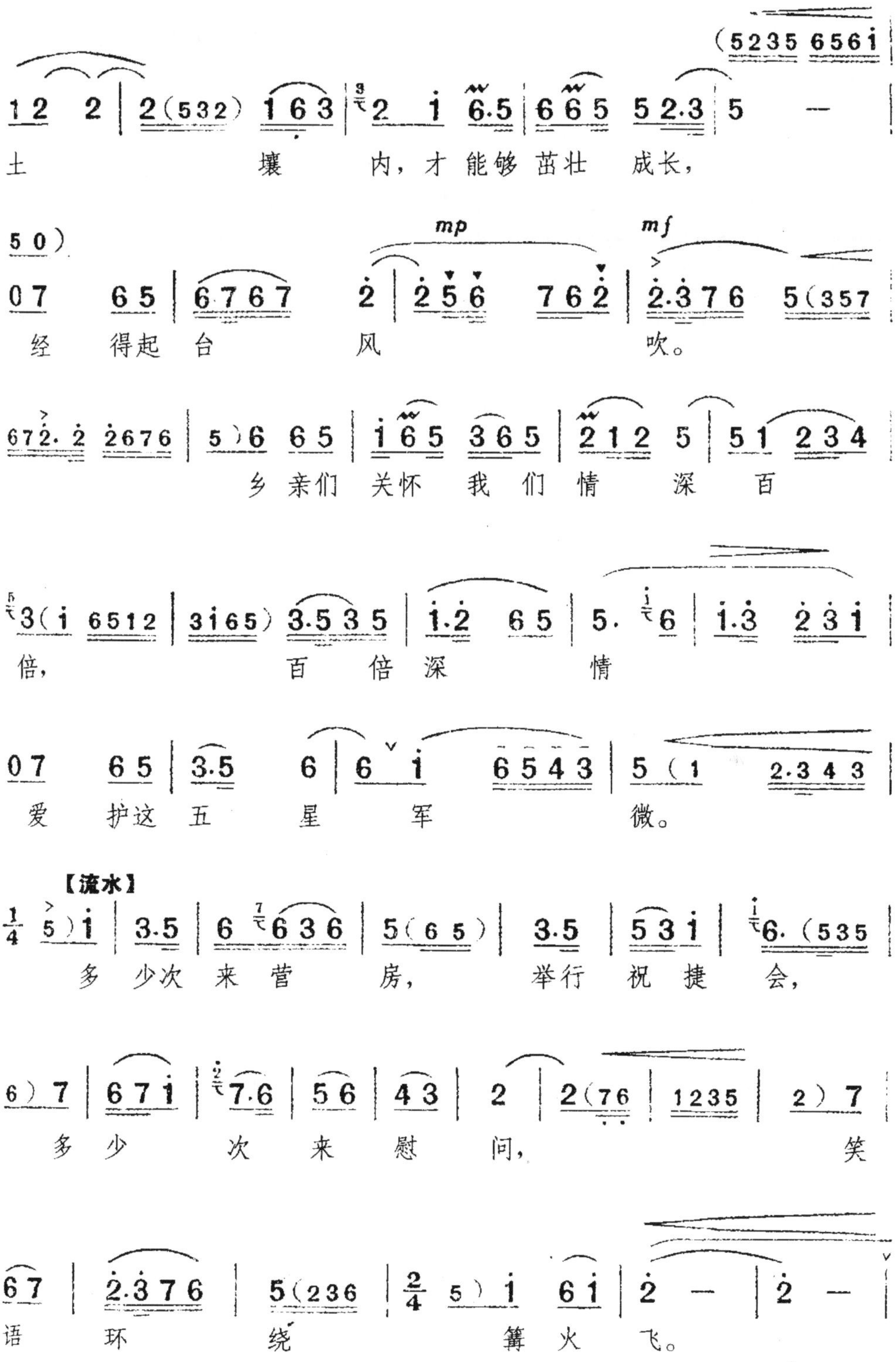
土 壤 内，才 能够 苗壮 成长，
经 得起 台 风 吹。
乡 亲们 关怀 我 们 情 深 百
倍， 百 倍 深 情
爱 护这 五 星 军 微。
【流水】
多 少次 来 营 房， 举行 祝 捷 会，
多 少 次 来 慰 问， 笑
语 环 绕 篝 火 飞。
mp
mf

$\dot{2}$ | $\underline{\dot{2}\dot{2}}$ | $\underline{76}$ | $\underline{56}$ | $\underline{1\ 0}$ | $\dot{2}\ 0$ | $\overset{\vee}{\underset{\equiv}{\smile}}\dot{2}\ 0$ |

途　　千万　　　　里，　　　军　民

$\underline{0\ 7}$ | $\underline{7\ 7}$ | $\underline{6\ \dot{2}}$ | $\underline{7\ 6}$ | $5\ (\underline{3\ 6}$ | $5)\ \dot{1}$ | $\dot{1}\ \dot{1}$ |

步　　步　　紧相　　　随。　　　　同　心

$\widehat{\underline{6\ 5}}$ | 5 | $\underline{7\ 7}$ | $\underline{6\ \dot{2}}$ | $\overset{\vee}{\underset{\equiv}{}}7$ | $\underline{0\ 6}$ | $\underline{6\ 7}$ |

踏　　碎　　旧世　　　界，　　海　北

　　　　　　　　(5 | $\dot{5}$ | $\dot{3}$ | $\underline{\dot{3}\ \dot{2}}$ | $\underline{7\ 6}$ | $7\ \dot{2})$ |

$\dot{2}$ | $\dot{2}$ | 5 | 5 | 5 | 5 | 5 | 5 |

天　　南

$\overset{\mathcal{M}}{6}$ | $\underline{5\ 6}$ | $\dot{1}$ | 0 | $\dot{1}$ | $\dot{1}$ | $\dot{1}$ | $\dot{1}$ |

迎　　朝　　　晖！

　　　　　　　　　　　　　　　　　　　　　mp

$\dot{1}$ | $\dot{1}$ | $\dot{1}$ | $\dot{1}$ | $\underline{\dot{2}\ \dot{1}}$ | $\underline{6\ 5}$ | $\underline{3\ 5}$ | $\underline{3\ 5}$ |

　　　　　　慢　　　　　　*ff*

$\underline{6\ 5}$ | $\underline{6\ \dot{1}}$ | $\dot{2}$ | $\dot{3}$ | $\frac{2}{4}\overset{\frown}{5}$ —| $\underline{\dot{2}.\ 3}\ \underline{\dot{2}\ \dot{1}}$ | $5\ \overset{\vee}{\underset{\equiv}{\dot{1}}}6$ |

　　mp

　($\underline{0\ 3}\ \underline{2\ 1}$ | 5 | $\dot{6}$ |

$\overset{\frown}{\dot{1}}$ — | $\underline{\dot{1}\ 0}$ 0 | $\underline{1\ 3}\ \underline{5\ 6}$ | $\overset{\frown}{\dot{1}}$ —)‖

　　　　　　　　　　　（嘟　仓）

找见了救星，看见了红旗

第二场　吴清华唱

$1 = {}^{b}E$

散
p

(2̂ — 7̂ — 0 6̂ 56 1̂2̇ 2̇ 6 1̇ 54 3. 0 | 6.1̇ 56 43 2.3

mf　　mp

4̂ 6̂ 5̂ —) | 6 6̂5 5 5.(3 2.3 43 5̂) |
(仓 —)　　十 三 　年，

32 5 1 2.3 5 3̌ | 2 2̌ 5̣ 06̣ 1̇.(6̣
一 腔 苦 　　水 　藏 心 底，

5.6 7 6 1 —) | 36 5 7 7.6 56
　　　　　　　　　面 对 亲 人，

6.(6 57 66 66) | 6.5 3̌ 5 | 365̂ 5.6 1̇2̇ |
　　　　　　　　诉 不 尽 这 满 腹

f
3̇3̇ 3̇ 3.2̇ 1̇02̇ 3̇ 3̇ 2̇ 2̇ — — |
冤 屈。

　　　　　　　　　　　　（嘟 ————

95

2/4　(²2̇. ²2̇ ²2̇²2̇｜67²2̇ 62̇76｜5 ¹1̇ ⁶65｜45 3̇·2343｜235¹1̇ 6535｜
　　　　 0

2 1 2 2̇1̇65)｜³3 ⁶56｜1̇. (6｜7276 5356)｜1̇65 365｜
　　　　　　　　　南霸天　　　　　　　　　　　　　　凶残歹毒

07 ⁶67｜2̇ 5｜5 5656｜˜767 2̇2̇｜2̇·376 567²2̇｜
横行　乡里,

(6765 3̇·56) f
6 －｜1̇1̇ 35｜01 23｜44 53｜5 5 2̇｜
　　　　　　逼租　讨债,　打死我　爹娘,　　抛尸河

1 (¹1̇｜1̇·｜³3｜2̇·3 54｜3̇·5 3̇2̇1̇)｜2̇ －｜2̇ －｜
堤!　　　　　　　　　　　　　　　　　　　　　爹

2̇ ˜72̇｜5̇ －｜5̇ －｜5̇ －｜7 －｜7 －｜
　　　　　　　　　　　　　　　娘

˜6̇ ˜5̇｜⁵4̇·5̇｜3 5̇3̇｜22 21｜7̇·˜7̇6̇｜
啊!……

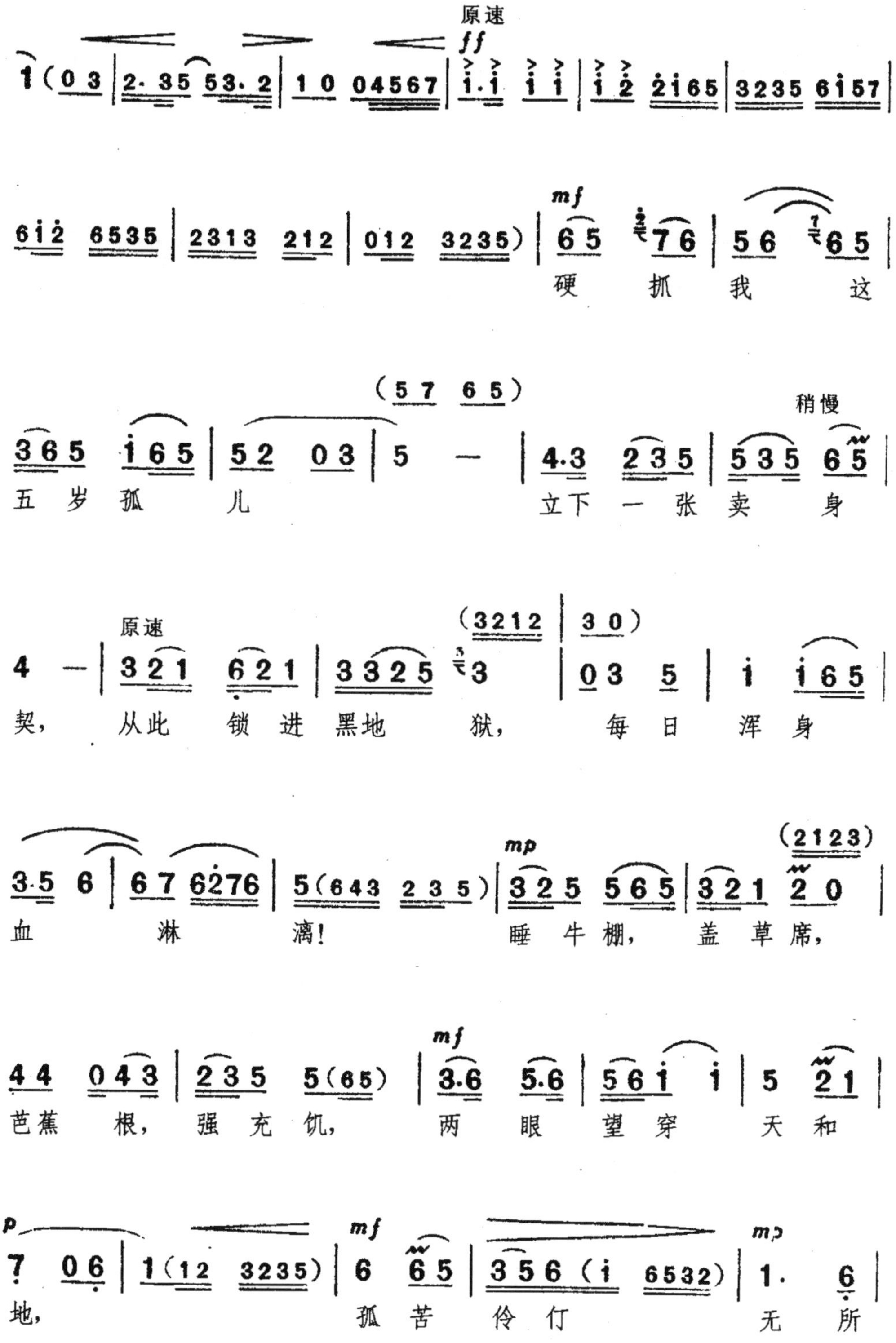
原速
ff
硬 抓 我 这
五 岁 孤 儿
稍慢
立下 一 张 卖 身
原速
契， 从此 锁 进 黑地 狱， 每 日 浑 身
血 淋 漓！
mp
睡 牛 棚， 盖 草 席，
mf
芭蕉 根， 强 充 饥， 两 眼 望 穿 天 和
p
mf
mp
地， 孤 苦 伶 仃 无 所

$\overset{ff}{(0} \overset{>}{2} \overset{>}{\overset{\cdot}{2}} \overset{>}{7}|$

$5. \quad 3 | 2.5 \quad 3\overset{\sim}{2} | 10 2 \quad 3\overset{\sim}{3} | 2 \quad - | 6\overset{\cdot}{1}65 \quad 4323 |$

依！

【快原板】

$f \quad (\overset{\cdot}{1}\overset{\sim}{2}76 \quad 5676 | \overset{\cdot}{1} \quad 0)$

$50 \quad 035) | 6.5 \quad 5.6 | \overset{\cdot}{1} \quad - | 0\overset{\cdot}{1} \quad \overset{\frown}{6}5 | 5 \quad 5 |$

剑 麻 压 在 石 头

$(3212 | 30) \qquad (\overset{>}{\overset{\cdot}{1}}\overset{>}{\overset{\cdot}{1}}\overset{>}{\overset{\cdot}{1}}\overset{>}{\overset{\cdot}{1}} \quad \overset{>}{\overset{\cdot}{1}} \quad 0)$

$\overset{\vee}{1} \quad 5 \quad \overset{\frown}{23} | \overset{\sim}{5}\overset{5}{\overset{\frown}{\leqslant}}3 | 07 \quad 6\overset{\cdot}{1}. | 0 | \frac{1}{4} \quad 2.3 | 55 |$

底，筋 骨 磨 碎 志 不 屈。 死 不 甘 心

$\overset{\frown}{23}4 | 30 | \overset{\frown}{5}21 | \overset{\frown}{6}21 | \overset{\frown}{23}5 | 5 \quad (\overset{>}{5}\overset{>}{5} | \frac{2}{4} \quad \overset{>}{5}) \quad \overset{\cdot}{1} | \overset{\frown}{6}5 |$

做 奴 隶，不 向 老 贼 把 头 低！ 拼 剩

$\overset{\frown}{36}5 \quad 5 \quad (6) | \overset{\sim\overset{2}{4}}{7.6} \quad \overset{\frown}{5}7 | 6 \quad 0 | \overset{\frown}{5}\overset{\cdot}{1}65 \quad 53 | 07 \quad 67 |$

$(6\overset{\cdot}{2}76 \quad 576)$

最 后 一 口 气， 找 不 到 报

$(2312) \qquad \qquad \qquad 渐慢$

$\overset{\frown}{2}376 \quad 50 | \overset{\frown}{1}1 \quad \overset{\frown}{1} | \overset{\overset{\cdot}{1}}{6.5} \quad 4\overset{\sim}{3} | 20 \quad \overset{\sim}{3}23 | 5.6 \quad 2.\overset{\cdot}{2}\overset{\cdot}{2}7 |$

仇 的 好 时 机……

原速

(5 5　5 5 | 5 5　5 6 i 2 |

6 i　3 5 6 i | 5 －　| 5 0 | 3.3　3 3 | 3 2 5 3　2 3 2 i |
（大大　大大　衣大　衣　　仓）
（△）

6 i 2 3　2 i 6 i | 5 i　6 5 | 2 3 5 i　6 5 3 2 | 1 5 6　3 2 1 3 ）

mp

2.3　5 | 5 －　| 3 2 1　6 2 1 | 1（3 2 3　5 6 3 5 | 6 i 5 6　i 7 6 i ）
想　　　　不　到

mf　*p*

2 2 | 7 －　| 7 7 6 5 | 6.　6 | 5 6 | 4 3 2　2 1 2 | 2..3 |
今天　哪，

（5 2 3 5　6 7 5 6 | 7 2 6 7　2 3 7 2 ）

5 －　| 5 0 0 | 3 3 | 3.3 | 2.3 5 | 3.5 2 i |
　　　　　　春风

7.2　6 5 | 3.5 | 6 | 6 | 6 5 | 6 2 7 6 | 5 | 6 2 | 7 6 |
引我　到　　　　　　这　　　里，找　见了

mf

5 6 | i | 0 7 | 6 7 | 2 | 2 | 2 5 | 3 2 | 1.2 | 1 2 |
救星，　看见了　红　旗！找　见了救

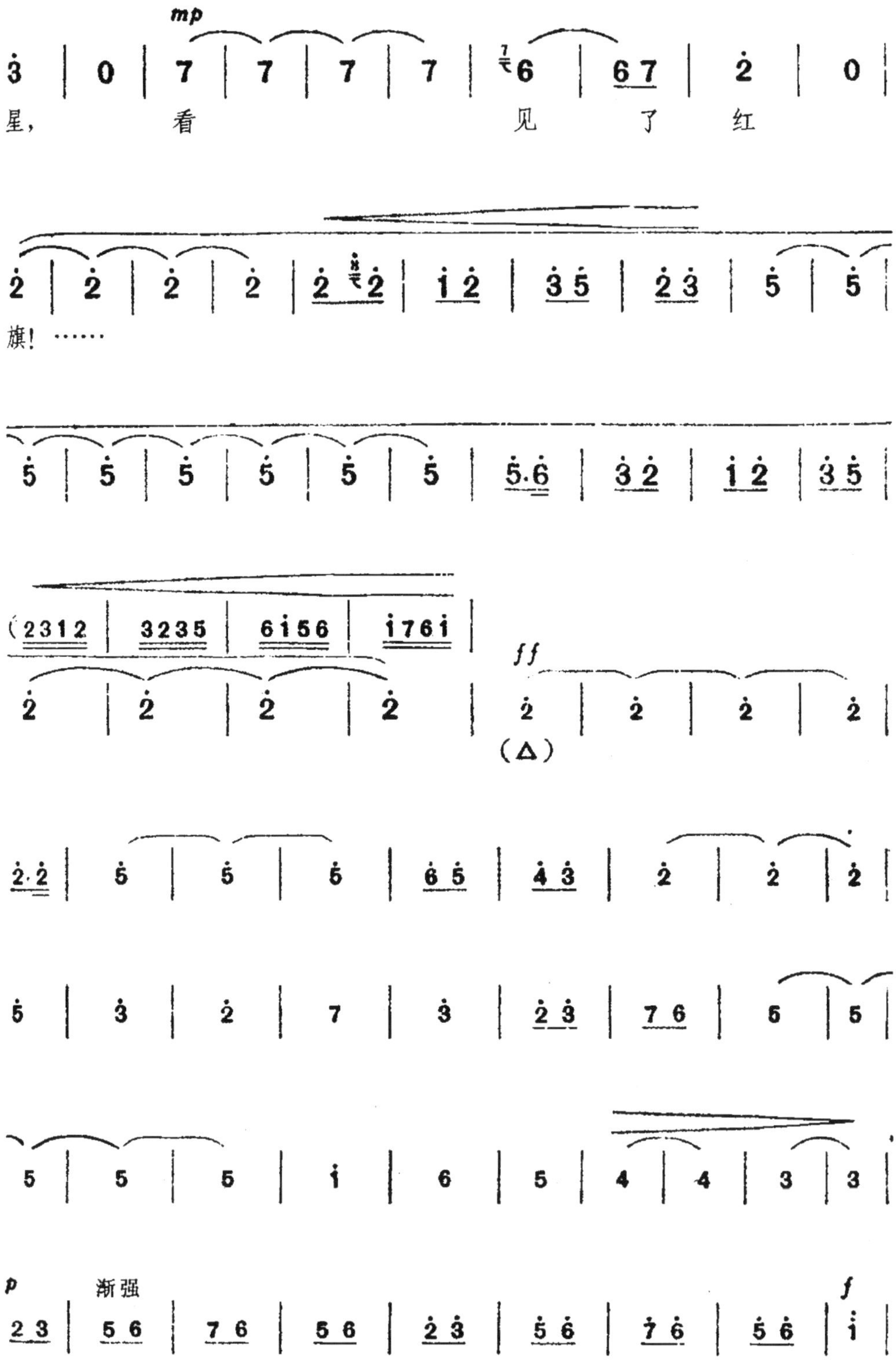
mp
星，看 见 了 红
旗！……
ff
(△)
p
渐强
f

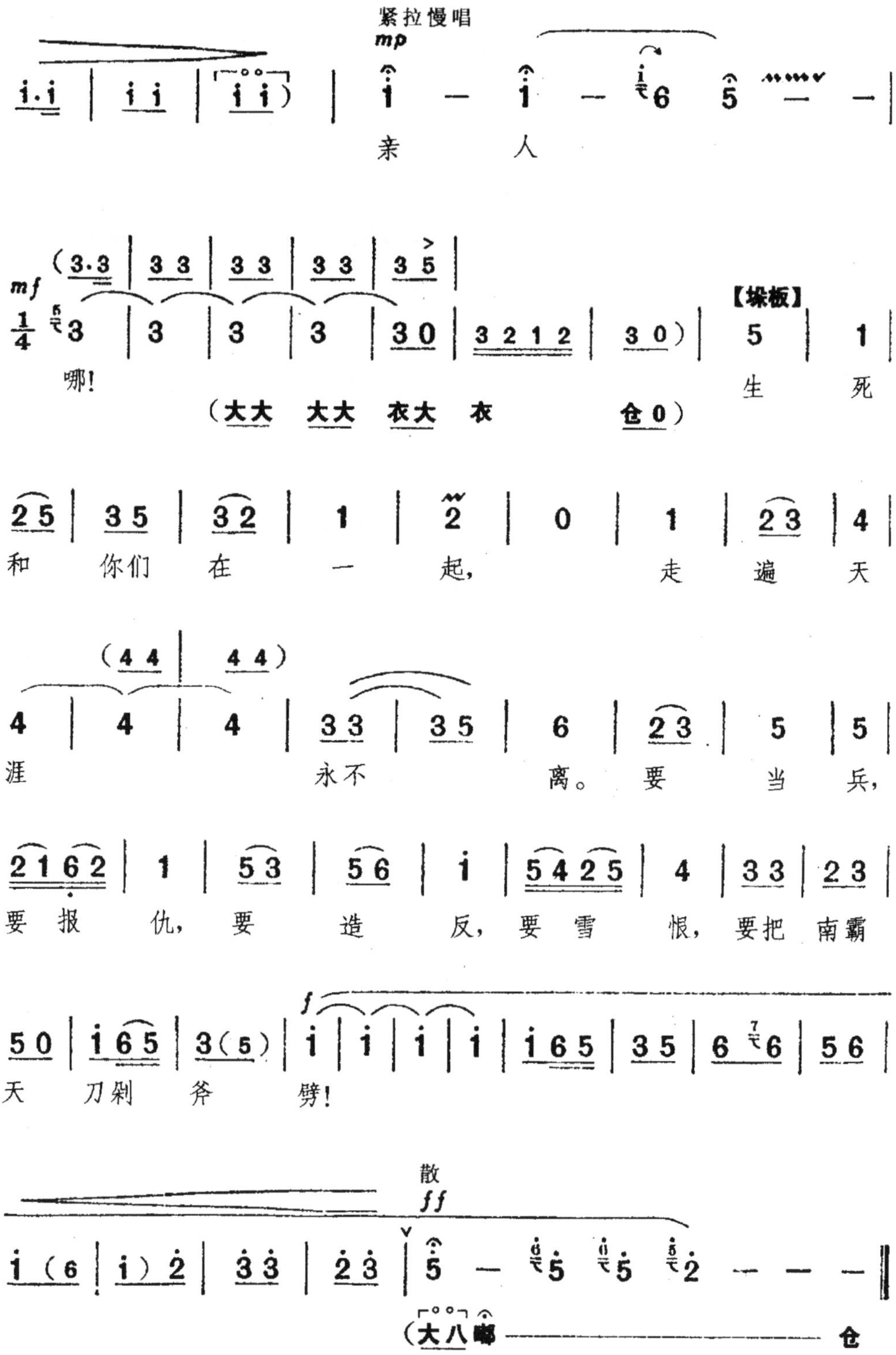
紧拉慢唱
mp
亲 人
mf
哪!
（大大 大大 衣大 衣 仓 0）
【垛板】
生 死
和 你们 在 一 起，走 遍 天
涯 永不 离。要 当 兵，
要 报 仇，要 造 反，要 雪 恨，要把 南霸
天 刀剁 斧 劈!
f
散
ff
（大八嘟 仓

靠群策制订好战斗方案

第三场　洪常青唱

1 = E

【西皮二六】

扮华侨进匪巢横眉四下看，花灯美酒，遮不住它的血迹斑斑！靠群策制订好战斗方案，抓

$\widehat{\dot{3}\dot{2}1\dot{2}}$ | $\dot{3}(5\dot{3}\dot{2}$ | $\dot{1}6\dot{1}\dot{2}$ | $\dot{3})5$ | $\widehat{6\dot{2}7}$ | $\widehat{765}$ | $\widehat{3\dot{1}}$ | $\widehat{6765}$ |

战　　机　　　　　　　　选中了　这　老　贼

$\widehat{\dot{3}65}(6$ | $\widehat{7656}$ | $\dot{1})\dot{1}$ | $\overset{\sim}{\dot{2}\dot{1}}$ | $\widehat{3\dot{2}\dot{1}}$ | $\widehat{6\dot{2}\dot{1}}$ | $0\dot{1}$ | $\widehat{\dot{2}3\dot{2}\dot{1}}$ |

寿　筵。　　　　寨　墙外　天罗　地网　　　早　布

稍慢 f　　原速　　　　　　　　　　　　　　　　　　　mf

6 5 | $6\overset{\vee}{\dot{1}}$ | $\overset{>}{4}$ | $4\widehat{3}$ | $3\widehat{\dot{1}}$ | $6\widehat{\dot{2}\dot{1}}$ | $\widehat{\dot{2}5\widehat{3}\dot{2}}$ | $\dot{1}(7\widehat{\dot{2}}$ | $\dot{1})$ $5\widehat{\dot{1}}$ |

满，入　虎穴　插　钢刀　令群匪　胆　寒！　　午

$\widehat{653}$ | $\widehat{56\dot{1}}$ | $\widehat{365}$ | $\widehat{\dot{1}2\widehat{3}5}$ | $\widehat{2\dot{1}6}$ | $\overset{f}{\underset{\times}{5}}\widehat{\dot{1}2}$ | $\dot{3}(\widehat{56\dot{1}}$ | $\widehat{65\widehat{3}2})$ |

夜　里　鸣枪　为　号，里　应　外　合，捣毁　他

mp

$\widehat{\dot{1}53}$ | $\widehat{3\dot{1}}$ | $\dot{2}$ | $\dot{2}$ | $\dot{2}$ | $\dot{2}$ | $\dot{2}$ | $\dot{2}$ | $\dot{2}$ | $\dot{2}0$ |

匪　徒　砦　院—

ff 原速

f　　　　　稍慢　　　　　　　　　　　　$(\overset{>}{\dot{2}}\cdot\dot{2}$ | $\overset{>}{\dot{2}\dot{2}}$ | $\overset{>}{\dot{2}\dot{3}}$

$\widehat{\dot{2}3\dot{2}\dot{1}}$ | $\widehat{6\dot{1}6\dot{1}}$ | $\widehat{\dot{2}3\overset{>}{5}}$ | $\dot{3}05$ | $\widehat{\dot{2}3\dot{2}\dot{1}}$ | $\dot{2}$ | $\dot{2}$ | $\dot{2}0$ |

　　　　　　　　　　　　　　　　　　（大·大　大大　衣大

$$\overset{p}{\underline{2}\,\underline{1}\,\underline{6}\,\dot{1}} \mid \frac{2}{4}\,\overset{>}{2}\,0 \quad 0\,\underline{5}\,\underline{6} \mid 7 \quad \underline{6\cdot\,5} \mid \underline{3\,2}\,\underline{\dot{1}\,2}\,\underline{3\,5} \mid \dot{2} \quad 5 \mid 6 \quad \dot{1} \mid$$

衣　　　　　　仓0）

渐慢

$$\underline{\dot{3}\cdot\,5} \quad \underline{\dot{6}\,\underline{5}\,\underline{6}\,\dot{1}} \mid \underline{\dot{5}\cdot\,\dot{3}\,2} \mid \underline{\dot{1}\cdot\,\dot{2}}\,\underline{5\,4\,5} \mid \underline{\dot{3}\cdot\,5\,6} \mid 7\,\underline{6\cdot\,5} \mid 4 \quad \overset{\frown}{\dot{5}}\cdot \mid$$

原速

$$\overset{ff}{\underline{\dot{1}\cdot\,\dot{1}}\,\underline{\dot{1}\,\dot{1}\,\dot{1}}} \mid 0\,\dot{1} \quad \dot{6}\,5 \mid \underline{4\,2\,4\,5}\,\underline{6\,5\,6\,\dot{1}} \mid \dot{5})\overset{f}{\dot{3}}\,\overset{\frown}{\dot{2}\,\dot{2}\,\dot{1}} \mid \underline{\dot{2}\,\dot{3}}\,\underline{\dot{2}\,\dot{3}}\,\underline{\dot{4}\,\dot{3}} \mid$$

不　速　客　来　　天外，

渐慢

$$(\underline{\dot{3}\cdot\,5\,6\,\dot{1}} \quad \underline{5\,3\,2\,1\,2} \mid \dot{3})\dot{1}\,\overset{\frown}{6\,5\,3} \mid \overset{\frown}{\dot{2}}\,\underline{5\,6\,5} \mid 3\,0\,\dot{1} \quad \dot{2}\,\dot{2} \mid \overset{12}{\underline{}}\overset{\frown}{\dot{1}} \quad - \mid$$

搅扰　你　阖府　　不　安。

万紫千红分外娇

第三场　洪常青唱

$$1 = \text{E} \quad \frac{2}{4}$$

【二黄快二六】

$$\overset{ff\,>\,>}{(0\,\underline{5}\,\underline{6}} \mid \underline{\dot{1}\,\dot{1}}\cdot\,\underline{5}\,\underline{\dot{1}}\,\underline{6}\,5 \mid \underline{3}\,\underline{2}\,5 \quad 0\,\underline{2}\,\underline{3}\,5 \mid \underline{2\,3}\,\underline{2\,1} \quad \underline{6}\,\underline{1}\,\underline{2}\,3 \mid \dot{1})\,\dot{2}\,5 \quad \overset{\cdot}{\underset{6}{\frown}}\,\underline{3\cdot\,2} \mid$$

众　望

104

(161̇2̇ 3̇2̇1̇2 | 3̇0） （1̇676 5676 | 1̇0） （2̇3̇2̇3̇ 4̇3̇4̇6̇ |

1̇.2̇3̇0 | 02̇ 2̇ 1̇. | 0 | 02̇ 1̇ 2̇.3̇ 4

所归　根基牢，　　鸿图大

3̇5̇3̇2̇ 1̇61̇2̇ | 3̇0）　　（6767 2̇3̇）

3̇ 0 | 02̇3̇ 1̇7 6.7 2̇ | 5 6.5 | 3 1̇（1656 |

展　　云路遥。　且看　明朝

（6756 767 2̇）

1̇）2̇ 75 | 65 7 2̇ | 6.5 3（535）| 1̇7 656 | 762̇ 276 |

椰林寨，　万紫千

（0 4̇ 3̇ | 5. 0 | 2̇3̇2̇3̇ 4̇3̇4̇6̇）| 3̇.2̇ 2̇ | 3̇.5̇ 3̇2̇ | 7（656 767 2̇

红　　　　分外

渐强

3̇0　2̇.2̇）| 5̇ — | 5̇ — | 5̇ — | 5̇ — | 5̇ --

娇！

（大大大 拉大 衣大 乙 仓 一）

英勇奋战为人民

第四场　连长唱

1 = F

散
mf　　　　　　p　　　【西皮散板】
　　　　　　　　　mp
(5 6 5　4 6　5　—) | 5. 5　3　2　12　4　30 |
　　　　　　　　　　　　光 知 道 你 有 仇 哇

mf
5　1　2　(5) | 55. 3 1　65 | 2　35　21　7 |
你 有 恨,　　　无 产　　　者 哪 个 不 是

23　44　3　2　2　50 6　1　— | 2/4 (0 5　1 2 |
苦　出 身?　　　　　　　　　　　　　　　中慢
　　　　　　　　　　　　　　　　　　　　　p

5 5　2 1 7 | 6.　1 2 | 3 2 3　5 7 | 6. 1　6 1 6 5 | 5 3　2 6 | 1 3　2 3 5 |

1　— | 0 5　1 2 | 3.　5　2 3 1 | 0 2　7 6 | 5 2　3 6 | 5　— |
　　　　　　　　　　　　　　　　　　　　　　　　渐慢

中速
f　　　　　　　　　　　【原板】
　　　　　　　　　　　mf
0 2. 2　2 2 2 7 | 6 0 1　6 5 4 3) | 2. 3　5 | 5　3. 2 | 1. (2　3 2 1 2 |
　　　　　　　　　　　　　　　党　　　代 表

3)5　12｜3.6　5｜5(235)　7｜6(07 6532)｜12　765｜
生 长在 海员 　 家庭，　受 尽了

5(76 5612)｜323　43｜25　32｜616　44｜4 －｜
剥削 压榨、苦 痛 酸辛。

稍慢

原速
(11 1612

323　507｜6.1　6165｜5　53｜2.1　2035｜11　1｜

转慢
p
3123　52｜27　6156｜45　43｜2356　3523｜10　032｜

原速
mf
1612 3256)｜165　4｜456　3(212 3)5｜1.2　55　21｜
他的 娘 　 惨 死在 皮鞭

p　　mf　　mp
7　06｜1(24 4532｜1)3　323｜44　4｜323　51｜
下， 十 岁 当童 工，父子 登海

f (5.672 765)　　　　mp
2(312)　6.5｜5.　0｜035 165｜2 －｜2321 161｜
轮。仇 恨 伴随 年纪 长，

$$\overset{\smile}{\underset{mf}{2\ 5}}\ \overset{\widehat{5}}{\underset{}{2\cdot3}}\ |\ \overset{\frown}{5\ 6\ 4\ 3}\ |\ 5(2\ 3\ 6\ |\ \overset{f}{5})\dot1\ \overset{\frown}{\dot1\ \dot6\ 5}\ |\ \overset{\widehat{6}}{\dot1\ 5}\ 6\ |\ 6\cdot\ —\ |$$

风　浪中磨　练出　　　钢　骨　铁　筋。

$$\overset{\widehat{7}}{6\ 6}\ 5\ 6\ |\ 2\ \overset{\sim}{3\ 2\ 3}\ |\ 5\ 3\ 5\ |\ 6\ 5\ \dot1\ |\ \overset{\text{稍慢}}{6\ 0\ \dot1}\ |\ 5\cdot\ 6\ 5\ 3\ |\ 5\ —\ \overset{\text{原速}}{(5\ 5}\ \underline{5\ 2\ 3\ 5}|$$

$$\overset{\text{稍快}}{6\ 1\ 5\ 6}\ \overset{ff}{1\ 6\ 1\ 2}\ |\ 3\ —\ |\ \overset{>}{3\cdot\ 3\ 3\ 3}\ \overset{\sim}{3\ 2\ 5\ 3}\ |\ 2\ 5\ 6\ 7\ 6\ 5\ 6\ |\ \dot1\ 1\ \overset{p}{2\ 4}\ |$$

【二六】

$$\overset{\text{中快}}{\underset{mp}{3\ 7}}\ \overset{\frown}{6\ 1})\ 2\cdot\ 3\ |\ \overset{\widehat{8}}{2(3\ 2\ 1}\ 6\ 1\ 2)\ |\ \overset{\frown}{\dot1\ 3\ 2\ 1}\ 6\ |\ 3\ 6\ 5\ |$$

"四·一　二"　　　　反　动　派　血　洗

$$5(2\ 3\ 5)\ \overset{\smile}{7}\ |\ \overset{\widehat{7}}{6}\ \overset{\vee}{5}\ 5\cdot3\ |\ 2\ \overset{\frown}{2\ 1}\ \overset{\widehat{1}}{6}\ |\ 6\cdot5\ 2\ |\ (2\ 1\ 3\ 5)\ \overset{mf}{\overset{\text{原速}}{\dot1\ 5\ 6}}\ |$$

工　会，他爹爹　为革　命英　勇　　　牺

$$5(6\ 4\ 3\ \ 2\ 3\ 4\ 3\ |\ 5)\dot1\ \overset{mp}{3\ \overset{\sim}{2}}\ |\ 1\cdot2\ 4\ 3\ |\ 2\ \overset{\sim}{2\ 0}\ |\ \overset{p}{\overset{(5\cdot5\ \ \ \ 5\ 5}{5}}\ —\ |$$

牲。　　　　广　州城　警车　凄厉枪　声　紧，

$$\overset{5\ 5\ \ \ \ 5\ 5}{5}\ —\ |\ 5\ 2\ 3\ 5\ \ 6\ 5\ 6\ 1\ |\ 2\ 1\ 2\ 3\ \ 5\ 3\ 5\ 7)\ |\ \overset{f}{\overset{\sim}{6\ 6}}\ \overset{\frown}{5\ 7}\ |\ \overset{\widehat{6\ 7}}{6}\ —\ |$$

共产　党　人

6·<u>5 6</u> | i — | i — | i — | i ^v2 | 5 — | 5 — |
的　鲜　　　　　　　　　　　　　血

5^v | 2 | 2·<u>1</u> | 5 — | 5· <u>6</u> | 1 — | 1 (6 2 3) |
染　红　　　了

4 | 4 | 4·<u>5</u> | <u>3 2</u> | 1 | 2 | <u>3 3 0</u>^v | 5 |
珠　江　　　　　　　　　　　　　　　　之

渐慢　　　　　　　　　　　　　　　原速
5 — | 5· <u>3 5</u> | 6 | <u>6 5</u> | 2 | 0 3 | 5^v 6 | <u>6 3 6</u> |
滨。　　　　　　　　　　　　不　怕

【垛板】
稍慢
5 (<u>6 4 3</u> <u>2 3 5</u>) | 2 <u>2·1</u> | <u>6 2 1</u> 1 (<u>2 3</u>) | <u>5 5</u> <u>2 3 4</u> | ¼ 3 | 6 | <u>6·5</u> |
这　　白色恐怖、乌云压顶，常青

6 (3 | <u>2·1</u> | <u>7·6</u> | <u>5 6 7 2</u> | 6) | <u>2 3 5</u> | 3 3 | <u>3 5 2 3</u> | 5 |
他　　　含悲愤，下　决　心，

2 | <u>2·1</u> | <u>6 2 1</u> | 0 6 | <u>6·5</u> | <u>5 6</u> | i | 5 7 | 6 (<u>5 3 5</u> |
昂首前进，参加红军闹革命，

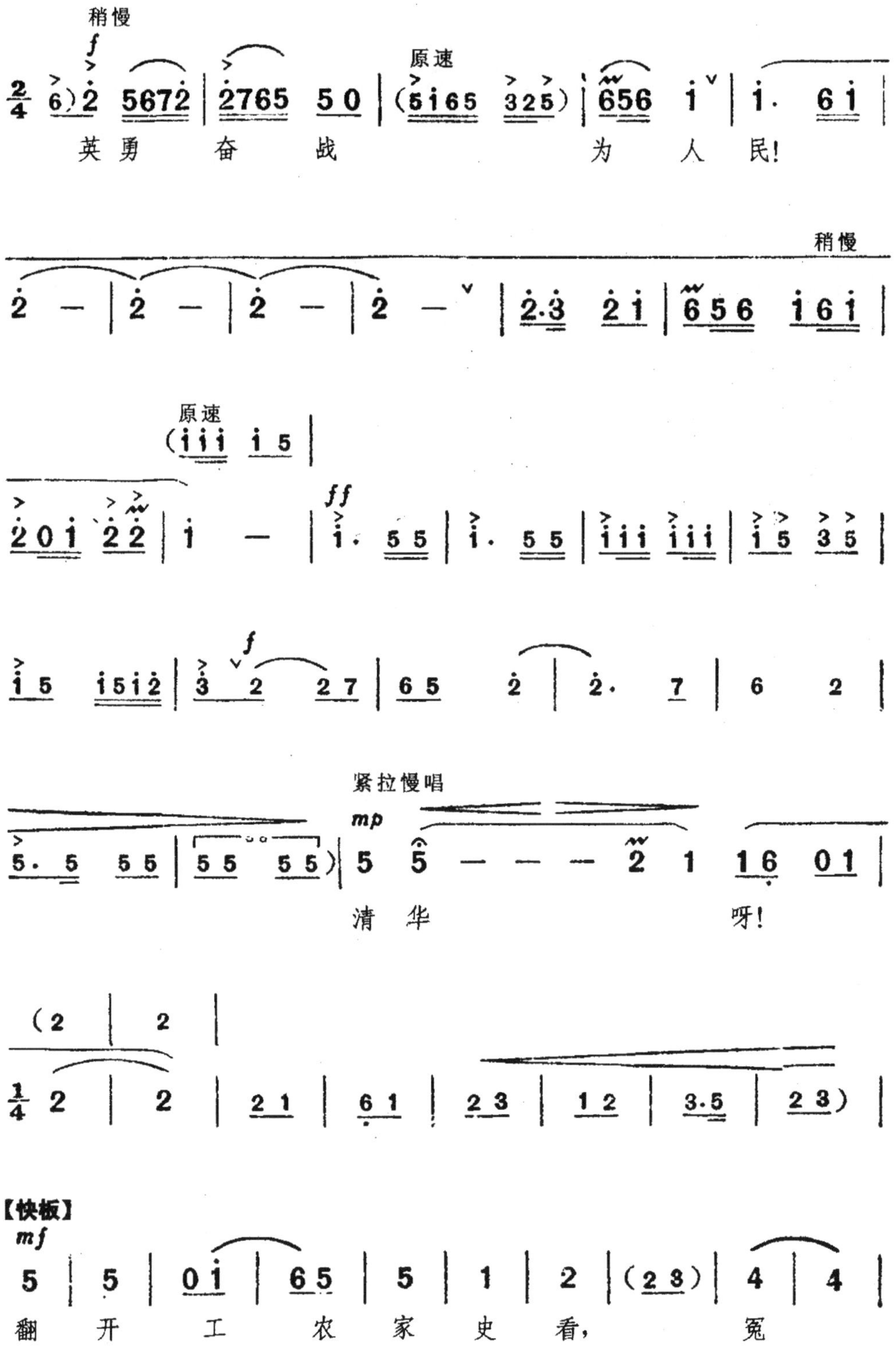
稍慢
原速
英 勇 奋 战 为 人 民!
稍慢
原速
紧拉慢唱
清 华 呀!
【快板】
翻 开 工 农 家 史 看， 冤

$\overset{\frown}{\widetilde{3}}$ | $\underline{32}$ | 1 | $\underline{\overset{\frown}{23}}$ | $\underline{\overset{\frown}{21}}$ | $\overset{\cdot}{6}$ | 1 ($\overset{\cdot}{6}$ | $\underline{23}$) | 5 | 5 |

仇　　血泪　似　海　深。　　　　　　　莫

突慢
f
$\overset{\sim}{6}$ | $\underline{65}$ | 2 | $\underline{23}$ | 5 | 5 | 5 | ($\overset{\cdot}{1}\cdot\overset{\cdot}{1}$ | $\underline{35}$ | $6\overset{\cdot}{1}$ | $\overset{>\frown}{50}$) |

忘　　了　　　　　　　　　　　（大0　衣大　衣　仓0）

【清散板】
速度自由
p
$2\cdot 3$ | 5 | $\underline{35}$ | $\overset{\sim}{2}$ | $\underline{\overset{\cdot}{2}\overset{\cdot}{1}}$ | $6\overset{\cdot}{0}$ | 6 | 6 | $\underline{65}$ | $\overset{\frown}{305}$ | $\overset{\sim}{66}$ | $5^{\vee}$ |

党　的　关　　怀，　　　同　志　的　信　　　任，

【快板】
原速
p　　　　　　　　　　　　　mp
$\frac{1}{4}$2 | $\underline{23}$ | 5 | $\underline{50}$ | 1 | 1 | 1 | 1 | 1 | 1 |

要　思　考　　　　　　　　　　　　　　　

mp
($\underline{12}$ | $\underline{12}$) | 3 | 3 | 2 | $\underline{23}$ | 5 | 5 | 2 | 2 |

　　　为　谁　扛　　枪，　　　　为

渐慢
f
$\overset{\sim}{2}$ | $\underline{21}$ | $\overset{\frown}{6\overset{\cdot}{2}}$ | 1 | 3 | 5 | $\overset{\sim}{6}\cdot$($\underline{5}$ | $\underline{35}$ | $\overset{>\frown}{60}$) |

谁　　打　仗，　为　　谁

$\overset{\frown}{2}$ | — | $\overset{\sim}{6}\cdot$($\underline{2}$ | $\underline{36}$) | $\overset{\frown}{5}\cdot$($\underline{55}$ | $\overset{\cdot}{1}\overset{\cdot}{3}$ | $\overset{\cdot}{2}\overset{\cdot}{6}$ | 2 | 6 | $\overset{\frown}{5}$ | —) |

杀　敌　　人！……

112

闹革命靠的是阶级力量

第四场　洪常青唱

1 = E 2/4

中速
mp

【二黄原板】

(0 3 7 5) | 6. 7 6 5 3 6 5 | (5. 6 7 2 2 6 7 6 | 5) 1 3 2 1 |

你　　可　曾　　　　　　认　真

稍慢

3 5 3 5 6 2 7 6 | 5. 6 7 | 7 7 6 7 2. 3 7 6 | 5 7 6. 5 | 6.　　　0 |

想　一　想，

mf
(6 6 6 7 6 5 6 |

i 6 4 3 2 3 5 2) | 7 6 5 5 6 | (6 7 6 5) 6 1 1 | (5. 2 3 5 2 3 7 6 5 6 |

在　海南，　　在　全国，

mp
i) 6 6. 5 | 7 6 2 7 2 1 | 3. 2 1 2 3 |

这　样 的　卖身　契，还有　多

(0 3 2 1 2 3 0)

0 6 1 2 2 1 2 | 3. 1 2 2 |

少　　　　　张？

(2 5 3 2)

7 7 6 2 7 (6 5 6 | 7) 1 5. 6 | 1 1 (i 6 i 2) | 3 2 1 6 1 2 3 |

要 让　那　天 下　工 农　　全　解

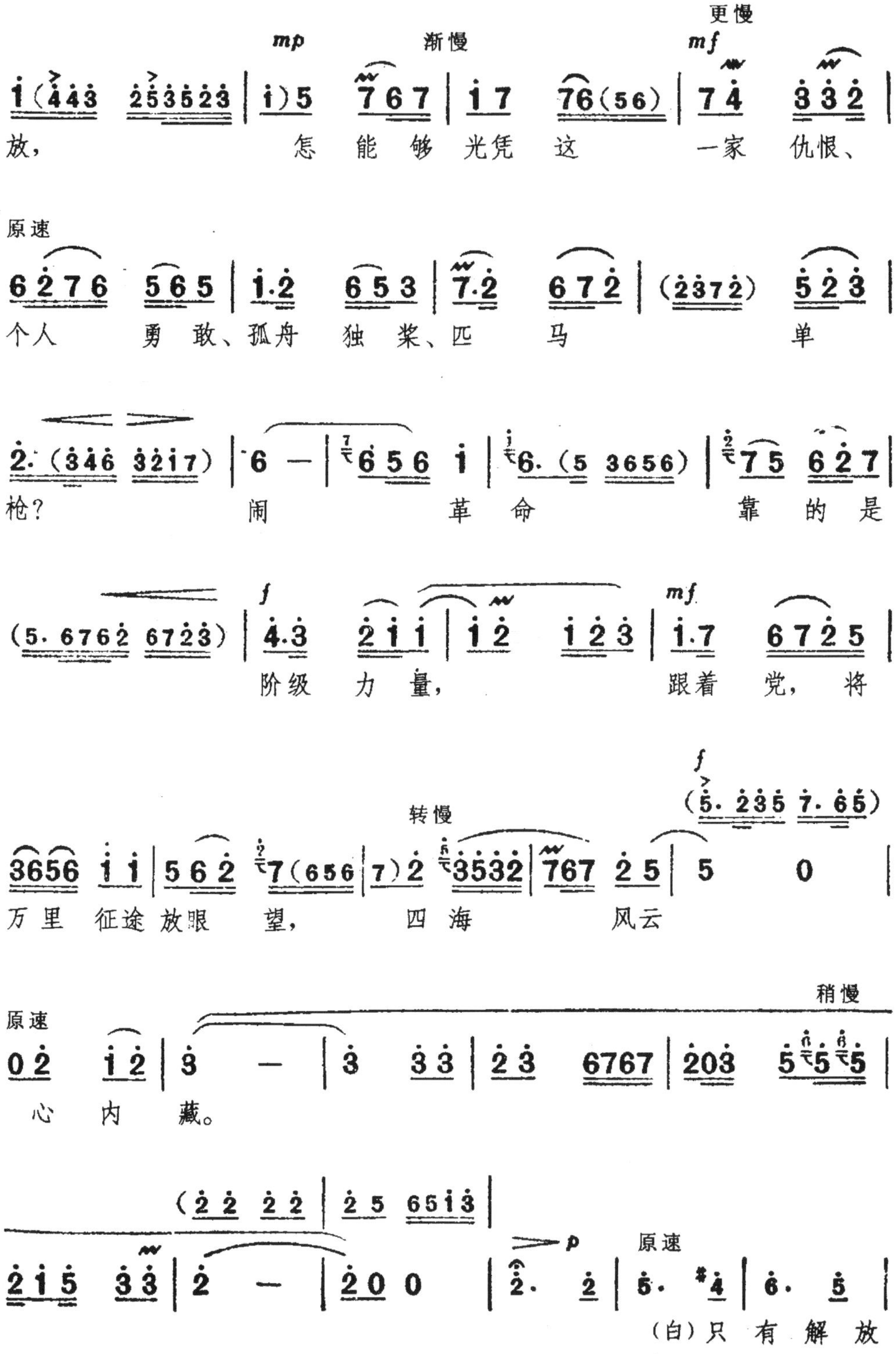
更慢
mp 渐慢 mf
放，怎能够光凭这一家仇恨、
原速
个人勇敢、孤舟独桨、匹马单
枪？闹革命靠的是
阶级力量，跟着党，将
转慢
万里征途放眼望，四海风云
原速 稍慢
心内藏。
原速
(白)只有解放

2. 7 | 3̇2̇1̇7 667 | 1̇767 1̇62̇3̇ | 4.444 434̇6̇ | 3 05 |

全 人 类， 才 能 最 后 解 放 无 产 阶 级 自 已，

(567656 | 1̇0)

2̇7 656) | 1̇.2̇ 3̇2̇ 56̇ 561̇ | 1̇3 506 | 7767 1̇2̇76 |

(唱) 这 真 理　　我 们 要 时 刻 牢 记

562̇ 2̇7(656 | 7)3̇ 2̇1̇ | 561̇ 765 | 53✓(5) 66 | 6 — |

永 不 忘，　 心 明 眼 亮 不 迷 航!

渐慢

(55 55 | 55 2̇376 | 5 0) |

6(62̇ 7276) | 531̇ 66̇ | 5 — | 5 — | 5 0 |

永葆这战斗青春

第四场　吴清华唱

1 = C 4/4

中快
ff

(5.5 5̇5 55 543 | 2̇72̇3̇ 5.3̇ 2̇53̇2̇ 1̇643 | 2̇31̇6 2 0 43 |

渐慢

2̇3 51̇ 65 32 | 1̇1̇ 61̇ 2̇ 3 | 3̇2̇ 1̇2̇ 5 — |

中慢
mf

0 5. 6　3 2 1 7　6 5. 7　6 5 6 1)
（扎）

【二黄慢板】

2. 3 2 3　5　3　3　3 2
一　　　番　话

1 6 3　2 1　6　0
字　　字

（6. 6 6 6　6 3 5 6）

7. 6　5 (7 6 7)　2 2　3. 5 3 2
重　　千斤，

稍慢　　　　　　　　　原速　p
（3　3　3 6 1 2　3 5 6 1　5 4 4 3

1. 2 1 6　5. 6 1 2　3 0 3　2 0 3 5 2　3　3　3　—　—

mf　　　　　　　p
2 5 5 6 3 2　1. 2 3　0 5　6 5 4 3)　2 2　2 (5 2 7　6. 7 6 5)　3 6 5
拨开　　迷雾

（6.）7 1　1. 2　7.　(2 7)　6 6　0 7 6 5　2　2 5 6
照亮　　　我的

f
（0 3　5 6　1 6 1　2 1 2 3　5 0) p
1　—　—　—　1 3　2 3 1 7　6 6 5 6　7 6

116

好象是　　　引　　来

万泉　河水

层层　　　浪，

原速
6 6　6567　2̇3̇2̇1̇2̇　3̇2̇3̇5̇ ‖ ff

6 　－　6 0　0 ｜ 6̇·　2̇3̇　5̇　4̇　6̇ ｜

mf
3̇2̇3̇5̇　2̇3̇1̇7̇　6̇4̇·3̇　2̇3̇5̇6̇) ｜ 3̇3̇　3̇2̇　1̇·　0 ｜ (1̇·2̇　7̇6̇5̇6̇)

冲刷　　掉

(0 5̇　1̇7̇6̇ ｜

72767　2̇　2̇　－ ｜ 2̇·3̇4̇6̇　3̇2̇1̇7̇)　6̇5̇2̇　7̇0 ｜

我　胸　中　　　　　　点　点

f
6 6　0̇6̇5̇6̇　1̇　1̇1̇6̇1̇ ｜ 2̇2̇2̇　5̇·6̇1̇2̇　3̇·5̇3̇2̇　1̇1̇ ｜

灰尘。

中快
(2̇2̇3̇　2̇3̇2̇ ｜ p　　　　　ff
2/4 2̇　－ ｜ 2356　1612　3123　4323 ｜ 5·　3 5 ｜ 6　6532 ｜
　　　　　　　　　　　　　　　　　　(△)　　(△)

渐慢
1 6·　♯4·3·　2672　3523 ｜ 5 6 1̇ ｜ 2̇3̇3̇6̇　5655　0617) ｜

【快三眼】
中速
mf　　　　　　(1̇2̇3̇5̇　2̇3̇1̇)
6·5　356 ｜ 1̇·　6　1̇ ｜ 1̇　－ ｜ 0 1̇　1̇6̇5̇ ｜ 3　(3561̇) ｜

霎时间　　　　　　如登　上

118

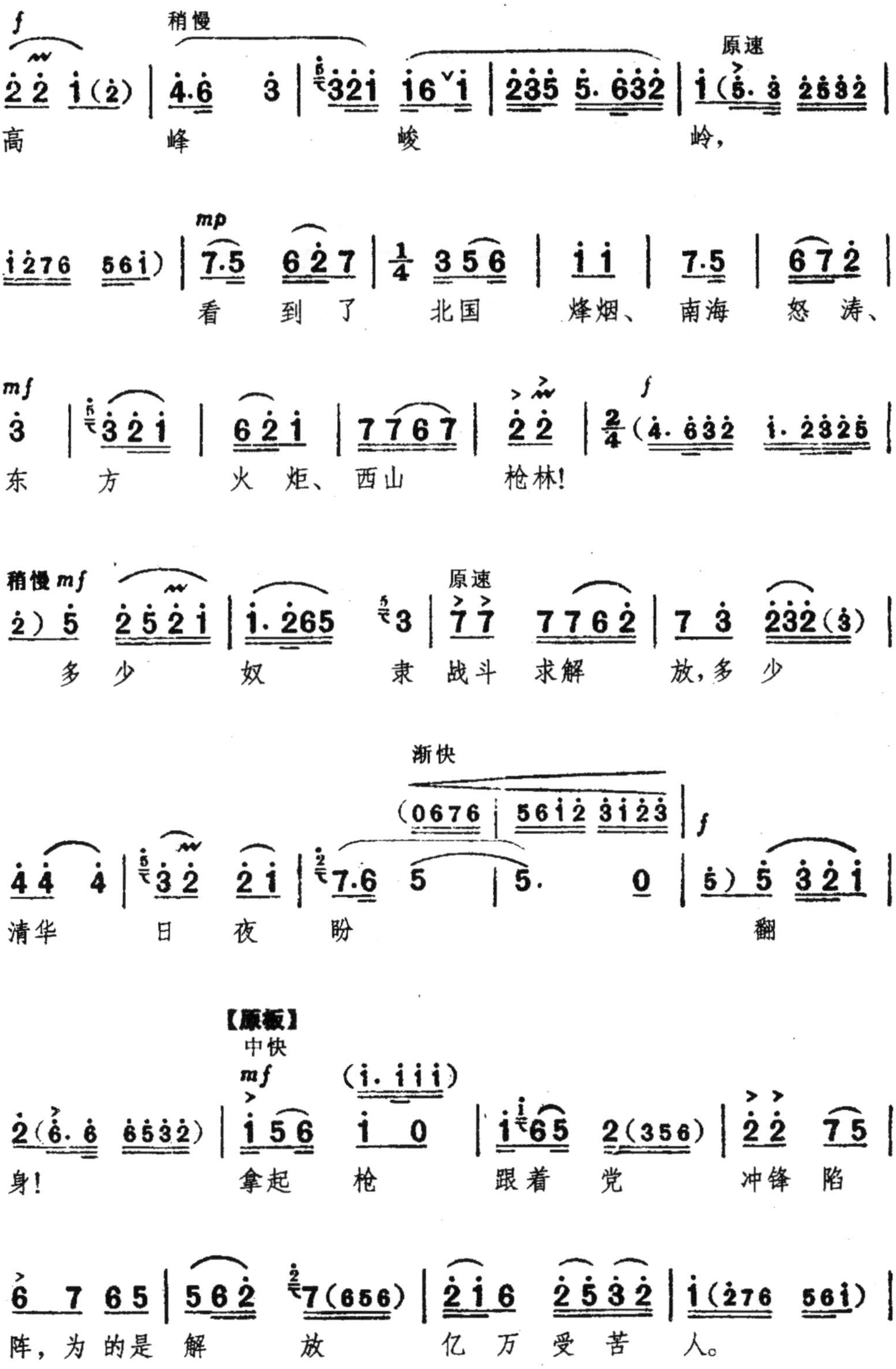
稍慢
原速
高 峰 峻 岭，
看 到 了 北国 烽烟、南海 怒 涛、
东 方 火 炬、西山 枪林!
稍慢
原速
多 少 奴 隶战斗 求解 放，多 少
渐快
清华 日 夜 盼 翻
【原板】
中快
身! 拿起 枪 跟着 党 冲锋 陷
阵，为 的是 解 放 亿 万 受 苦 人。

稍慢   原速

i 5 7   6(5 6 7 2̇ | 6)6̂5   3̂6 5 | 7̂6 2̇   5 3 7 | 6   3̂ 2̇ | 4̂ 3 |
只想 着   为 自 己 报 仇 雪 恨，算   什 么

稍慢
                              (0 3̇·3̇   3̇6 i 2̇ |
5̂·6 3̇ 2̇   2̇ i 2̇ | 3̇   — | 3̇5 6 i   2̇·1 2 3)| 5 i   2̇ |
红   色   娘 子 军! ……

快一倍
p
(2̇ 2̇ 2̇   2̇ 2̇ | 2̇ 2̇ 2̇   2̇ 2̇ | 2̇ 2̇   5 | 6 5 4 3   2 | 5·6   4 2 |

                                                                 mp
6̇·5 | 2̇ 4   3 2 i | 1̇/4̇ | 2̇·2̇   2̇ | 2̇ 2̇   2̇ 2̇ | 2̇ 2̇)| 7   7 |
娘

                                     原速
6̂ 7 | 6̂ 7 | 2̇   3̇/2̇ | i   i | 2̇/4̇ (0 6 5 6   i 5 6 i)| 2̇   2̇ |
子   军 连 歌   天 天

(0 2̇ 3̇   7 6 5 6)   mf
2̇/7̇   — | 2̇ 2̇   3̇6 5 | 6̂·5   4 3 2 3 | 5   3̇ | 3̂ 2 i |
唱，   今 天 唱 来 格 外   亲，今   天

(0 5̇ | 3̇·2̇   7 6 5 6)   mp
6 5 6   i | i   0 | 7·2̇6 5   5 3·| 6   — | 6   6̂ 6 5 6 |
唱 来   格 外   亲!

120

$\widehat{1}$ $1_{(6)}$ | 5.$\overset{\cdot}{6}$$\overset{\cdot}{1}$$\overset{\cdot}{2}$ 6543 | 2323 4323 | $\overset{>}{5}$0 6 | $1\overset{\cdot}{\widehat{2}}161$ | $\overset{\cdot}{2}$.$\overset{\cdot}{5}$$\overset{\cdot}{3}$$\overset{\cdot}{2}$ | $\overset{\frown}{1}$ |

中快
f

(0 $\overset{\frown}{4}$ 4$\overset{\cdot}{6}$$\overset{\cdot}{3}$$\overset{\cdot}{2}$ | $\overset{\cdot}{1}$$\overset{\cdot}{2}$$\overset{\cdot}{3}$$\overset{\cdot}{5}$ 6$\overset{\cdot}{3}$$\overset{\cdot}{5}$$\overset{\cdot}{6}$ |

ff
> > > >
0$\overset{\cdot}{1}$$\overset{\cdot}{6}$$\overset{\cdot}{1}$ 3.$\overset{\cdot}{5}$$\overset{\cdot}{6}$$\overset{\cdot}{1}$ | 5 — | 5 0 0 | $\overset{\cdot}{1}$.$\overset{\cdot}{1}$ $\overset{\cdot}{1}$ $\overset{\cdot}{1}$ | 2$\overset{\cdot}{3}$$\overset{\cdot}{5}$$\overset{\cdot}{1}$ 6$\overset{\cdot}{3}$$\overset{\cdot}{3}$$\overset{\cdot}{2}$ |

mf
$\overset{\cdot}{1}$ 0 07 | 67$\overset{\cdot}{2}$$\overset{\cdot}{3}$ 7656) | $\overset{\cdot}{1}$ $\overset{\frown}{\overset{\cdot}{1}}$65 | 5 3 5 | 6(6.6 6$\overset{\cdot}{1}$56) |

　　　　　　　　　征　途　　上

(5$\overset{\cdot}{6}$.7 |
7 $\overset{\frown}{6.7}$ | 2 — | 2 0 $\overset{\frown}{\overset{\cdot}{3}}$.$\overset{\cdot}{5}$$\overset{\cdot}{3}$$\overset{\cdot}{2}$ | $\overset{\cdot}{1}$(4.$\overset{\cdot}{3}$ 2356) | $\overset{\cdot}{\widehat{7.6}}$ 56 |

全　靠　党　　　　　　　　　来　把

f
2$\overset{\cdot}{3}$$\overset{\cdot}{1}$7) | $\overset{\frown}{6$\overset{\cdot}{1}$23}$ | $\overset{\cdot}{1}$ 2 3$\overset{\frown}{65}$ | 77$\overset{\cdot}{6}$$\overset{\cdot}{2}$ | $\overset{\cdot}{\widehat{7}}$0 | 2$\overset{\cdot}{1}$ 2$\overset{\cdot}{3}$ | 4 — |

路　　引，天底　下唯有　　这　共产主义 真！

慢
ff
> > >　　　　　　　　　　　　　　　　　(0$\overset{\cdot}{6}$$\overset{\cdot}{6}$ 5$\overset{\cdot}{6}$ |
3.$\overset{\cdot}{5}$$\overset{\cdot}{3}$$\overset{\cdot}{2}$ | $\overset{\cdot}{1}$.$\overset{\cdot}{2}$ | $\overset{\cdot}{3}$(1$\overset{\cdot}{2}$$\overset{\cdot}{3}$4) | 5 5 | 5.6$\overset{\cdot}{3}$$\overset{\cdot}{2}$ | $\overset{\cdot}{1}$.2$\overset{\cdot}{3}$5 | 2 — |

>　　　　　　　>　　　　>　>　　>
$\overset{\cdot}{7}$. 　 $\overset{\cdot}{6}$$\overset{\cdot}{7}$ | $\overset{\cdot}{2}$. 　 $\overset{\cdot}{7}$ | $\overset{\cdot}{6}$$\overset{\cdot}{5}$ 4$\overset{\cdot}{3}$ | 2356 32$\overset{\cdot}{1}$$\overset{\cdot}{3}$ | $\frac{1}{4}$ 2 0) |

　　　　　　　　　(衣　大　衣　0　　　仓 0)

【垛板】

mf

$\overset{\frown}{2.1}$ | $\overset{\frown}{163}$ | $\overset{3}{2.1}$ | $\overset{1}{61}$ | 2 (6 | 5643 | 2) $\overset{7}{6}$ | 5.6 | $\overset{\sim}{2}$ |

从　此　后，　　　　　　　要　更　发

$\overset{2}{7}$ | 762 | 365 | 7656 | 1 3 | 56 | 2 | $\overset{2}{7}$· | 2.3 | 4 |

奋，提　高　觉　悟　炼　红　心。满　怀　忠　诚　献　革

$\overset{6}{3}3$ | $·32\overset{\frown}{1}$ | $62\overset{\frown}{1}$ | (1656) | 767 | 2 | $\overset{3}{276}$ | 51 |

命,不　做　顽　铁　　　做　真　金。　决

稍慢

$\overset{\frown}{365}$ | $6\overset{7}{65}$ | 5 | 276 | $\overset{>}{56}$ | 01 | $6\overset{\frown}{1}$ | 212 |

不　忘　这一　回　深切　教训，　做　一个　纯粹的

散　　　　　f

$\overset{\frown}{532}$ | $\overset{\frown}{12}$ | $\overset{6}{3}.$ | ($\overset{>}{33}$ | $\overset{>}{23}$ | $\overset{>}{46}$· | $\overset{>}{30}$) |

革命　者，　（嘟～～～八大　台　顷　仓0）

6 1 | 2 $3\overset{6}{3}$ 23 | 55 | 56 432 03 46 |

永　葆　这　战斗　　　青春!

mf　　　渐慢

$3\overset{6}{3}$ $5\overset{3}{5}$ — — — (0 6 56 43 2.3 46 5 —)

（0　才.　才才　才才　仓0）

送 女 把 军 参

第四场　郑阿婆唱

1 = E

散　mf

【西皮散板】mp

(2·3 45 i5 65i 5 —) 2·1 62 1 | 23 4 3·2 1 |
含　热　泪　送　亲　人

6·2 12 3 2 | (2 2 2 2) 2 2 7 23 5 — |
奔　赴　前　线，　　才　相　聚　又　分

【二六】中速

2/4 3.(2 1235) | 22 765 | 64 326 | 1 (5 5632
离，　千言　万语　涌心　间。

1) 656 | 1 765 | 5.6 561 | 03 3 | 2 2 125 |
要　不　是　你们　打开　椰林寨，穷苦

(7.235 | 2312 7 0)

稍慢　　　　　原速

3 67 2 | 562 7 | 7 721 | 5 3 2.6 | 1(43 2172
人哪　年哪　月　才能　出牢　监！

1) 656 | 11 365 | 31 234 | 3 (i 1265 | 3) 2 5.
万　泉河　两岸　庆解　放，　　山也

（6767）

6ⁱ̇ 2.(2 | 2)23 2161 | 532 1(6.1 | 2312 3235) |
笑 来 水 也 欢。

f (i.iii | i 0) 稍慢 mp
656 i | iˇi 65 | 66 #43 | 2. 3̃ 23 | 235
红 军 恩 情 深 如 海，

原速 mf
5ˇ2 2.376 | 56 1(321) | 65 621 | 512 32 | 03 21 |
阿 婆 我 满 心 感 激，饮水 思源， 送 女

稍慢
2323 50 | 5 — | 5 6̃5̃5 | 2.323 4323 | 535 66̃ |
把 军 参。

原速 f
(55 55 | 5i 6i56 |
5 — 5 0 | ī ī161 | 2 2843 | 5ˇ i̇.6̇ 5i66̇ |

（23 2161
mp
3̃6i 6543) | 2 — | 2.3 21 | 1 6ˇ1 | 2 — |
孩 子 啊！

中快
¼ 2)7 | 6̃2 | 7.6 | 1 5̃ | 1.2 | 3 | 3̃21 |
你 长 在 穷 人 家， 从小

$$\widehat{1\ 6}\ 3\ |\ 2.\ (3\ 4\ 3\ |\ 2)\ 3\ |\ \overset{mf}{3}\ 5\ |\ \widehat{6\ 1}\ \widehat{4\ 3}\ |\ 2.\ 3\ |\ 5\ (3\ 6$$

受 磨 难，　　　懂 得 奴 隶 苦，

$$5)\ 5\ |\ 3\ 2\ |\ \overset{稍快}{5}\ |\ \widehat{5\ 6}\ \widehat{3\ 2}\ |\ 1\ (2\ 6\ 2\ |\ 1)\ 2\ |\ 1\ 2$$

应 知 翻 身 甜。　　　　　　要 为 我

$$(3\ 2\ 3\ 5\ |\ 2\ 3\ 1)\ |\ 3\ |\ \overset{\frown}{2\ 1}\ |\ 0\ 1\ |\ 1\ 3\ |\ 2\ 4\ |\ 4\ 3\ |\ 3.\ 5$$

工 农 打 天 下，天 下 不

$$\widehat{1\ 2}\ |\ \overset{稍慢}{\overset{5}{\widehat{}}\ 3}\ .\ \widehat{2\ 1}\ |\ \widehat{6\ 1}\ |\ \overset{(2\ 1\ 3\ 2)}{\widetilde{2}}\ 0\ |\ \overset{>}{1}\ 0\ |\ 0\ \parallel$$

红 你 莫 回 还！　（仓 0）

永远冲锋向前方

第六场　洪常青唱

1 = E

散
ff
由慢渐快

$$(\overset{.}{2}\quad \overset{..}{2.\ 3}\quad \overset{.}{1}\quad \overset{.}{6}\ |\ \overset{\frown}{\overset{.}{3}}\quad \overset{.}{3}\ \overset{.}{2}\quad \overset{.}{6}\ \overset{.}{1}\quad \overset{>}{7}\ \overset{>}{6}$$

（嘟　　　仓 0）

$$\overset{>}{5}\ \overset{>}{6}\quad \overset{>}{3}\ \overset{>}{5}\quad \overset{>}{2}\ \overset{>}{3}\quad \overset{>}{1}\ 0\ |\ \overset{f}{3.\ 3}\quad \overset{\frown}{6}\ -\quad \overset{6}{\overset{\frown}{}5}\ -\ )\ \parallel$$

125

【二黄导板】

mf

负 伤 陷 匪 巢，

依 然 在 战 场！
（八拉．）

（锣 仓 0

才 0 仓仓 仓才才 仓才 仓 仓才. 乙 仓 — 仓 — 才 — 仓 0）
渐快

ff

（0 0 才. 才才 才才才 才才才 才 0）

中快
f
【回龙】
mf

（仓 仓才 乙个仓）

（1656）　　　　　　　　　　　　　　　　　　　　　　　（3535）

狼，　红心向党，威武　豪壮，　面对　　刀丛

头　高

昂！

（大大　大大　大大大　大大　衣大　衣　　仓 0 嘟

仓0｜才　0嘟｜仓仓　仓仓｜仓才　仓才｜仓才　仓0｜仓仓　仓仓｜

仓才　仓才｜仓·才　仓才｜仓　0　才　0嘟｜仓才　仓才｜仓　0｜

才台　台台｜仓·才　乙才｜仓大　大大｜衣大　大　仓）（2·2｜5·55｜

$\underline{\overset{.}{6}5}$ $\underline{4\overset{.}{3}}$ | $\underline{2\overset{.}{3}1\overset{.}{2}}$ $\underline{3\overset{.}{2}35}$ | $\underline{6535}$ $\underline{6567}$ | $\overset{.}{2}$ $\overset{.}{2}$ $\overset{.}{1}$ $\overset{.}{6}$ $\underline{4\cdot\overset{.}{3}}$ |

$\underline{\overset{.}{2}5}$ $\underline{\overset{.}{5}6\overset{.}{3}2}$ | $\underline{\overset{.}{1}\cdot\overset{.}{2}}$ $\underline{\overset{.}{3}6}$ | $\underline{565}$ $\underline{5\overset{.}{3}\overset{.}{2}}$) | $\overset{【原板】}{\underset{mf}{\overset{\frown}{\overset{.}{1}}}}$ $\underline{2535}$ | $\overset{\sim}{\overset{.}{2}}$ 0 | $(\underline{\overset{.}{2}5\overset{.}{3}\overset{.}{2}}$ $\underline{\overset{.}{1}235}$

　　　　　　　　　　　　　　　　　　　任　敌　人

$\overset{.}{2}$ 0) | $\underline{07}$ $\underline{62}$ | $\overset{\sim}{\underline{6\cdot5}}$ 5 | $(\underline{5676}$ | 50) | $\underline{06}$ 5 | $\underline{31}$ $\overset{\sim}{\underline{6\cdot5}}$ | 3 $\underline{305}$ | 6 — | $(\underline{6}$ $\underline{6}$ $\underline{67}$

　　　百　般　折　磨　　　用　尽　伎　俩，

$\overset{\underline{6725}}{\underline{}}$ $\overset{\underline{3\overset{.}{2}1\overset{.}{7}}}{\underline{}}$
6 0 0 | $\underline{656}$ $\underline{1\overset{.}{3}21}$) | $\overset{\frown}{\underline{656}}$ $\underline{1\overset{.}{=}{6}}$ | $\underline{05}$ $\overset{f}{\overset{\sim}{\underline{3\cdot2}}}$ | 1($\underline{4\overset{.}{3}}$ $\underline{2\overset{.}{3}12}$) |

　　　　　　　　　撼　　不　动　革　命　者

$\underline{3\overset{.}{1}2}$ $\underline{3\overset{.}{2}3}$ | $\overset{(\underline{\overset{.}{1}\cdot656}}{\underset{mp}{\overset{\sim}{\underline{2\cdot1}}}}$ $\overset{\overset{.}{1}0)}{\overset{f}{1}}$ | $\underline{15}$ $\underline{234}$ | $\overset{\overset{\overset{.}{5}\overset{.}{5}}{}}{\underline{3\cdot1}}$ $2(\overset{\overset{>}{\overset{.}{6}}}{}$ | $\underline{6343}$ $\underline{2346}$ |

屹　立　如　山，巍　峨　　刚　　强！

$\frac{4}{4}$ $\underline{32\overset{.}{1}7}$ $\underline{656\overset{.}{1}}$ $\underline{2\overset{.}{1}23}$ $\underline{4346}$ | $\underline{5\cdot6}$ 7 $\overset{.}{3}$ | $\overset{\frown}{\underline{35}}$ $\underline{2\overset{.}{7}}$ $\overset{.}{6}$ $\overset{.}{2}$ | $\underline{23}$ $\overset{\#}{\underline{46}}$ $\overset{渐慢}{\underline{5\cdot5}}$ $\underline{5\overset{.}{5}}$ |

$\overset{mf}{0}$ $\underline{4\overset{.}{3}}$ $\underline{2\overset{.}{3}56}$ | $\underline{\overset{.}{1}\cdot76\overset{.}{1}}$ $\underline{\overset{.}{1}676}$ | $\underset{f}{5}$ 5 $\underline{56\overset{.}{4}3}$ | $\underline{2\overset{.}{3}2}$ $\underline{7656}$) |

【慢板】
中慢

遥望着

红云岭

心驰神往，

战友们

时刻刻 在 我

渐慢 更慢

身

原速

旁。

渐快

$\overbrace{\qquad\qquad} f$ 突慢   原速

                      p mf

1 2 3 5   6 3 5 6   1· 6 1 | 2 0 3   7 6   5 6 4 3   2 3 5) |

（2 5   6 5 4 3 | 2 0)

                              mp

3·2   1 6   2   — | 0 1   6 5   3·5   6

隔 云 天   听 见 了

         渐快 mf

6·5   3（2 3 2 3   5 2 3 2 3   5 6 1 2) | 3·2   1 2 3   0 7   6 7

                               娘 子 军 战 歌

2 0   5·6   7 7   6 7 6 7 | 2 2   1 2   3·5   3 2 |

声 响，

                                  中快

                        （6·6 | $\frac{2}{4}$ 2   3 2 1 7 |

1 — — ᵛ 6·6 | 2 — — — | $\frac{2}{4}$ 2 0 | 6   2·2 |

        渐强 f

5   6 5 4 3 | 2 5   6 5 4 3 | 2 1 2 3   4 3 4 5 | 6   0 | 0 | 0 ）

                                （6 6   2 | 3 2 1 7   6 2

                  p $\overbrace{\qquad\qquad\qquad}$

3 2 1 7   6 2 | 3 2 1 7   6 6 7 1 | 2 2 1 2   3 1 2 3 | 5 2 3 5   6 3 5 6 |

中慢
mf
渐慢
f

`1̇6̇1̇2̇ 3̇2̇5̇ | 2̇5̇2̇ 3̇2̇1̇ | 4/4 0 2̇ 76 567̇2̇ 6356)|`

`1̇.2̇ 3̇2̇ 2̇76 5 (676 | 5) 7 7 6̇.7̇ 2̇ |`
晨　风　　里　　　　看　见　了

`2̇.1̇ 6̇2̇1̇ (4̇.4̇4̇3̇ 2̇3̇7656 | 1̇)2̇ 2̇7̇2̇ 5.3̇ 2̇3̇1̇ |`
红军　大　旗　　　　　　凌　空　飘

稍快
ff

`0 1̇ 2̇3̇4̇ 3̇ (1̇ 6̇5̇ | 4̇0 3̇0 2̇3̇5̇6̇ 3̇5̇2̇3̇)|`
扬。

【快原板】
中快
mf
稍慢

`1/4 7767 | 2̇0 | 2̇.7̇ | 655 | 767 | 2̇5 | 2/4 01 | 3.5 |`
井冈　山　　光辉　大　道　壮丽　宽　广，　枪　杆子

原速
f

`561 1̇.6 | 2̇3̇2̇1̇ 6̇2̇1̇ | (4̇.3̇ 2̇3̇5̇3̇ | 2̇5̇3̇2̇ 1̇6̇1̇2̇)| 3̇ 3̇3 |`
必　开　创　人　类　历　史　　　　　　新　篇章！

稍慢

`3̇ - | 3̇ 2̇3̇2̇1̇ | 6̇ 6̇01 | 2̇3 | 1̇2̇1̇2̇ | 35 | 3̇3̇ |`

原速
(2· 2 22 | 2 3 5 2161 | 2 0   ff
7 2 7 6 |

2 — | 2 — | 2 0 0 | 5356 7656 | i i i |
（大 大 大大 衣大 衣 仓0）

i i i | i   5· 3 | 6· 66 | 65 63 | 2· i i |
　（△）

66 50 | 5656 i6i2 | 3i23 4245 | 64 4632 | i·2 36 |
　p　　　　　　　　　　　　　　　　　　　　ff

565 06i) | 2i i | 2 0 | 02 7656 | i i |
　　　mf　　　（2321 6i2)　　　　　　　　　（i23
　　　这　　几天　　　　　魔 窟里 嘈 杂

0 132i | i 6 0 | 5 72 | 6 0 | 7·6 56 |
7656 i 0) (i676 56i)　　　　　（6576 56）
吵　嚷，　　笑 顽 敌　　垂 死

77 (7656 | 7) | 3 5 | i 6·5 | 3 (43 2532) | i 24 |
　　　　　　稍慢　　　　　　　　　　　原速
挣扎　　　枉 费 心 肠。　　　　　洒 热

3 (6 6343 | 2532 i23) | 0 2 2 | 2· 5 | 77 67 |
　　　　　　　　　　　　迎 黎 明　我 无限

132

$\overset{\frown}{i}$ $\overset{\sim}{7}$ | $\begin{pmatrix}7656\\ \end{pmatrix}$ | $\begin{pmatrix}7\ 0\end{pmatrix}$ | 0 5 | 5 — | 5 $\overset{\frown}{i}$ $\overset{\frown}{i}$ | $\begin{pmatrix}\dot{3}\\ \end{pmatrix}$ |

欢 畅，　　　望　　　　东　方

$\underset{\frown}{2321}$ $\underset{\frown}{6123}$ | $\overset{\frown}{i}$)5 $\overset{\frown}{6\dot2}$ | $\overset{(7\dot2}{}$ $\overset{67)}{}$ $\overset{\sim}{7.}$ 0 | $\overset{\sim}{\dot2.}$ 7 | $\overset{\frown}{65}$ $\overset{\approx}{3}$ |

已 见 那 光 芒 四 射

0 $\overset{\frown}{2}$ 5 | $\overset{\frown}{67}$ $\dot2$ | $\dot2.\tilde{i}$ | $\overset{\frown}{6\dot2}$ $\dot i$ | $\begin{pmatrix}\dot1656\\ \dot1\ 0\end{pmatrix}$ 0 $\dot3$ |

喷 薄 欲 出 的 一 轮 朝

渐慢渐宽

3 — | $\overset{\approx}{3}.\ 5$ $\overset{\frown}{3\dot2}$ | 7 — | 7 6.7 | $\dot2$ — |

阳！

原速

$\dot2$(i $\overset{\frown}{23}$ | $\overset{ff}{5}$ — | 5 6 | $\dot2.\dot2$ $\dot2\dot2$ | $\dot2\dot2$ $\dot2\dot2$)|

【摇板】
mp
7 — $\overset{\frown}{7}$ 6.6 7 | $\dot2$ — $\overset{\frown}{i\dot2}$ — | $\dot3$ — — — |

敬 爱 的 毛 主 席！

$\frac{2}{4}$(i6 i2 | 35 61 | 56 43 | 23 17)| 6 — |

敬

133

$\overset{\sim}{\underline{6}}$. $\underline{5}$ $\underline{3}$ — | $\underline{3}$. $\underline{5}$ | $\underline{6}$ ($\underline{2}$ $\underline{76}$ | $\underline{5}$ $\underline{0}$ $\underline{6}$ $\underline{76}$ $\dot{2}$ |

爱　的　党！

稍慢　　　　　　　　　　　　　　　　　　　　　　**mf** 由慢渐快

6) 7 | $\overset{\frown}{\underline{7}}$ $\underline{6}$ 7 | $\dot{2}$ $\overset{\dot{a}}{\underline{2}}$ | 5.($\underline{6}$ $\underline{76}$ | $\frac{1}{4}$ $\dot{1}$)7 | $\underline{6}$ $\underline{5}$ | $\underline{6}$ $\underline{7}$ | $\underline{2}$ $\underline{0}$ |

亲　爱　的　人　民！　　　　　我　为　你　而　生，

$\overset{\frown}{\underline{6}}$ $\underline{5}$ | $\underline{5}$ $\dot{1}$ | $\overset{\dot{1}}{\underline{6}}$ | $\underline{5}$ $\dot{1}$ $\underline{6}$ $\underline{5}$ | $\underline{3}$ $\underline{5}$ | $\underline{5}$ $\dot{1}$ | $\dot{1}$ | $\underline{5}$ $\dot{1}$ $\underline{6}$ $\underline{5}$ | 3 |

为你　而　战，我　为　你　闯　刀　山　踏　火　海

$\underline{6}$:$\underline{5}$ | $\underline{3}$ $\underline{5}$ | $\dot{1}$.$\underline{6}$ | $\underline{5}$ $\underline{6}$ $\dot{1}$ | $\dot{2}$.$\dot{1}$ | $\underline{6}$ $\dot{1}$ $\underline{6}$ | $\underline{0}$ $\overset{\dot{a}}{\underline{2}}$ | $\dot{1}$ $\dot{2}$ | $\underline{3}$ $\dot{2}$ $\underline{3}$ | (3.$\dot{5}$ | **f**

壮志　如　钢！生命　不　息，战斗　不　止，永　远　冲　锋

$\underline{3}$ $\underline{2}$ | $\dot{1}$ $\underline{6}$ $\dot{1}$ $\dot{2}$ | $\dot{3}$ $\dot{2}$ $\dot{3}$ $\dot{5}$) | $\underline{6}$ $\underline{0}$ | $\underline{6}$ $\underline{0}$ | $\dot{2}$ | $\dot{2}$ | $\dot{2}$ | $\dot{2}$ | $\dot{2}$ |

向　前　方！

$\dot{2}$ | $\dot{2}$ | $\dot{2}$ $\overset{\smile}{3}$ | 4 | 4 | 4 | 4 | $\overset{\dot{a}\dot{a}}{\underline{3}}$.$\underline{2}$ | $\dot{1}$ $\dot{2}$ | $\dot{3}$ $\underline{0}$ | ($\overset{>}{\underset{2}{3}}$)

慢

ff　>　>　　>　　　　　>

$\frac{2}{4}$ $\underline{5}$ $\underline{5}$ | $\underline{2}$ $\dot{1}$ $\underline{6}$ $\dot{1}$ | $\dot{2}$ $\underline{0}$ ($\underline{666}$ | $\dot{2}$. $\dot{2}$ $\dot{2}$ | $\dot{1}$ $\dot{2}$ $\dot{3}$.$\dot{5}$ | $\overset{\frown}{\dot{5}}$ — | $\underline{5}$ $\underline{0}$ 0)

冲锋　向　前　方！

（仓 0）　　　　　　　　　　（咚～～～ 仓 0）

革命洪流滔天浪

第六场　洪常青唱

1 = E

快速　　　【二黄快板】

$\frac{2}{4}$ (5 — | 5 5 | 5 | 5) | 25 32 | 1 | 12 | 3 0 |

　　　　　　　　　　　　螳　臂　挡　　车

（才〔窜锤〕仓才　仓　仓）

2 | 12 | 1 | 02 21 | 61 | 6 | 12 | 35 | 21 |

不　自　量，　穷　途　末　路，捧　出　纸

1 | 2 | 0 | 51 65 | 3 | 01 | 65 | 35 | 5 |

一　张！　你　妄　想　负　隅　来　顽

6 | 5 | 62 | 7 | 06 | 65 | 3 | 1 | 5 | 25 |

抗，　你　妄　想　入　地　把　身　藏，　你

32 | 1 | 03 21 | 4 | 4 | 3(6 43) | 2 | 2 |

妄　想　重　整　残　兵　将，　　你

3 | 35 | 2 | 23 | 5(5 55) | 12 | 35 | 21 | 6 |

妄　想　　　　保　全　旧　时

135

i | 3 | 2 | i | 2 | i | 1 2 | 5 | 3 5 | 2 i |
光。 睁 开 眼 看 看 这 革 命 洪

6 | 5 | 6 i | 6 i | 2 | (3) 稍慢 | 4 | 4 | 4 | 0 |
流 滔 天

散
3. 3 4 4 3 5 3 3 — | ff (6 5 2 3 4 3 0) |
浪！
（大八嘟 ——— 仓0） （仓0）

【散板】
2 1 2 3 3 2 2 i 6 i 6 6 i 2 0 (2 0 6 0 5 0) |
叫你 难逃 覆灭 下场！
（八0 大0 仓0）

接过红旗肩上扛

第六场　吴清华唱及群众合唱

1＝C 2/4

中快
f 渐强　　　　　　　　　　　　　　　　　　　转 1＝G（前5＝后1）
ff
（i 5 6 7 | i 7 i 2 | 3 2 i 2 | 3 2 3 #4 | i. i | i i |
（△0）　　　　　　　　　　　　　　　　　　　　　（△）

136

【西皮流水】

mf

$\overset{>}{\underset{.}{1}} \cdot \overset{>}{1} \overset{>}{1} \overset{>}{1} \mid \overset{>}{1} 5 \; 3 5 \mid \frac{1}{4} \overset{>}{1}) \mid$ $0 3 \mid \overset{\frown}{2 3} \mid 5 \mid 5 \mid$

（大　大　大大　衣大　大　　　仓）(吴清华唱)接　过　红　旗

$\overset{\frown}{5 6} \mid \overset{\frown}{3 1} \mid 2 (\overset{>}{6} \mid \overset{>}{4 3} \mid 2) 3 \mid \overset{\frown}{2 3} \mid \overset{\frown}{5 6} \mid \overset{\frown}{4 3} \mid \overset{\frown}{2 3} \mid 5 \mid$

肩　　上　扛，　　　　　接　过　先　烈　手　中

$5 (\overset{\frown}{3 6} \mid 5) 3 \mid \overset{\frown}{3 5} \mid \overset{>}{1} \mid \overset{>}{1} \mid \overset{>}{1} \cdot \overset{>}{2} \mid \overset{\frown}{1 5} \mid 6 (\overset{\frown}{1} \mid 5 6) \mid \overset{>}{1} \mid \overset{>}{1} \mid$

枪！　　踏　着　英　雄　足　　迹　走，　　　革

$\overset{\sim}{6} \mid \overset{\frown}{6 5} \mid \overset{\frown}{3 6} \mid 5 \mid 0 1 \mid \overset{\frown}{6 1} \mid \overset{\frown}{2 5} \mid \overset{\frown}{3 2} \mid 1 \mid 0 \mid$

命　　到　底，　永　不　下　战　　场！

mp   (0 1 2 | 3 5 6 7)   *mf*

$3 \mid 3 \mid \overset{\frown}{2 3} \mid 4 \mid 3 \mid 3 0) \mid \overset{>}{1} \mid \overset{\frown}{6 5} \mid \overset{\frown}{3 5} \mid 6 \mid$

放　眼　看　天　下，　　　风　雷　震　八

f   (0 3 | $\overset{>}{2}$ $\overset{>}{1}$ | 6·5 |

                    mf

$6 \mid 6 \mid 6 \mid 3 5 \mid 6 6 6 6 \mid 6 0) \mid 5 \mid \overset{\frown}{5 6} \mid \overset{\frown}{3 2} \mid 1 \mid$

方！　　　　　　　　　燎　原　烈　火

                   ($\dot{1}$ | $\dot{1}$ $\dot{1}$ $\dot{1}$ | $\dot{1}$ $\dot{1}$ | $\dot{1}$ $\dot{1}$ |

            f

$2 (5 \mid 6 7) \mid \overset{>}{1} \mid \overset{\frown}{6 5} \mid \overset{\frown}{3 6 5} \mid \overset{\frown}{5 6} \mid \overset{\frown}{1} \; 1 \mid \overset{\frown}{1} \; 1 \mid \overset{\frown}{1} \; 1 \mid$

旺，　　工　农　齐　武　　装！

$$\overline{\text{i}} \quad 5 \mid \underline{3\,5\,3\,5} \mid \overline{\text{i}} \; 0) \mid 0\; \underline{7} \mid \underline{6\;7} \mid \underline{6} \mid \underline{\overset{\frown}{6\;7}} \mid 2 \mid \underline{6\;7} \mid 2 \mid$$

誓　把那　南　霸　天、北霸　天、

$$0\;\underline{2} \mid \underline{\overset{\frown}{7\;6}} \mid \underline{5} \mid \underline{6\;2} \mid \underline{7\;3} \mid \underline{2\;1} \mid \underline{\overset{\frown}{2\;3}} \mid 4 \mid 3 \cdot (\overline{\text{i}} \mid \underline{2\;3})$$

一　切　反　动　派统　统　埋　　葬!

mf

$$5 \mid 5 \mid \overset{\cdot}{\underline{3 \cdot \; 5}} \mid \underline{6\;\overline{\text{i}}} \mid 5 \mid 5 \mid \underline{\overset{\frown}{2\;5}} \mid \underline{\overset{\frown}{3\;2}} \mid 1 \mid 0\;3 \mid$$

照　耀　　着　我　们　的　是

$$2 \mid \underline{\overset{\frown}{2\;3}} \mid 5 \mid \underline{3\;5} \mid \overset{\sim}{6} \mid \underline{6\;5} \mid 5 \mid \underline{3\;\overline{\text{i}}} \mid 6 \mid 6 \mid 6 \mid$$

永　远　不　落的　红　太　　阳!

p

$$6 \mid \underline{6\cdot5} \mid \underline{3\;5} \mid \underline{6\;\overset{7}{6}} \mid \underline{5\;6} \mid \overline{\text{i}} \mid \overline{\text{i}} \mid \overline{\text{i}} \mid \overline{\text{i}} \mid \overline{\text{i}} \mid \overline{\text{i}} \mid \overline{\text{i}} \mid$$

ff

$$\overline{\text{i}} \mid \overline{\text{i}} \mid \overline{\text{i}} \mid \overline{\text{i}} \mid \overline{\text{i}} \mid \overline{\text{i}} \mid \overline{\text{i}} \mid \overline{\text{i}} \mid \overline{\text{i}} \mid \overline{\text{i}} \mid \overline{\text{i}} \mid 6 \mid$$

$$(5\;5 \mid 5\;5 \mid 5\;\overline{\text{i}} \mid \underline{3\;5\;6\;\overline{\text{i}}} \mid 5\;0)$$

$$\overline{\text{i}} \mid 5 \mid 6 \mid \overset{\sim}{6} \mid \underline{5\cdot3} \mid 5 \mid 5 \mid 5 \mid 5 \mid \underline{5\;0} \mid$$

（大　大　拉大　衣大　台　　仓才

138

$\hat{0}$ | 0 | 0 | 0 | 0 | $\frac{2}{4}$ ($\overset{>}{\underline{5}}$. $\underset{\cdot}{\underline{22}}$ | $\overset{>}{6}$. $\underset{\cdot}{\underline{22}}$ |

仓才 仓才 仓 仓 0）

$\overset{>}{\underline{5}}$. $\underset{\cdot}{\underline{22}}$ | $\overset{>}{6}$. $\underset{\cdot}{\underline{22}}$ | $\underline{\dot{5}\dot{2}}$ $\underline{\dot{6}\dot{2}}$ | $\underline{\dot{5}\dot{2}}$ $\underline{\dot{6}\dot{2}}$ | $\dot{5}0$ $\underline{5671}$ |

$\underline{2345}$ $\underline{6567}$ | $\overset{>}{\dot{1}}$. $\underline{\dot{1}\dot{1}}$ | $\overset{>}{\dot{1}}$. $\underline{\dot{1}\dot{1}}$ | $\overset{>}{\dot{1}}$. $\dot{1}$ $\underline{\dot{1}\dot{1}}$ | $\dot{1}5$ 35 |

（大　大　拉大　衣大　大

$\frac{1}{4}$ $\dot{1}$）3 | $\underline{\overset{\frown}{23}}$ | 5 | 5 | $\underline{5 \cdot 6}$ | $\underline{31}$ | 2（$\underline{56}$ | $\underline{767}$$\dot{1}$ |

（众合唱）接　过　红　旗　肩　上　扛，

仓　0）

$\dot{2}$）3 | $\underline{\overset{\frown}{23}}$ | $\underline{56}$ | $\underline{43}$ | $\underline{\overset{\frown}{23}}$ | 5 | 5（$\underline{55}$ | 5）3 | $\underline{35}$ |

接　过　先　烈　手　中　枪！　　踏　着

$\dot{1}$ | $\dot{1}$ | $\underline{\dot{1} \cdot \dot{2}}$ | $\underline{\dot{1}5}$ | 6（$\underline{535}$ | $\underline{6567}$）| $\dot{1}$ | $\dot{1}$ |

英　雄　足　迹　走，　　　　　革

（仓　仓　仓才　乙才　仓　0　0　　　仓0　0

$\underline{\overset{\frown}{6}}$ | $\underline{65}$ | $\underline{\overset{\frown}{36}}$ | 5 | $\underline{01}$ | $\underline{6 \cdot 1}$ | $\underline{25}$ | $\underline{32}$ |

命　　　到　底，　永　不　下　战

仓　才　顷　　仓0　0　　0　仓　才

1(2 3 5 | 6 5 6 7) | i | i | 6 | 6 5 | 3 6 | 5(5 5 |
场!　　　　　　　　革　命　　到　底，
仓　0）

5）5 | 3 5 | 6·i | 5 6 | i | i | i | i |
永　不下　战　　场!
（仓　才才　仓仓

i | i | ô | ô | 0 | ô | 0 ‖
仓才才　仓才　仓才　仓　　仓　才　仓0）

锣 鼓 字 谱 说 明

大	鼓单槌击
八	鼓双槌同击
大八	鼓双槌分击
嘟	鼓双槌滚击
拉	鼓双槌滚击的落音
乙、个	休止
扎、衣	板音
仓	大锣单击或大锣、小锣、铙钹同击
顷	大锣轻击或大锣、小锣、铙钹同时轻击
台	小锣单击
令	小锣轻击
才	铙钹与小锣同击或铙钹单击
△	吊钹

乐 谱 符 号 说 明

颤音：(1) "∿、∿∿∿" 上颤音，实际效果为：

$\overset{\sim}{6}$ 等于 <u>676</u> 或 <u>616</u>

$\overset{\sim\sim\sim\sim}{6}$ 等于 <u>67676</u> 或 <u>61616</u> 或更长的颤音

(2) "∿、∿∿∿" 下颤音，实际效果为：

$\overset{\sim}{6}$ 等于 <u>656</u>

$\overset{\sim\sim\sim\sim}{6}$ 等于 <u>65656</u> 或更长的颤音

人、↘　　滑音

⌐°⌐　　自由反复

)0(　　无固定节拍数的自由休止

散　　　速度、节拍自由处理

"打土豪分田地红旗招展，那里是崭新日月照河山！"
洪常青热情地给吴清华指明了革命的道路。

"风雨夜巧改扮把敌情察探"。洪常青化装农民，到椰
林寨侦察敌情。

　　根据地里，阳光灿烂，英雄树下，一片欢笑。军民
畅叙鱼水情，团结战斗骨肉亲。

洪常青以高度的革命胆略，深入匪巢，智斗群匪。
南贼等五体投地，争相逢迎。

"征途上全靠党来把路引"。毛泽东思想的雨露阳光哺育着吴清华迅速成长。

连长关心着吴清华的成长，亲切耐心地对她进行启
发诱导，帮助她提高阶级觉悟。

贫苦农民郑阿婆，怀着对红军万分感激的心情，送自己的女儿小娥参加娘子军。

"为革命为人民为阶级而战"，"一腔恨火凝刀尖"。
吴清华越战越勇，狗团丁魂飞胆裂。

"保主力插敌后，守阵地排万难，战士双手能擎天！"
洪常青与二战友守在红云岭上，阻击敌人。

　　"敬爱的毛主席！敬爱的党！亲爱的人民！我为你而生，为你而战"，"生命不息，战斗不止，永远冲锋向前方！"洪常青在就义前，心潮澎湃，壮志凌云。

踏著英雄的血迹，继承先烈的遗志。军民一心，发出誓言："继续冲锋在革命大道上，知道五洲四海红旗飘扬！"

毛 主 席 语 录

革命文化，对于人民大众，是革命的有力武器。革命文化，在革命前，是革命的思想准备；在革命中，是革命总战线中的一条必要和重要的战线。

我们的文化艺术都是为人民大众的，首先是为工农兵的，为工农兵而创作，为工农兵所利用的。

毛 主 席 语 录

已经获得革命胜利的人民，应该援助正在争取解放的人民的斗争，这是我们的国际主义的义务

千万不要忘记阶级斗争。

革命现代京剧

海　港

上海京剧团《海港》剧组集体改编

（一九七二年一月演出本）

第一次刊印本

中国人民解放军战士出版社翻印

目 录

剧 本

主要人物 …………………………………… 1

第一场　突击抢运 …………………………… 6

第二场　发现散包 …………………………… 12

第三场　追查事故 …………………………… 20

第四场　战斗动员 …………………………… 24

第五场　深夜翻仓 …………………………… 32

第六场　壮志凌云 …………………………… 45

第七场　海港早晨 …………………………… 55

主要唱段

定要把这深情厚谊送往那四面八方 ………… 59

大跃进把码头的面貌改 ……………………… 61

一石激起千层浪 ……………………………… 63

细读了全会公报 ……………………………… 69

暴风雨更增添战斗豪情 ……………………… 72

想起党眼明心亮 ……………………………… 77

千难万险也难不倒共产党人 ………………… 84

共产党毛主席思比天高 …………………………… 89

忠于人民忠于党 ……………………………………… 97

坚决战斗在海港 …………………………………… 106

毛泽东思想东风传送 ……………………………… 108

剧　照 ………………………………………………… 117

马洪亮——退休装卸工人。

钱守维——调度员。

方海珍——装卸队党支部书记。

高志扬——装卸组长，党支部委员。

人 物 表

方海珍——装卸队党支部书记。

高志扬——装卸组长，党支部委员。

马洪亮——退休装卸工人。

赵震山——装卸队长，党支部委员。

韩小强——青年装卸工人。

小　丁——青年装卸工人。

小　陶——青年装卸工人。

小　洪——女，拖车司机。

男工甲、乙。

女工甲、乙。

男女工人若干。

钱守维——调度员。

第一场　突击抢运

〔一九六三年夏，某天上午。

〔黄浦江边，上海港某装卸区码头。千轮万船，红旗招展，江水奔流，阳光灿烂。挂着"总路线万岁"标语的铁塔高耸入云。

〔汽笛声中幕启：工人们在高志扬的指挥下装卸货物。吊车起落，车辆往返，一派繁忙景象。

〔高志扬和小丁、小陶把用"网络！裹信的风包稻种卸在平车上，然后用挂钩将地上另一"网络"吊走。

〔幕内哨声。小丁、小陶先后随平车跑下。

〔一队工人舞蹈过场。

〔一工人向来船方向招手。两工人拉出缆绳。

〔韩小强拉老虎车上。高志扬拦住韩小强，示意注意安全，递毛巾给他擦汗。

〔三工人上，腾空越过缆绳，作拉缆舞：翻身，"前弓后箭""探海"，"跨腿"，转身，"骗腿""亮相"；转身挂缆绳于缆桩上。

〔韩小强拉车跑下。众工人下。

〔一队男女工人跑步过场。

〔一只装着出口机械的木箱，横空而过。

〔幕内哨声。远处有人喊："休息啦！"

〔一女工推汽水车过场。

高志扬 （展视港湾，满怀豪情）**真是个——**

（唱）【西皮散板】

装不完卸不尽的

【原板】

上海港！

千轮万船进出忙。

装卸工，左手高举粮万担；

右手托起千吨钢。

为革命，哪怕那山高海阔来阻挡，

定要把这深情厚谊，送往那四面八方。

〔小丁、小陶内喊："组长！"跑上。

小　丁　老高，今天支部书记老方一动员，大伙一加油，运往非洲
　　　　的稻种……

小　陶　(抢说) 只剩下八千包啦！

高志扬　老哇，小陶！咱们一定要争取今天装完。小丁，走！(欲走)

〔赵震山，钱守维上。

赵震山　老高，快把你们组的人力和机械都集中起来。

小　丁　(高兴地) 队长，又有新任务了？

赵震山　老钱，你说吧！

钱守维　到那边去抢运北欧船的玻璃纤维。

高志扬　(一怔) 抢运玻璃纤维？这不行吧？！

赵震山　怎么？

高志扬　这批稻种是帮助非洲人民自力更生的。按照那里的播种
　　　　季节，一定要赶在他们的"独立节"以前运到。只能提
　　　　前，不能拖后。

赵震山　这我知道。你们怕计划不是后天装完吗？

钱守维　是啊！大伙儿干劲这么大，后天装完不成问题。这样，
　　　　既能按期完成装运稻种的计划，又能替国家增加外汇收
　　　　入……

167

赵震山　　对，生产指标咱们完成得不错，利润指标也要跟上嘛！

高志扬　　支委会讨论过，装运这批稻种是我们的国际主义义务。你这样改变计划，跟老方商量过没有？

赵震山　　老方在党委开会呢。

钱守维　　(故作焦急状)时间很紧，我看这个事你们俩就做决定吧！

高志扬　　那不行。

赵震山　　(略一犹豫)我看，咱给老方打个电话吧！

钱守维　　(忙附和)对，对对。

赵震山　　(拉高志扬)走、走哇！

　　　〔高志扬勉强随赵震山下。小丁、小陶随下。

钱守维　　(阴险地)找方海珍?! (风声。不安地)最近天气时常变化，政治汽候也不大对劲。一定是他们又要搞什么政治运动了！(一声闷雷。仇恨地)好吧！台风一到，你们的稻种就不能按时启航；雷阵雨一来，我入在露天的这两千包出国小麦……(咬牙切齿)哼哼！(欲下，见方海珍从远处走来，急装镇静，转身下)

(内唱)【西皮导板】

　　　突击抢运 (执装卸计七图，疾步上；摘安全帽，转身"亮相")

　　　到江岸

【原板】

　　　霹雳闪电划长天。

　　〔远雷隆隆。

　　　忽报气象情况变，

　　　援非任务要提前。

　　　稻种装船

【流水】

是关键。

五洲风雷紧相边。

组织人力同心干，

争分夺秒攻难关。

〔赵震山，高志扬内喊："老方！"上。

高志扬　老方，老赵说为了完成利润指标，叫我们先去突击北欧船。

赵震山　这可是一举两得呀！

方海珍　老赵，装运这批援非稻种，是个得大的政治任务。区党委召开了紧急会议，要求今天全部装完。(递计七图给赵振山)

赵震山　啊？(看图) 去非洲的外轮不是后天才启航吗？

方海珍　区里接到海洋气象台的通知，有一股强大的台风，正在海面形成。外轮必须明天一早启航，赶在台风前面。要是拖延一天，就要耽搁十几天哪！

高志扬　耽搁十几天？那就赶不上家时啦！

方海珍　误了农时，就要影响一年的收成。

赵震山　有台风？老钱还不知道呢。

方海珍　(疑惑地) 怎么？他不知道？(看场地，有所发现) 雷阵雨就要来了，怎么把两千包出国小麦放在露天呢？

赵震山　(着急地) 哎呀！怎么搞的？快拿油布盖上。(欲下)

方海珍　(果断地) 不行。这是援外物资，绝对不能马虎，赶快搬运进仓！

高志扬　这任务交给我们！

赵震山　什么？八千包稻种，再加两千包小麦……

高志扬　没问题。

方海珍　领导决定调动科室同志前来助战。

赵震山　那机械就调配不过来了。

高志扬　机械，装运稻种。

赵震山　小麦呢？

高志扬　我带领青年组扛！

赵震山　扛？

高志扬　为了支援世界革命，咱们中国工人阶级上刀山，下火海都不怕，扛几个包算得了什么?!

赵震山　　　老方，这……

方海珍　这样的特殊情况，难得碰上一次。锻炼锻造也好嘛！

赵震山　(勉强地) 好吧！　(下)

高志扬　(向内喊) 青年组集合！

　　　〔工人们内喊："集合喽！"跑上，列队。

工人们　(齐声) 组长！

高志扬　同志们！雷阵雨就要来了，稻种和小麦要同时抢运。机械让给科室同志装运稻种，这两千包小麦，我们扛！

工人们　对，我们扛！

方海珍　(豪迈地) 同志们，这稻种和小麦，每一包都与非洲人民的反帝斗争紧密相连；他们的斗争对我们也是有力的支援。现在北欧船正在装运危险品玻璃纤维。抢运的时候要特别注意。时间紧，任务重。我们是用马列主义毛泽东思想武装起来的中国工人队级。困难何所惧，众志能移山！

高志扬　我们保证……

工人们　(齐声) 破包不进仓，散包不上船！

方海珍　好！

（唱）【西皮流水】

　　同志们争先挑重担，

　　抖擞精神磨双拳。

　　心雄志壮浑身胆，

　　千包成袋炼铁肩。

　　保证质量齐奋战，

　　完成任务，抢在雷雨前！

工人们　（齐唱）【散板】

　　抢在（"亮相"）雷雨前！

方海珍　（挥手）上！

　　〔众解搭肩布，转身，侧身"前弓后箭"，斜转身，抖搭肩布扒上肩，作斜坡式队形"亮相"；昂首阔步，高声朗诵："**下定决心，不怕牺牲，排除万难，去争取胜利。**"下。

——幕 急 闭

第 二 场 发 现 散 包

〔当日下午二时前后。

〔码头一角。电线杆上挂有"**全世界无产者，联合起来！**"的红色标语牌。现场边缘设有凉棚、工具箱、茶水桶和盐汽水。

〔幕启：马洪亮肩搭包裹，手拿草帽，兴高采烈地走上。

马洪亮 　(唱)【西皮原板】

自从退休离上海，

时刻把码头挂心怀。

眼睛一眨已六载，

马洪亮探亲我又重来。(放下草帽与包裹)

【排板】

看码头，好气派，

机械列队江边排。

大吊车，真厉害，

成吨的钢铁，它轻轻地一抓就起来！

大跃进把码头的面貌改，

看得我热泪盈眶心花开。

〔韩小强喝汽水上，发现马洪亮，速放汽水瓶，奔过去仔细打量。

韩小强 　(惊喜地) 嗳呀！舅舅！

马洪亮 　(一楞，认出韩小强) 是小强！

韩小强 　舅舅！

马洪亮 韩小强	哈哈……

马洪亮　(仔细端详，赞常地) 嗯！象个装卸工的样子啦！记得我走的时候 (以手势比划) 你才这么高。那年国庆节的晚上，我带你到码头上看焰火，还生怕把你给挤丢了呢。

韩小强　是啊！(追忆往事，情不自禁地) 记得那一天，江岸人山人海，码头灯火辉煌，天空五彩缤纷，江心巨轮成行。

马洪亮　到底是高中生了，说话都文绉绉的。

韩小强　(充满幻想地) 后来，我就下定决心，要当个新中国的海员，驾驶着我们自己造的远洋巨轮，乘风破浪，飘洋过海，周游世界……

马洪亮　(诧异地) 什么？周游世界？

韩小强　为国争光嘛！ (看看手上的搭肩布，失望地) 唉！没想到当了个装卸工。 (心烦地踢天脚下的一颗石子)

马洪亮　你不想当装卸工？

韩小强　我是说，我的崇高理想没有实现。

马洪亮　(诚挚地) 小强，你想的跟我想的不一样啊！你看，咱们这码头——

(唱) 【西皮散板】

　　　天地广阔前程远， (手抚韩小强，走向江边)

〔方海珍上。

方海珍　(接唱)

　　　迎千轮送万船重任在肩。

老马师傅！

马洪亮　(意外地) 海珍？！哈哈哈……

韩小强　舅舅，海珍同志现在是我们队的支部书记了。

马洪亮　哦！不在三队了？什么时候来的？

方海珍　有半年多了。

马洪亮　(兴奋地) 好哇！过去的锹煤女工，现在挑起这么得的担子来了。

方海珍　要是没有毛主席的教导，同志们的邦助，我这副肩膀早就压塌罗！

韩小强　舅舅，我干活去了。(欲走)

方海珍　(叫住) 小韩！

韩小强　啊！

方海珍　(关怀地) 第一次扛包，思想要集中啊！

韩小强　哎！(跑下)

方海珍　老马师傅，农村怎么样？

马洪亮　(满怀喜悦地) 自从去年党召开了八届十中全会，农村的形势越来越好啦！

　　　　〔突然喇叭声响，一辆装有稻种的平车退上。

　　　　〔司机小洪匆匆走上。

方海珍　小洪！

小　洪　哎！

方海珍　拖车怎么停在这儿？

小　洪　(焦急地) 我正要找你呢。调度室把稻种、玻璃纤维、出口的成套设备，都挤在一条运输线上，把路给堵死了。

方海珍　(果断地) 这批稻种决不能拖延。你马上去找队长，想办法叫别的货物赶快让路。

小　洪　好。(下)

马洪亮　海珍哪！这是往哪儿运的稻种？

174

方海珍　是支援非洲的。

马洪亮　哦！

方海珍　老马师傅，帝国主义早就下过结论，说那个地方根本不能种水稻，吃饭问题，只能靠进口粮食解决。可咱们的同志去了才两年，就和那儿的人民一道，把水稻试种成功了。现在他们要大面积推广，需要大批的稻种啊！

马洪亮　(兴奋地) 好啊！　　海珍，你提起支援，我倒想起一件事来。在抗美援朝的时候，也是这种台风季节，也是因为调度室有人搅乱了运输线路，一批重要的援朝物资耽误了装运时间，结果全给大雨淋湿了。

方海珍　哦？调度室？(回忆地) 那个时候我在三队，也听说过这回事。(向马洪亮) 到底是谁干的？

马洪亮　查了很久，一直没查出来！

方海珍　(思索片刻) 这样吧，我先送您去歇会儿，下了班咱们再细谈。(拿起马洪亮的包裹)

马洪亮　嗳，海珍！来……(抢过包裹) 你有事先忙你的去。我找熟人聊聊，码头上看看，回头再来找你。

方海珍　也好。您可要注意安全呐！

马洪亮　你放心吧，(诙谐地) 我是个老码头啦！(背上包裹，搁着草帽，乐呵呵地走下)

方海珍　(目送马洪亮下，沉思)

(唱)【西皮慢二六】

援非任务不容缓，

为什么忽然突击北欧船？

明知今日有雷雨，

为什么竟把小麦放露天？

175

【快二六】

　　　　运输线，又搅乱，

　　　　桩桩件件非偶然。

　　　　调度室问情况再作判断，

【散板】

　　　　行船时须提防暗礁险滩。

〔方海珍下。

〔钱守维拿簸箕、笤帚，从平车后上。

钱守维　（望着方海珍的背影，仇恨而得意地）姓方的，我把运输线路给你们堵死啦！看你们这批稻种怎么按时装船？！（手一挥，簸箕里的玻璃纤维撒在地上，急忙扫起，悻悻地）哼！科室人员还要参加劳动，撒点玻璃纤维也得我来扫，（边说边走近凉棚）简直把我当臭苦力！（放下簸箕、笤帚）这是什么社会？！（开茶水桶龙头洗手）

〔远处传来劳动号子声："嗨哟嗬……"

〔小陶内喊："小韩，你掉队啦！"

钱守维　（向内喊）小韩！小韩！　　　别跑！来！

〔韩小强扛麦包上，将包搁在平车上。忽然发现茶水桶的龙头开着，急忙关好。

钱守维　（从上衣袋里掏出电影票）电影票给你买来了，三点一刻开演，《乘风破浪》，反映海员生活的片子。

韩小强　太好了　（掏出工作证，欲夹电影票。见工作证，感慨地）工作证呀，工作证，什么时候才能把你换成海员证啊？（将票夹于工作证内）

钱守维　（虚伪地）算啦！码头工作也不错嘛！

韩小强　我的理想是当海员，可现在　　　（示搭肩布，烦恼地）是个装卸工。

钱守维　（假作否定地）

〔韩小强拔拾肩布，走向平车欲打包。）

钱守维　（假装惋惜地）不过，话又说回来了，唉！高中生当了个
装卸工，是有点大材小用。这种话，过去谁瞧得起？人
家叫"臭苦力"！

韩小强　"臭苦力"？

钱守维　（煽动地）见人都矮三分！

韩小强　啊！（猛受刺激，冲向台口。麦包跌散）

钱守维　（望了一下簸箕，计上心来，趁机恫吓地）哎呀！你怎么把麦
包跌散啦？这可不得了哇！

〔韩小强急忙扶起散包，欲捧散麦。

钱守维　还不快去拿绞包针！

〔韩小强转身走向工具箱，找绞包针。

〔钱守维四下窥视，趁韩小强不注意，将散麦扫入簸箕，连同 玻
璃纤维一起倒进麦包内。

韩小强　（递绞包针给钱守维）钱师傅！

〔钱守维绞包。韩小强将簸箕、笤带放回原地。

韩小强　（自言自语地）唉，真倒霉！有机械不用，偏偏要扛。

钱守维　嗳！（伪装正经地）你可不能这样讲，现在已经有很多人
在说了……

韩小强　说什么？

钱守维　靠咱们这号人还能管好码头！

韩小强　（一楞)……

钱守维　（忙掩饰）好了，好了，快走吧！你还要看电影呢。八小
时以外是咱们的自由！

韩小强　钱师傅，帮我搭一把。

钱守维　（转念，解开车上绳子，指麦包）这个我来。其实散个把包，一点小事。（示意韩小强将平车上的稻种包扛走）

韩小强　（感激地）钱师傅，你真好！（扛包下）

钱守维　好？（喜形于色）好就好在叫你们两们错包，到处丢脸！（狠毒地）看你们的国际主义高调怎么唱?！（用脚搓地上散麦，欲将麦包搬上平车）

　　　　〔女工甲内喊："哎！小洪！"

　　　　〔小洪内应："干什么？"

　　　　〔钱守维惊惶失措，急忙丢下麦包，欲溜；猛想起……又回身拿起簸箕、笤帚，故作镇静地下。

　　　　〔小洪和女工甲上。

女工甲　他们干劲真大，两千包小麦都快扛完了！（从工具箱中拿工具）

　　　　（突然发现）咦？这包……

女工甲　哎呀，怎么掉下来了？

　　　　真是越忙越打岔！

　　　　〔二人将麦包搭上平车。小洪下。

　　　　（边扎绳子边说）小洪，外轮明天能不能启航，就看你们的啦！（扬起手中工具）开车！

　　　　〔平车开走。女工甲下。

　　　　〔高志扬擦汗上。

　　　　（唱）【西皮摇板】

　　　　　　完成任务心舒展，

　　　　　　检查现场到江边。

　　　　小麦？有人散了包！不好，出事故了！

178

（唱）【西皮快板】

　　　　一见小麦地上散，

　　　　又急又气我心不安。

　　　　出国的质量高标准，

　　　　怎容散包混过关！

　　小丁！

　　〔小丁内应："嗳！"〕

　　〔高志扬取下毛巾，捧起散麦，包好。

　　〔小丁上。

小　丁　组长！

高志扬　通知全组，马上开班后会！

　　　　〔"亮相" 切光。

　　　　　　　　　　　　　　　——幕急闭

179

第三场　追查事故

〔紧接前场。

〔码头江边，绿化地带。花台里龙柏挺立，冬青篱中，美人蕉鲜艳多彩。

〔蓝天一角，浓云渐增。巨轮桅端，红旗飘扬。

〔幕启：韩小强换洗一新，兴冲冲地跑上。

韩小强　（唱）【西皮流水】

　　　　下班好似马脱缰，

　　　　海鸥燕展翅要飞翔。

　　　　电影票勾起我航海理想，

　　　　我要去"乘风破浪"远涉重洋！

〔高志扬上。

高志扬　小韩！

韩小强　（止步）啊？

高志扬　你怎么没参加班后公？

韩小强　我托人请过假了。

高志扬　小韩，参加了工作了，要关心集体呀！

韩小强　（咕哝地）集体？我哪点儿不关心啊？

高志扬　我们组出事故啦！

韩小强　（一惊）啊，出事故了？

高志扬　有人散了包。

韩小强　（马上又松弛地）哦，散了个包，一点小事嘛。

高志扬　啊，小事？装卸工作保证质量，你忘啦？

韩小强　怎么忘得了？！我一天到晚，耳朵里听的都是"破包不进
　　　　仓"！"散包不上船"！这码头工作还不是那一套，装装
　　　　卸卸，搬搬运运……

高志扬　（耐心地）小韩，你想想，咱们国家进出货物，哪一件不
　　　　靠我们工人装装卸卸，搬搬运运呢？

韩小强　（不耐烦地）好啦，好啦，这些大道理谁不懂呀！（看看电影
　　　　票，焦急地）对不起，我得走了。

高志扬　事故还没查出来，你怎么能走呢？

韩小强　八小时以外，是我的自由！

高志扬　（气愤）你——（又抑制下来）这种话象咱们无产阶级说
　　　　的吗？

韩小强　什么？我，码头工人的儿子，红旗下长大，你说我不象
　　　　无产阶级，难道我象资产阶级呀？！

高志扬　呃！小韩！

韩小强　干吗？

高志扬　你……（克制）

韩小强　我怎么啦？

高志扬　你这种态度，象个工人吗？

韩小强　工人？什么工人？（蔑视地）装卸工啊！

高志扬　装卸工怎么样？

韩小强　见人矮三分！

高志扬　（激愤地）你，你有这种思想，就干不好这份装卸工！

韩小强　干不好？我还不想干呢！

高志扬　什么？

韩小强　装卸工，一天干到晚够辛苦了，还要扛。怪不得有人
　　　　在说……

高志扬　说什么？

韩小强　"靠咱们这号人还能管好码头！"

高志扬　（激怒，深沉地思索）"靠咱们这号人还能管好码头！"（怒不可遏）"靠咱们这号人还能管好码头！"

（唱）【二黄散板】

一石激起千层浪，

我心中好似这奔腾的黄浦江。

眼前的事，勾起我把往事回想，

黄浦江啊！

黄浦江啊！

【回龙】

你千年流，万年淌，淌不尽我们仇满怀来恨满腔！

【慢原板】

解放前，星条舰、花旗轮横行江上，

给码头，留下了斑斑血泪、累累创伤！

【原板】

幸喜得解放军大炮轰响，

轰散了乌烟瘴气出太阳。

粗大的手，把革命大印来执掌。

党号召码头工自力更生，奋发图强，立足海港，为国争光！

竟有人恶意挑动，出言诽谤，

顿使我怒火万丈燃胸膛。

同志们为事故心情焦急，

查不出那散包，对不起人民，对不起党，

哪怕是针落海底，我也要倒海翻江！

〔方海珍上。小陶、小丁隨上。

方海珍　老高，问题严重了。散包的场地上，发现了玻璃纤维。

高志扬　(惊异)　啊？！运粮食的场地上，哪儿来的玻璃纤维呢？

方海珍　你扫起的散麦？

〔高志扬递裹着散麦的毛巾给方海珍。

方海珍　(打开一看)　不好，散包小麦里也有玻璃纤维了！(对高志扬)

你看！你看！

〔众看。

〔天空渐暗。

高志扬　糟了！这小麦要是运出国外……

方海珍　人吃了，沾在肠子上，就有那

(唱)

生命危险，

政治影响大如天，大如天！

散包查问过啦？

高志扬　班后会上都说没散过。

方海珍　(思索片刻)　问题很复杂。现场我都看过了，只有散包的

地方有玻璃纤维。看来决不是一般的责任事故！

〔高志扬点头。

〔乌云密布，电闪雷鸣。

方海珍　(果断地)　老高，锁好仓库，保护现场，等候检查！

高志扬　好。

方海珍　咱们一定要发动群众，追根寻源！

〔众"亮相"。

〔霹雷闪电，大雨倾盆。切光。

——幕急闭

第四场　战斗动员

〔紧接前场。

〔装卸队党支部办公室。正面悬挂着毛主席像，墙上贴着一幅世界地图。墙角倚着一根杠棒。

〔室外，堆货场地。从茂密树丛中，可见高大仓库一角。远处停泊着万吨巨轮。

〔雨过天晴，白云朵朵，蓝天彩虹，相映生辉。

〔幕徐启：方海珍坐在桌前阅读八届十中全会公报。桌上放着《毛泽东选集》、电话机和裹有散麦的毛巾。

方海珍　（阅罢公报，心潮澎湃）

（唱）【西皮宽板】

细读了全会的公报激情无限，

望窗外雨后彩虹飞架蓝天。

江山如画宏图展，

怎容妖魔舞翩跹！

【二六】

任凭他诡计多瞬息万变，

我这里早已经壁垒森严！

〔赵震山匆匆上。

赵震山　老方，区党委怎么说？

方海珍　领导非常重视，要我们认真追查。

〔方海珍到茶水桶前，倒了一杯水。

赵震山　（烦躁地）唉！真伤脑筋！（摘下安全帽）今天抢运小麦，要是不扛，也不会出这样的事故。

方海珍　我看不是扛不扛的问题。（递水给赵震山）这个散包的背后，说不定是一场尖锐复杂的阶级斗争。

赵震山　阶级斗争？

方海珍　突击北欧船的主意，谁出的？

赵震山　钱守维呀！

方海珍　两千包出国小麦放在露天，谁干的？

赵震山　谁？

方海珍　（加重语气）也是钱守维！后来他又搅乱运输线路，差一点影响了援非任务。这一连串的事情，难道是偶然的吗？！

赵震山　（站起来，不以为然地）噢！突击北欧船，我也同意过；台风的消息，大家都不知道嘛！（边说边走向桌前）

方海珍　你不知道，钱守维也不知道吗？

赵震山　咱们不能总拿老眼光看人！听调度室的同志们说，解放后经过几次运动，他已经老实多了。这个人，业务上有一套，工作也还积极嘛！

方海珍　（凝视赵震山，沉默片刻）老赵，咱们都是共产党员，又是老战友。我沉得你近来阶级斗争的观念淡薄了。

〔赵震山愕然，坐下。

方海珍　（语重心长地）还记得吧？解放前，你、我刚到码头上来当锹煤工的时候，都还没有一把煤锹高。想想过去咱们吃的是什么苦？想想世界上还有多少人，过着牛马不如的日子？（激动地）现在他们要砸碎枷锁，争取解放，拿起枪杆子和帝国主义战斗，非常需要世界革命人民的支援；而他们的反帝斗争，对我们也是有力的支援！对于我们

185

的相互支援，敌人一定要千方百计地进行破坏。老赵，咱们可不能麻痹大意，只听见机器声，听不见阶级敌人霍霍的磨刀声啊！

赵震山　（有所触动，陷入沉思）……

方海珍　在党的八届十中全会上，毛主席教导我们，阶级斗争，必须年年讲、月月讲、天天讲。　　　我们千万不要忘记！同志。

〔高志扬急上

高志扬　老方，仓库已经锁起来了，快作决定吧！

方海珍　好！我们支委先研究研究。

高志扬　同志们建议，翻仓！

方海珍　老赵，你看呢？

赵震山　这批出国小麦离装船的时间只有三天了。

方海珍　我的意见，明天翻仓。

高志扬　我同意。

赵震山　好。

高志扬　我去告诉大家。

方海珍　老高，我去通知。　　　高大嫂说孩子病了，你赶快到医院去吧！

高志扬　我知道了。孩子有医生照顾，比我解决问题。

方海珍
赵震山　老高，老高……

〔电话铃响。赵震山接电话。方海珍进门。

赵震山　(对着耳机) 喂，……是啊。……什么？……紧急任务？我就来。(放下电话，拿起安全帽) 区主任找我。(走到门口，想起) 哦，老方。(掏出一份请调报告) 这是韩小强送来的。他要

请调工作。

方海珍　（接报告，看）哦？还写了报告？

赵震山　（想起，回身）咦，有人反映最近钱守维和他很接近，这件事会不会跟钱守维有关系？

方海珍　（思索，点头）……

赵震山　（有所醒悟地）我脑子里是少根弦啊！

〔方海珍目送赵震山下，看手中的请调报告，又看看桌上的散包麦，思绪万千。

方海珍　（唱）【西皮导板】

散包麦、请调信、令人深省，

【回龙】

我胸中一阵阵江潮起伏，风云翻卷、警钟长鸣！

【慢原板】

战友们为此事深谈细论，

树欲静风不止事出有因。

回头看，历史的行程，全凭着红旗指引，

闯雄关，辟大路，迎来了码头繁荣，港口喧腾。

【原板】

胜利中须保持头脑清醒，

征途上处处有阶级斗争！

革命者怕什么风狂雨猛，

风狂红旗舞，雨猛青松挺，海燕空云飞，征帆破雾行，暴风雨更增添战斗豪情！

望江涛迎激流昂首前进，

定使这上海港，紧连着江南塞北，莽原椰林，支援那国内建设，世界人民。

187

〔马洪亮上

马洪亮　(走过窗口)　海珍！

方海珍　老马师傅。

马洪亮　(进门，关切地)　听说出事故了？

方海珍　正在追查。(接过马洪亮的草帽，想起)　老马师傅，您来得
　　　　正好。区党委办了个阶级教育展览会。您是老码头了，
　　　　来给大家作个报告吧！

马洪亮　(意外地)　作报告？

方海珍　讲讲过去，比比现在。

马洪亮　(领悟地点头)　对。可是从哪儿说起呢？

方海珍　(从墙角取过杠棒)　就从它说起，好吗？

马洪亮　(猛见杠棒)　杠棒？　　　　　　　　　　　　我的老
　　　　伙伴！要是说你，我可有满肚子的故事啊！

　　　　〔方海珍、马洪亮同扶杠棒，沉浸在回忆中

　　　　〔赵震山内喊："老方！"上

赵震山　区里接到通知，因为台风的关系，这批出国小麦也要提
　　　　前装运。

方海珍　什么时候启航？

赵震山　明天！

方海珍　什么时候装船？

赵震山　天亮就要装船！

马洪亮　(焦急地)　哎呀！散包还没查出来呢！

方海珍　(思索)……

　　　　〔小丁、小陶奔上

小　丁
小　陶　老方！

小　丁　钱守维跟大伙儿吵起来了，他一定 要开 仓库清点数
　　　　字……

小　陶　他还说，你们组该下班了；叫我们把仓库的钥匙交给他。

方海珍　啊？

　　　　〔高志扬内喊："老方！握着一大串钥匙急上。

高志扬　这是仓库的钥匙。

　　　　〔钱守维持船图与众工人争论着上。

钱守维　方书记，您看，大伙儿跟我吵起来了，说什么也不肯把
　　　　钥匙给我，我也接到区里通知，小麦明天天亮就要装船，
　　　　不赶紧清点数字怎么行哪……

高志扬　(打断) 没有支部的决定，不能随便开仓！(把钥匙向桌上
　　　　一放)

工人们　对，不查清事故，我们决不下班！

高志扬　我们要对援外任务负责！

马洪亮
工人们　我们要对援外任务负责！

钱守维　同志们！同志们！我们是以援外任务负责。(边说边走向
　　　　赵震山，带有威胁地）提前装船可是上级的决定啊！要是
　　　　今天不点清数字，就要影响装船的时间，（又转向工人们）
　　　　这可是个大问题啊！（向方海珍）方书记，您看哪？

方海珍　(沉着镇静地)明天天亮装船是上级的决定，我们当然坚
　　　　决执行。

钱守维　(得意地急忙抓起钥匙) 好！我马上清点数字。

方海珍　把钥匙放下！

钱守维　(楞住) 啊？

方海珍　明天早上，我们会把准确的数字拿出来。

钱守维　（震惊）你们……

方海珍　（斩钉截铁地）我们连夜翻仓！

〔钱守维一惊，手中钥匙落于桌上。

方海珍　天亮之前，不但点清数字，而且查出散包，把事故的真
　　　　相弄清楚！

工人们　（齐声）对！

钱守维　（无可奈何）好，好，好。（走出门外，回头，仇恨地一瞥。下）

赵震山　（拿钥匙，对众）走，到仓库！

高志扬　走！

方海珍　同志们！

　　　　（唱）

　　　　　　　一个散包重如山，

　　　　　　　严峻的考验在面前。

　　　　　　　真金最喜烈火炼，

　　　　　　　战士从来不畏难。

　　　　　　　再接再厉决心干，

　　　　　　　连夜翻仓把好关！

高志扬　（接唱）

　　　　　　　钢肩铁臂经百炼，

　　　　　　　山能搬来海能填！

赵震山　（接唱）

　　　　　　　援外任务应从严，

　　　　　　　查出散包再装船。

马洪亮　（唱）

　　　　　　　老兵请战上火线，

男工们　（接唱）

青年一马原当先！

女工们

女工奋勇来应战，

工人们 （接唱）

决不让那散包出港湾！

方海珍 （唱）

这是一场政治战，

同心协力排万难。

狠狠打击帝修反，

坚决彻底把仓翻！

工人们 （唱）

狠狠打击帝修反，

坚决彻底把仓翻！

狠狠打南击帝反，

坚决彻底把仓翻！

方海珍 翻仓！

工人们 翻仓！

〔众意气风发地作斜坡形"亮相"。

——幕急闭

第五场 深夜翻仓

〔深夜。

〔仓库一角。大门两侧分贴着 "奋发图强"、"自力更生" 的标语。两边墙上挂着 "安全生产"、"严禁烟火" 的红绿安全标灯。

〔舞台左方设有桌、椅。桌上放一时钟，桌旁置有茶水桶。舞台右前方放有大小木箱两只。墙边置有灭火器。

〔幕启：工人们正在紧张地翻仓。

场。

〔高志扬上。女工乙拿报表从另方向同时上。高志扬向女工乙招呼。女工乙下。

〔一队男工快步走上。高志扬披搭肩布 "亮相" 下。男工们作拾肩布舞："蹦子"，"云手"，转身，"旋转搭肩布"，"甩布搭肩"，"亮相"，后抬腿起步下。

〔另一队男工扛包、"颠包"、过场。

〔方海珍拿搭肩布上。

方海珍 （见马洪亮还在扛包，忙披上搭肩布）老马师傅，我来。

马洪亮 我行啊！

方海珍 我来吧！（经过一番推让，接过马洪亮肩上的麦包，扛 "立包" 下）

〔马洪亮欲追，一女工上，劝阻，二人下。

〔又一队男工上，作搭肩布舞："甩肩布" "抬腿"，转身 "抖披肩"，"别腿"，"甩肩布"，"蹦子"，"鹞子翻身"，"亮相"，下。

〔高志扬率一队男工扛包过场。

〔方海珍上。

方海珍　(叫住其中一人) 老李。(仔细查看包口，无所发现，继续逐包检视。男工们扛包过场)

〔小丁、小陶、女工乙与若干男女工上。

女工乙　老方，外仓翻完，不见散包。

小　陶　海珍同志，小韩家我去过了。他说马上就来。

小　丁　(想起) 嗳，白天司机小洪也参加抢运了。

方海珍　对，她那儿也应该去了解一下。

小　丁　好。(下)

方海珍　同志们，到里仓去，继续检查。

〔众工人下。

〔方海珍和女工乙同看报表，边走边议。二人欲下。

〔高志扬上。

高志扬　(低声) 老方，(方海珍停住。女工乙下) 钱守维在仓库里东摸摸、西看看，神色很不正常，他……

〔方海珍早已发现，示意高志扬勿声张，高志扬会意地点头。二人下。

〔两女工推车过场。钱守维推车随后上，四顾无人，疲劳地放下车子。

钱守维　(恶狠狠地) 方海珍，方海珍，我看见你这样的共产党员眼睛都要出血！连夜翻仓？看来散包他们是翻不出来的。可是，如果查出小韩扛走的那个稻种包，那可就糟了！(再下狠心) 不行，我无论如何也要找出那个稻种包来，亲手把它运过去，给他来个神不知鬼不觉。　　这样，只要小韩今儿晚上不来，那散包和错包的事情，你就永远别想查出来。(转身欲走)

〔韩小强上。

193

钱守维 （大吃一惊）小韩，你怎么来了？我刚才不是跟你说了吗！
　　　　叫你不要来，不要来……

韩小强 老方找我呀！

钱守维 啊？（忙把韩小强拉在一旁）

韩小强 出了什么事？

钱守维 你知道吧？你散的那个包，乱子闹大了！

韩小强 怎么啦？

钱守维 散包里又混进了玻璃纤维！

韩小强 玻璃纤维？

钱守维 他们说这是政治事故！

韩小强 啊，政治事故？

钱守维 小韩，这件事你可千万不能承认。（挑拨）他们怀疑你是
　　　　故意破坏！

韩小强 （惊恐地）啊？
　　　　（唱）

　　　　　　　问题复杂有口难辩，

钱守维 （进一步恫吓）是呀，你就是跳进黄浦江也洗不清了！

韩小强 （一横心）　　　　〔众工人下。
　　　　（唱）

　　　　　　　趁早请调离港湾。

钱守维 （催韩小强）快走！天亮一装船就没事了。走，走，走。
　　　　〔方海珍突然出现。钱守维急忙闪开。

方海珍 小韩，你来了？

钱守维 （提高声调，假作正经地）小韩，还不快去翻仓！
　　　　〔方海珍侧目注视。钱守维推车下。

韩小强 海珍同志，我的请调报告你看过了？

194

方海珍　同志，码头能停万吨轮，为什么拴不住你的心呢？这是
　　　　革命工作。

韩小强　干别的也革命，贡献更大，为什么偏要把我留 在码头？
　　　　说实在的，读了十二年书来当装卸工，我想不通。

方海珍　照你这么说，读了书，有了文化，就不该当装卸工？现
　　　　在教育普及了，人人有文化，谁来干这一行呢？

韩小强　（语塞）这……

　　　〔马洪亮上。

马洪亮　（看见韩小强，生气地）你还来呀？！

方海珍　小韩，我找你来，是为了今天的散包事故……

韩小强　散包事故？　（赌气地）我不知道！

马洪亮　你这是什么态度？！

韩小强　舅舅，您不了解情况，没有发言权。

马洪亮　我一到码头就看出来了，你的思想不对头。你……

方海珍　（拦阻。向韩小强耐心地）小韩，你看，大家都在忙着连夜
　　　　翻仓……

马洪亮　你倒闹起情绪来了。

韩小强　我请调工作，又不犯法。

方海珍　你千万不要糊涂。

韩小强　我思想非常清楚！

方海珍　你不要上别人的当。

韩小强　我自己心里有主张！

方海珍　小韩，你今天态度有点反常。

韩小强　（走向方海珍，急切而委婉地）老方，这有关我个人前途啊！

方海珍　（庄严地）装卸工作，前途远大！

韩小强　（执拗地）主意已定，坚决请调！

马洪亮　（厉声）你这是无法无天！

韩小强　（顶撞）你这是乱扣帽子！

马洪亮　（气极）你……（冲向韩小强）

方海珍　（急拦阻。向韩小强）工作问题要服从革命需要。

马洪亮　对！

韩小强　不管怎么说，我的决心下定了！

方海珍　（镇定地）可是组织上不批准。

马洪亮　根本就不能批准！

韩小强　不批准！

马洪亮　怎么样？

韩小强　我——（掏出工作证）

马洪亮　你想干什么？

韩小强　我不干了！（把工作证摔在箱子上，转身向外走）

马洪亮　（大声）小强！

　　　　〔韩小强擦泪跑下。

马洪亮　这还了得！（欲追）

方海珍　（急喊住）老马师傅！

马洪亮　海珍，我非狠狠地管教他不可！

方海珍　（竭力抑制内心的激怒，痛心地）是要管，大家都要管，（坚决地）管到底！（拿起工作证）你把小韩先带到阶级教育展览会去，好好跟他谈谈。我这儿安排好就来。（递工作证给马洪亮）

马洪亮　（接工作证）好！（欲下）

方海珍　老马师傅……（为马洪亮拔好上衣，安慰地）您千万别发火啊！

马洪亮　我不发火！我不发火。（按捺不住）我　　（强制下来）我不

196

发火。（出门，克制地）我不发火！（急下）

方海珍　（怒火复升，又随即抑住）

（唱）【二黄散板】

　　　且放下满腔的怒火想一想，

　　　韩小强他今晚的态度很反常

　　小韩哪！

　　　分明是有人解缆你荡桨，

　　　你可知独身会葬黑水洋？（思索，坚定地）

【快板】

　　　任凭那妖风掀起三尺浪，

　　　我也要顶风踏浪去出航。

　　　定把你无篷的船儿拖回港，

【散板】

　　　按照这革命的航标走四方！

〔赵震山急上。

赵震山　老方，我国的远洋巨轮"长风"号，已经靠岸。散包查得
　　　怎么样？

方海珍　外仓翻完，没有查出散包，正在翻里仓呢。

赵震山　区上说，万一查不出散包，宁可承担经济上的重大损失，
　　　也不能在政治上受到丝毫影响。

方海珍　我们一定要排除万难，查出散包，按时装船！

赵震山　对，我去看看。（进里仓）

〔方海珍欲下，海关钟声两响，止步。

方海珍　（焦灼地思索）两点了，离天亮只有三个多钟头了，时间
　　　真快呀！

〔雷鸣。

197

〔方海珍走上仓库门口台阶，望着夜空，沉思。

〔江风趋紧，激浪拍岸。

(唱)【二黄散板】

午夜里钟声响，

【慢板】

江风更紧，

同志们翻麦仓心潮难平。

那散包为什么还无踪影？

到天明这小麦怎么装"长风"？

【快三眼】

支援那亚非拉是光荣的责任，

查散包是一场尖锐的斗争。

追线索寻根源反复思忖，

那钱守维神色异常，也来翻仓，必有原因。

【垛板】

情况急，时间紧，从何着手方能制胜难下结论……

〔电闪、雷鸣。

【摇板】

党啊，党啊！

【原板】

行船的风，领航的灯，

长风送我们冲破千顷浪，

明灯给我们照亮了万里航程！

想起党眼明心亮顿时振奋，

【二六】

解疑难需依靠码头工人。

他们能山头踩出平坦路，

他们能海底捞出绣花针。

坚决听党的话顽强挺进，

听党的话顽强挺进，

这一仗一定要全胜收兵！

〔风雨交加。

〔高志扬上。

老方，散包到现在还没查出来！

〔赵震山和工人闪议论纷纷地上。两发工和线守维推车载包上。

真急死人了！

同志们，是不是先休息休息！

散包没查出来，怎么能休息呢！

（大声）

（齐声）对！

〔众又议论。

同志们！

〔众静。

（沉着地）咱们是不是先冷静地分析分析，这个散包到现在还没查出来，究竟是什么原因啊？

对，咱们研究研究去。

对，走！

〔众下。钱守维推车欲下。

钱守维！

（停住，一惊）方书记，有事？

（策略地）你在码头几十年了，你看这到底是什么问题啊？

（佯装镇定）大伙儿都说是政治事故。

方海珍　你看能查出来吗？

钱守维　大家这么认真地查，我看一定能查出来。*(推车欲走)*

方海珍　*(注视车上的包)* 这么说，能够按时装船喽？

钱守维　没问题，只要抓紧时间查。*(边说边推车急走)*

方海珍　*(叫住)* 调度员！

　　　　〔钱守维停住。

方海珍　你第一次干这样重的活，够累的了。

钱守维　*(回头)* 不累，不累，我能坚持到底！

方海珍　等一下。

钱守维　*(无可奈何地放下车子)*……

方海珍　装船的工作，你准备好了吗？

钱守维　人力，机械都安排好了。

方海珍　防雨设备呢？

钱守维　明天不下雨，我跟气象台联系过了。

方海珍　*(走到车前)* 你想得倒很周到啊！*(试探地欲摸车上的包)*

钱守维　*(惶急地按住包。忽然感到要露出马脚，又连忙掩饰地拍拍包上的土，狡吉地笑着)* 干我们这一行，要随时掌握天气情况。

方海珍　*(语意双关地)* 我知道，你是很注意气候变化的，这已经是十几年如一日了，不容易呀！

钱守维　*(听出话意，又故意掩饰)* 为了工作，应该的。我每天都要跟气象台联系。

方海珍　哦？*(走上台阶)* 那台风的消息，你是知道喽？

　　　　〔一声巨雷。

钱守维　*(慌乱地)* 呃，不，不……有时也会疏忽。今天，*(尴尬地)* 今天我就忘了跟气象台联系了。

方海珍　*(走下台阶，逼向钱守维，严峻地)* 所以你才把两千包出国小麦放在露天，是吧，所以你就改变了调度计划叫我们停下稻种，去抢运北欧船，是吧？要是听了你的话，台风一来，外轮不能启航，稻种误了农时，那会造成什么样的严重后果？！

钱守维　*(手足无措，汗流浃背)* 这……

方海珍　*(笑笑)* 你忙了一天了，回家去休息吧！

钱守维　*(脱口而出)* 不，我去找小韩！

方海珍　哦？！

钱守维　*(惊慌失措)* 不，不，我去调度室！*(欲走，忽想起，急去推车)*

方海珍　钱守维，调度室在那一边。

钱守维　……*(放车，狼狈地走出仓门；突然转身朝另一方向溜下)*

〔方海珍向内招手。小陶上。

方海珍　*(低声)* 注意他。

〔小陶跑下。

〔方海珍回身，走近车前，摸包判断，忽然感到下面的包有些异样。

〔高志扬、赵震山、工人们上。

高志扬　老方，同志们都说，可能那个散包根本就没有进仓。

〔小洪内喊："海珍同志！海珍同志！"冒雨奔上。小西与女工甲随上。若干男女工人闻声而上。

小　洪　*(气喘吁吁地)* 海珍同志！白天装运稻种的时候，我去找队长回来，发现有一个包掉在地上……

女工甲　是我帮她搭上平车的。

小　洪　那个包，和散包小麦有没有关系？

方海珍　*(胸有成竹地)* 拿签筒来。

〔方海珍与一工人将上面一包抬下。

〔赵震山递签筒。方海珍接过，签下面一包，取出察看。

高志扬	
赵震山	(惊愕) 稻种！
小　洪	
小　丁	

工人们　　稻种？

方海珍　　嗯！一定是有人趁我们突击抢运的时候，偷偷地把包……(两手交叉，做换包手势) 看来混有玻璃纤维的散包小麦，已经错当稻种，装上驳船了。

高志扬　　要是再装上外轮，运住非洲，那……

赵震山　　稻种、小麦，两头错包。问题严重啊！

〔风雨大作。

方海珍　　通知驳船，调回散包！

赵震山　　驳船已经开走啦！

高志扬　　开走啦？我驾汽艇出江追！

赵震山　　现在风急浪大，出江危险！

〔风啸、雷鸣。

高志扬　　外轮天亮就要启航，风再急，浪再大，也得去！

小　丁	
工人乙	我跟你去！

工人们　　(纷纷请战) 我去，我去，我去……

方海珍　　同志们！先让老赵跟吴淞口信号台取得联系，设法通知驳船靠岸。

赵震山　　好。

〔风雨愈烈。

〔赵震山、小丁与工人乙跑下。

工人们　　(焦急地) 老方……

方海珍　　同志们抓紧时间休息，等候老赵的回音。

〔工人们下。

方海珍　老高，事情很清楚了。阶级敌人今天进行了一连串的破坏，都没得逞；又妄想通过这个不容易被人发现的错包事件，破坏我们的国际声誉。

高志扬　手段真毒辣！

方海珍　在这个关键时刻，我们更要牢记党的教导，一丝不苟，严肃认真。国际主义义务一定要负责到底！

高志扬　对，不但要追回错包，还要把事故查个水落石出。

方海珍　看来要弄清真相，关键在韩小强身上。我马上去党委汇报。

高志扬　这里的事交给我们。　　　　天塌下来也能顶得住！

方海珍　（充满信心地）好！（阔步走上台阶，转身，无限深情地）我们决不辜负阶级的委托，毛主席的期望啊！（二人相顾少顷，方海珍转身急下）

〔风雨交加。

高志扬　（目送方海珍下。看包，继而看钟，心如火燎）时间真紧迫！

〔一声巨雷。

高志扬　（唱）

　　　　听雷声，战鼓阵阵催人紧，

　　　　看闪电，烈焰腾腾燃在心。

〔海关钟声三响……

　　　　海关钟响江流震，

　　　　分分秒秒逼煞人，逼煞人！

　　　　那驳船满载着祖国的荣誉，

　　　　决不能让敌人阴谋得逞。

　　　　那驳船装的是革命情谊，

怎能够让散包留下污痕？

〔雷吼、电掣、雨骤、风狂。

【快板】

哪怕雷吼阵雨猛，

哪怕潮涌夜深沉。

明知惊涛骇浪险，

偏向风破江上行。

纵然是刀山火海，千难万险，

也难不倒共产党人！

〔小丁与工人乙上。

小　丁
工人乙　老高，驳船联系不上。

高志扬　（气概轩昂，声震屋宇）准备汽艇，追赶驳船，调回散包！

（扛包）

小　丁
工人乙　好！

〔三人飞步登上台阶，侧身"亮相"。

〔收光。

——幕急闭

第六场　壮志凌云

〔黎明前。

〔阶级教育展览会。会场设在从前美国大班"办公"的楼房里，四周陈列着码头工人斗争的图片、"过山跳"的模型和破衣、烂跃、皮鞭、镣铐等实物。一幅红色的语录牌上，写着**"将革命进行到底"**。"过山跳"旁插着一根扎有红彩球的杠棒。

〔门口走廊一侧横着一排冬青树。

〔黄浦江对崖高大的厂房上，矗立着"毛主席万岁"的霓虹灯标语，红光耀目。水中倒影，荡漾如画。

〔幕启"韩小强从会场一侧上，马洪亮跟上。

马洪亮　(极力耐心地) 小强，我给你说了半天，你怎么一声也不吭啊？

韩小强　我不是在听嘛。

马洪亮　我要你再看看，再想想，这解放前……

　　　　(唱)【二黄原板】

　　　　　　什么人似虎狼张牙舞爪？

　　　　　　什么人似牛马终日苦劳？

　　　　　　什么人设下这"过山跳"？

　　　　　　什么人走不完"独木桥"？

　　　　　　你要把解放前后两对照，

　　　　　　你要把这杠棒、"过山跳"、破衣、烂袄、皮鞭、镣铐，一件一件，仔仔细细瞧一瞧，你瞧一瞧！

韩小强　舅舅，这些我都明白。

马洪亮　明白？你要是明白，（掏出工作证）就不会把它摔掉啦！

〔韩小强伸手欲取回工作证。

马洪亮　给你？没那么容易！我问你，这工作证是怎么来的？

韩小强　（不加思索地）发的。

马洪亮　（突兀地）什么？

韩小强　是发的嘛。

马洪亮　（怒火渐升）发的？（又克制地）小强，这工作证可来得不容
易阿！你爹是怎么死的？你忘啦！（沉痛地）那一年……

（唱）【二黄慢板】

数九天大雪纷飞北风怒号，

你爹他冻烂了双脚压伤腰。

出尽了牛马力难养老小，

为工票忍饥寒他苦熬通宵。

强挣扎带病扛煤牙关紧咬，

狗工头挥皮鞭将他逼上"绝命桥"。

可怜他身负重担一步一颤，一步一颤，步步颤颤，
摔下这"过山跳"，

〔韩小强悲痛地猛然坐下。

马洪亮　（唱）【二黄散板】

惨死在煤堆旁

【反二黄原板】

我仇恨难……消，兄弟呀！　（拭泪）

〔韩小强禁不住泪下。

旧社会水深火热向谁告，

血泪汇成浦江潮，

血泪汇成浦江潮。

新社会，

这新社会，咱们码头工，翻身作主多自豪，生老病
　　死有依靠，

共产党毛主席恩比天高！

【散板】

这大红的工作证，你，你竟敢随便摔掉。

真叫人痛心啊！

你忘了是哪条根上长的苗！

韩小强　（忧伤地）

（唱）【二黄原板】

这斑斑血泪史我没忘掉，

马洪亮　怎么？没忘掉？！那你为什么……

韩小强　（忙解释）舅舅！

（唱）【摇板】

十二年读的书实在难抛！

吃这碗杠棒饭总是不好。

马洪亮　（震怒）杠棒饭？

（唱）【散板】

你、你、你……你忘了本，

〔方海珍上。

马洪亮　（抄起杠棒）

（接唱）

我决不轻饶！（欲打韩小强。方海珍拦住）

方海珍　老马师傅，资产阶级思想用杠棒是打不掉的。（接过杠棒）

马洪亮　海珍哪！（十分伤心地）他连咱们的传家宝都不要啦！

方海珍 （面对杠棒，感慨万千）

（唱）【二黄快三眼】

这杠棒跟随咱经历过艰难世道，

百年来高举它闹过工潮。

【二六】

有了党，唤醒地受苦的人们怒为烧，

团结起来，砸开那手铐脚镣！

打倒那帝国主义、洋奴买办、封建把头狗强盗，

才换来江海关上红旗飘。

马洪亮 （向韩小强）你听见了没有？

韩小强 （理直气壮地）我要是早生二十年，也会用它打工头、打美国强盗。可现在是社会主义建设，我要为祖国作出更大的贡献。

方海珍 装卸工就没有贡献吗？

韩小强 （天真地）我要当个海员，亲手把物资送往亚非拉，支援他们的斗争，这才是伟大的国际主义。

方海珍 要是没有咱们把这些货物装运上船，你拿什么去支援亚非拉？又怎么谈得上国际主义呢？（语重心长地）小韩，不要轻视装卸工的平凡劳动，这一名一件，紧连着世界风云哪！

马洪亮 （拍拍工作证）凭你这样的行为，就是当上了海员也经不起风浪！

方海珍 小韩，你摔的不是一张工作证，而是摔掉了革命！

韩小强 啊？

马洪亮 海珍，你不知道，他刚才还说了些什么！

韩小强 （欲阻）我……

马洪亮　他，他说咱们送是"臭苦力"！

韩小强　（忙辩）这不是我说的。

马洪亮　是你说的。

方海珍　老马师傅，这种话，只有钱守维那种人才说得出来。

韩小强　是他说的。

马洪亮　咳！钱守维，过去，美国佬、日本强盗、国民党反动派，
　　　　哪个韩代他没干过？！他是帮助敌人压榨工人血汗的账
　　　　房先生；咱们是码头工人。他跟咱们不一样！

韩小强　不一样？那是过去，现在不是一样劳动吗？

方海珍　咱们把劳动看得无比光荣；他却骂咱"臭苦力"低人三
　　　　分。这一样吗？

韩小强　他也和咱们一起建设社会主义，是一样嘛。

方海珍　咱们工人热爱党、热爱毛主席，对社会主义事业无限忠
　　　　诚；他却心怀不满，妄想变天。这是一样吗？

韩小强　（困惑地）今天突击援外任务，他不是也一样参加了吗？

方海珍　咱们为了支援世界革命，一丝不苟，干劲冲天；他却表
　　　　面上积极，暗地里捣乱。这也一样吗？

韩小强　（有所领悟）那么说钱守维他……

方海珍　小韩哪，有的敌人拿刀拿枪，明火执伏；也有的敌人花
　　　　言巧语，善于为装。钱宁维，他嘴里喊着拥护社会主
　　　　义，心里却念念不忘他的外国主子，还恶毒攻击咱们管
　　　　不好码头，这难道一样吗？

韩小强　（心乱）这……

方海珍　（唱）【二黄散板】

　　　　　　莫以为码头上无风无浪，

　　　　　　上海港从来就是激烈的战场。

美国佬虽逃走还心存妄想，

它阴谋有一天重占这楼房！

曾记得解放后接管海港，军代表领我们跨上这楼房。美国大班表面顺从装模作样，背转身确咬牙切齿出言猖狂。他骂咱"臭苦力"管不好这份家当；他料种"穷小工会掉进黑色染缸。敌人是不会甘心的，他们一天也没有忘记失去的天堂，一天也没有放弃复辟析梦想。他们把梦想寄托在我们下一代的身上。小韩哪，咱们不警惕就会解除思想武装！

韩小强　（震惊）解除思想武装？

方海珍　（深沉地）是啊！

（唱）【反二黄慢板】

进这楼房常想起当年景象，

【原板】

这走廊上敌人曾架起机枪。

多少次闹罢工势如巨浪，

码头工求解放奋战浦江。

先辈的遗言和着鲜血流淌，流淌……

"要报仇，要雪恨，要夺回码头把家当！"

解放军冲锋号震荡海港，

英雄们舍生命赶走虎狼！

马洪亮　（接唱）

红旗转暖风吹码头上变样，

这传统这代价怎么能忘？

方海珍　（接唱）

装卸工这工作意义深长，

【垛板】

为什么你偏说低人三分脸无光？

【摇板】

有多少烈士的血，烈士的血

【吟板】

渗透了这码头的土壤，

【摇板】

为什么……

【垛板】

为什么你偏要借故离开这地方？

你本是工人子弟，万不能辜负党培养，

【摇板】

小韩哪！同志啊！

【垛板】

悬崖旁你快收缰，迷途上你莫乱闯，你仔细看，你
认真想，同志们向你伸出了双手，满怀着 期望
是火热的心肠！

【快垛板】

盼望你心红志坚，立足在海港，

【散板】

忠于人民忠于党！

韩小强　　　　我真糊涂啊！

马洪亮　小强，你可明白了！

方海珍　（鼓励地）小韩，同志们了解你，党支部相信你。你是咱
们码头工人的后代呀！

韩小强　海珍同志，（难过地）麦包是我散的。可我不知道有玻璃

211

纤维呀！

马洪亮　你为什么不早说呀？

韩小强　钱守维！咳！我真恨死他了！他说这是政治事故，要是
　　　　承认了，就是跳进黄浦江也洗不清了。

马洪亮　钱守维真恶毒！

方海珍　你散包的时候钱守维在场吗？

韩小强　在。

方海珍　他怎么说？

韩小强　他，他叫我去拿绞包针。

方海珍　你去了？

韩小强　去了。

方海珍　问题就出在这儿。

〔赵震山拿簸箕上。小洪等男女工人随上。

赵震山　老方，我们发现这个簸箕里面还有玻璃纤维呀！

韩小强　（抢过簸箕，仔细察看）钱守维就是拿这个簸箕帮我扫散
　　　　麦的。

方海珍　那个散包呢？

韩小强　他叫我从平车上扛了一包。

小　洪　哎呀！我车上是稻种！

韩小强　啊？！

马洪亮　海珍哪！抗美援朝的时候出的好次事故，看来也是钱守
　　　　维干的。

方海珍　嗯！这个人对新社会有刻骨的仇恨，一遇机会，就兴风
　　　　作浪，今天他又干下了一系列破坏活动。老赵，马上向
　　　　党委汇报，对他采取措施。

赵震山　好。（下）

韩小强　（愤极，跺脚）钱守维他……（愧痛地）海珍同志！

方海珍　（恳切地）**小韩，要记住这个教训：思想散了，包才散，思想错了，包才错呀！**

韩小强　（悔恨交加）

　　　　（唱）【反二黄散板】

　　　　　　我沾染了

　　　　【原板】

　　　　　　资产阶级坏思想，

　　　　　　轻视装卸工作不应当。

　　　　　　我不该辜负了先辈的期望，

　　　　　　我不访轻信好吃人的豺狼！

　　　　　　到如今闯下大祸，难哪难原谅，

　　　　　　多亏了党的挽救，我幡然猛醒，悔恨交加，止不住
　　　　　　　我热泪盈眶，我热泪盈眶！

　　　　【垛板】

　　　　　　从今后，下决心，立志向，擦亮眼，挺胸膛，迎着
　　　　　　　风雨，经受考验，坚决战斗在海港，

　　　　　　我百炼成钢！

　　　　海珍同志，我的请调报告……

　　　　〔方海珍递报告给韩小强。韩小强撕掉，扔进黄浦江。

　　　　〔两男工兴奋地与韩小强握手。

方海珍　（从马洪亮手中接过工作证，恳垫地向韩小强）**小韩，这是荣誉，这是祖国人民对你的信任。你要把它看得比自己的生命还要宝贵啊！**

韩小强　（双手捧工作证，紧贴胸前）**我一定听毛主席的话，改造思想，革命到底！**

〔东方欲晓，曙光微露。

方海珍　（畅朗地）毛主席教导我们：要完会地、彻底地为全中国人

民服务，为全世界人民服务，这就是我们最崇高的理想

（唱）【西皮二六】

全世界闹革命风起云涌，

【原板】

觉醒的人民心连着心。

毛泽东思想东风传送，

【流水】

新中国响彻了战斗号声。

烈火中涌现出钢铁战士，

黄继光、罗盛教、杨根思、邱少云……

【快板】

反美帝为人民英勇挺进，

发扬了国际主义的战斗精神！

千万个英雄说不尽，

【摇板】

我们要——

【垛板】

学他们献身于世界革命，奋斗终身，做一个永不生

锈的螺丝钉，

【吟板】

这才是革命者伟大的胸怀，

【散板】

灿烂青春！

——幕徐闭

第 七 场 海 港 早 晨

〔紧接前场。

〔码头上，绿化地带。

〔晨曦绚丽，彩霞万朵，红旗招展，波光粼粼。

〔幕启。

高志扬 （内唱）【西皮导板】

满怀豪情（上场，"亮相"）回海港！

【回龙】

看东方，晴空万里，霞光千道，江两岸分外辉煌。

【原板】

昨夜追舟江上闯，

【快板】

两岸灯火催快航。

那时候，惊涛骇浪扑胸上，

狂风暴雨抽脊梁。

向前方，站稳脚跟眼发亮，

驾汽艇，穿巨浪，举标灯，闪红光，挺直腰杆头高
昂。

追上了驳船我们心花放，

〔远处人声喧腾。

工人们 （内喊）老高！

〔方海珍、马洪亮、韩小强等迎上。

〔韩小强紧抱高志扬的双臂，激动万分。跑下。

方海珍　（紧握高志扬手）老高！

工人们　（内喊）麦包追回来喽！

〔工人们涌上。

〔群情鼎沸。

〔小丁扛包与工人乙上。韩小强随上，抚包，惭愧不已。

马洪亮　（抚着小丁和工人乙的肩，自豪地）

　　　　（唱）【西皮摇板】

　　　　　　　码头工人志如钢。

韩小强　（向高志扬）组长，麦包是我散的。我错了！（悔痛地低下头

高志扬　（拍拍韩小强的肩膀，豪爽地）咱们工人有错就改嘛！

〔赵震山、小陶内喊："老方！"奔上。赵震山在臂缠有纱布。

赵震山　你们看：美国大班的奖状、日本老板的聘书、国民党的
　　　　委任状。（边说边递给方海珍，又掏出一把匕首）还有行凶的
　　　　匕首！

工人们　（惊讶地）啊？

赵震山　钱守维的！他带了这些东西，妄想利用工作上的方便，
　　　　混上外轮，畏罪潜逃。

小　陶　他刚要爬上外轮，我就猛扑上去，把他抓住。

工人们　好哇！

赵震山　可是这个家伙狗急跳墙，突然跳进了黄浦江！

工人们　啊？他跳了江？

小　陶　老赵一看，纵身跳进江心，在水里展开搏斗。钱守维，
　　　　垂死挣扎，掏出匕首，猛向老赵刺去。老赵不顾伤痛，扑
　　　　向前去，夺过匕首，把这个坏蛋一把从水里给抓起来了

工人们　（高兴地）抓得好哇！

方海珍　（关切地）老赵，你的伤……

赵震山　没什么！它能使我永远记住这个血的教训。

方海珍　对！同志们！钱守维虽然抓起来了，可是还会有新的钱守维。太平洋上不太平，上海港也不是避风港。我们要永远记住毛主席的教导：阶级斗争，必须年年讲、月月讲、天天讲。

工人们　对。

高志扬　我建议把这个麦包摆到阶级教育展览会去。

马洪亮　可以常常给大伙儿敲敲警钟。

韩小亮　组长，我来扛！

高志扬　好。（与小陶为韩小强搭包）

〔韩小强扛包下。少顷复上。

〔小洪内喊：“老方！”跑上。

小　洪　电报！

方海珍　（看电报，异常兴奋地）同志们！前往非洲的外轮，满载着中国人民的深情厚谊，按时开航啦！

高志扬　（激动地高呼）毛主席万岁！

〔工人们齐声高呼，“毛主席万岁！毛主席万万岁！”

〔天空霞光四射，旭日喷薄欲出，远方汽笛长鸣。

方海珍　（唱）【西皮小导板】

　　　　万船齐发上海港，

工人们　（齐唱）【快板】

　　　　通往五洲三大洋。

方海珍　（唱）【摇板】

　　　　站在码头放眼望，

工人们　（齐唱）【快板】

　　　　　　　　反帝怒火燃四方。

方海珍　　（接唱）

　　　　　　　　世界人民声势壮，

高志扬
马洪亮　　（接唱）
赵震山
韩小强

　　　　　　　　相互支援力量强。

工人们　　（齐唱）【快垛板】

　　　　　　　　码头工人跟着党，

　　　　　　　　说到做到斗志昂。

　　　　　　　　胸怀着马列主义毛泽东思想走向那共产主义，

方海珍　　（唱）【散板】

　　　　　　　　要把那世界彻底变个样！

工人们　　（齐唱）

　　　　　　　　高举红旗奔向前方！

　　　　　　　　高举红旗奔向前方！（"亮相"）

〔一轮红日，冉冉升起。浦江两岸，朝晖灿烂。

　　　　　　　　　　　　　　　　　　——幕徐闭

　　　　　　　　　　　　　　　　　　（剧 终）

定要把这深情厚谊送往那四面八方

第一场　高志扬唱

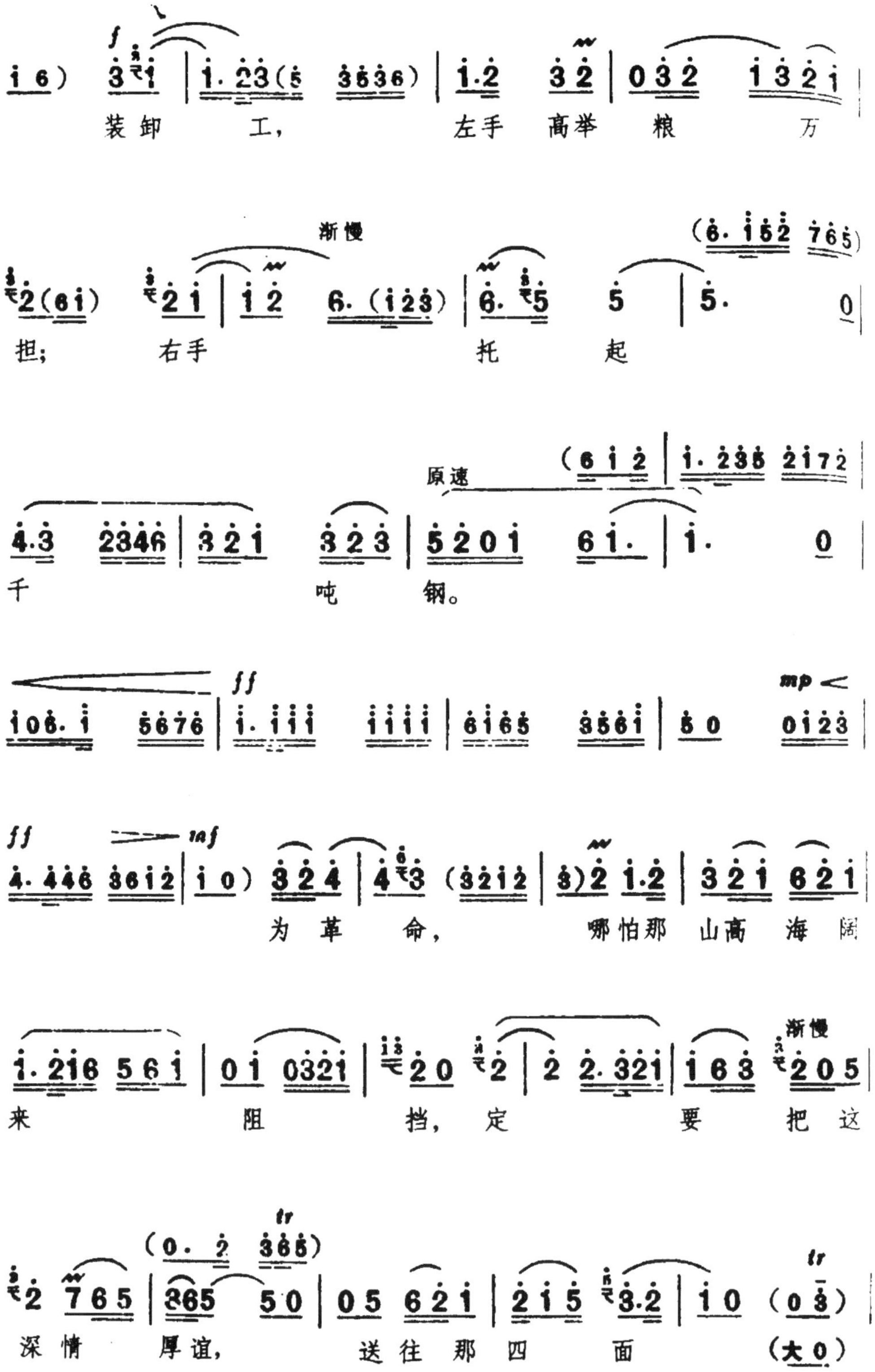
装卸工，左手高举粮万
渐慢
担；右手托起
原速
千吨钢。
为革命，哪怕那山高海阔
渐慢
来阻挡，定要把这
深情厚谊，送往那四面
（大0）

八 方。

慢起漸快

大跃进那码头的面貌改

第二场　马洪亮唱

1 = ♭E　2/4

【西皮原板】

中速

自从　　　退休

离 上 海，

时 刻 把 　码 头

挂　　心 怀。

眼睛 一眨 已 六 载，　　　马洪亮

渐慢
mf<f   mp>p   原速
                mf

3 2 3 5 | 5.6 3 2 i | i 0 2 i 2 3 5 | 2.6 i | i (2 3 5 2 i 7 2 |
探 亲   我 又 重 来。

mp ——— mf
(1 0 2 3 5 6 5 | i.   2 | 3.   2 3 | 5 — | 3. 5 3 6 i 2 |
f
1 0 2 3 2 3 5 | 6.6 6 6 6 5 3 5 | 6 0 i. i 6 5 3 5 | 2 i 6 5 3 2 i 2 | 6 i 2 5 3 6 i 2 |

【摇板】(3 4.6 3 2 i 2 |
f
i 0) 2 i 5 | 3. 0 | 3 0) i 3 2 i | i 6 0 (2 i 3 2 i | i 6 0) 3 3 2 |
看 码   头，   好 气 派，   机 械

mf
(3 4.6 3 2 i 2
i 2 3 4.6 3 2 | i (0 2 i 6 2 | i 2 3 5 2 i 7 2 | i 0) i 2 i | 3 0 |
列 队 江 边 排。   大 吊 车，

(i. i i 2 2 2 2 2 2 2 2
3 0) 3 3 2 i | i 6 0 (3 i 3 2 i | i 6 0) i 3 i | 3 ˇ i | 2 — |
真 厉   害，   成 吨 的 钢   铁，

f   mp   ——— f mf
2 (0 3.5 2 i 6 i | 2) 0 i | 3 0 3 2 | i 2 3 5 2 i 6 5 | i (i. i i 5 6 i 2 6 5 3 2 |
它 轻 轻 地 一 抓 就 起 来！（大笑）

【原板】　　　　　　　　　　　　　　　　　　　　　　　　　渐慢

$\widehat{(10)}\ \overset{\frown}{2}\ \dot 1\overset{\frown}{2\ 2}\ |\ \dot 1\cdot 5\ 3\ 5\ \ \overset{\frown}{2\ 1}\ \dot 6\ \dot 1\ \ |\ \overset{\frown}{2\ \overset{\frown}{2}}\ \ \dot 1\ 2\ \ |\ 7\ 6\ 7\ \ \dot{\widetilde 1}\ \ |$

大　　进把　码　头的　面　貌　　改，看　得我　热泪　盈

　　　　　p

$\overset{\frown}{\dot 7}\cdot\ (7\ 7\ 7\ \ 6\ 7\ 2\ 3)\ |\ 4\cdot 3\ \ 2\ 3\ 4\ 6\ \ |\ 3\cdot 2\ 1\ \ 0\ 3\ |\ 3\ \ 2\ 3\ \ 2\cdot 3\ 2\ 1\ |$

更慢　　　　　　　　　　　　　　　　　　　　　　散

眶　　　　　　　　心　　　　　　　花　开。

（大0）

　　　　　　　　　　　　mf　　　　渐慢　　　　　f

$(\dot 1\cdot 2\ 3\ 5\ \ 2\ 3\ 5\ 6\ |\ \dot 1\ \ -\ \ |\ \dot 1\ \ 0)$

$\widehat{\dot 10}\ \overset{\frown}{2\ 0\ 6}\ |\ \frac{2}{4}\ \dot 1\ \ -\ \ |\ 0\ \ 0\ |\ 0\ \ 0\ |$

一石激起千层浪

第三场　高志扬唱

$1 = {}^{\flat}E$

　　　　　　　　sf　　v　　p　　　　　　　　　　　　mp

$)0(\ \ (0\ 2\ \ 7\ \ -\ \ -\ \ 6\ \ -\ )$

（白）"靠咱们这号人还能管好码头！""靠咱们这号人还

（快冲头　仓才.　　仓　　　0　0　仓嘟　—

mf　　　　　　　　　　ff　快

$6\ \ -\ \ -\ \ \dot 6\ 0\ 6\ \dot 1\ \ \dot 2\ 3\ \dot 1\ 2\ \ 3\ 2\ 5)$

能管好码头！"

八大.　咽　　仓　大八　大八大八　大八大

【二黄散板】

$\overline{5\ 3}$ $\overset{.}{3}\overset{.}{3}$ $4.\ \overline{4}$ | $\overset{\frown}{6\ 3}$ $(\overset{.}{6}$ $\overset{.}{1}\ \overset{.}{2}$ | $\overset{mf}{\overset{.}{3.3}}$ $\overset{.}{3\ 3})$

(唱)一石 激起 千层 浪，   (仓)

$\overset{.}{1}\ 3$ $\overset{.}{2}\ 13$ $\overset{.}{21}\ \overset{.}{16}0\ 0$ | $\overset{.}{2}\overset{.}{1}.\ \overset{.}{2}\ \overset{.}{12}\ \overset{.}{1.6}\ 56$

我 心中 好 似 这 (八大.) 奔

$\overset{.}{1}0\ 2$ 35 $\overset{.}{21}$ $\overset{.}{17}\overset{.}{1}$ | $2(3\ 45$ 32 12 325 20

腾   的 黄浦 江。

(大 0 大 大 大八 大八 大八 大八 大八大 仓 0)

$\overset{mp}{\overset{.}{2}}$ $-$ $\overset{\frown}{7}$ $-)$ $\overset{mf}{\overset{.}{7}}$ $\overline{7\ 62}$ $\overset{.}{7}\ 70$ $07\ \overset{.}{6.5}\ 5$ $-$ 0 $(06\ 76\ 5)^{tr}$

眼 前的 事，   勾起我

$0.\overset{.}{2}\ 7\ 4$ $\overset{.}{3}..\overset{.}{2}\ 70.\ \overset{.}{2}$ | $5.\ 67\ -\ 6\ --$ $(07$

把 往 事 回 想，

p 慢起 渐快 渐强

(大八 大八 大八 大八 仓 —

$(\overset{\frown}{4.\ 3\ 2})$

$60\ 50\ 60\ 7\ 6$ $\overset{.}{2}\ 6$ $-$ | $\overset{.}{2}2\ \overset{.}{2}2)$ $\overset{.}{2}\ 72\ 4$ $-$

(白)黄 浦 江 啊！   (唱)黄 浦 江

匝 匝 匝 八大台 仓 顷 —)

【回龙】

啊!　　　　　　你 千年 流, 万年

（大 大 大 大 大大 农 仓 0）

淌,　淌 不 尽 我们 仇 满　怀来　恨 （哪）

满　腔!

渐慢 激愤地　　　　　　原速

慢　　更慢 稍快

（大·大 大大 农大 大

0）

再慢　　　　　　再渐慢　　　　【慢原板】

稍慢

解

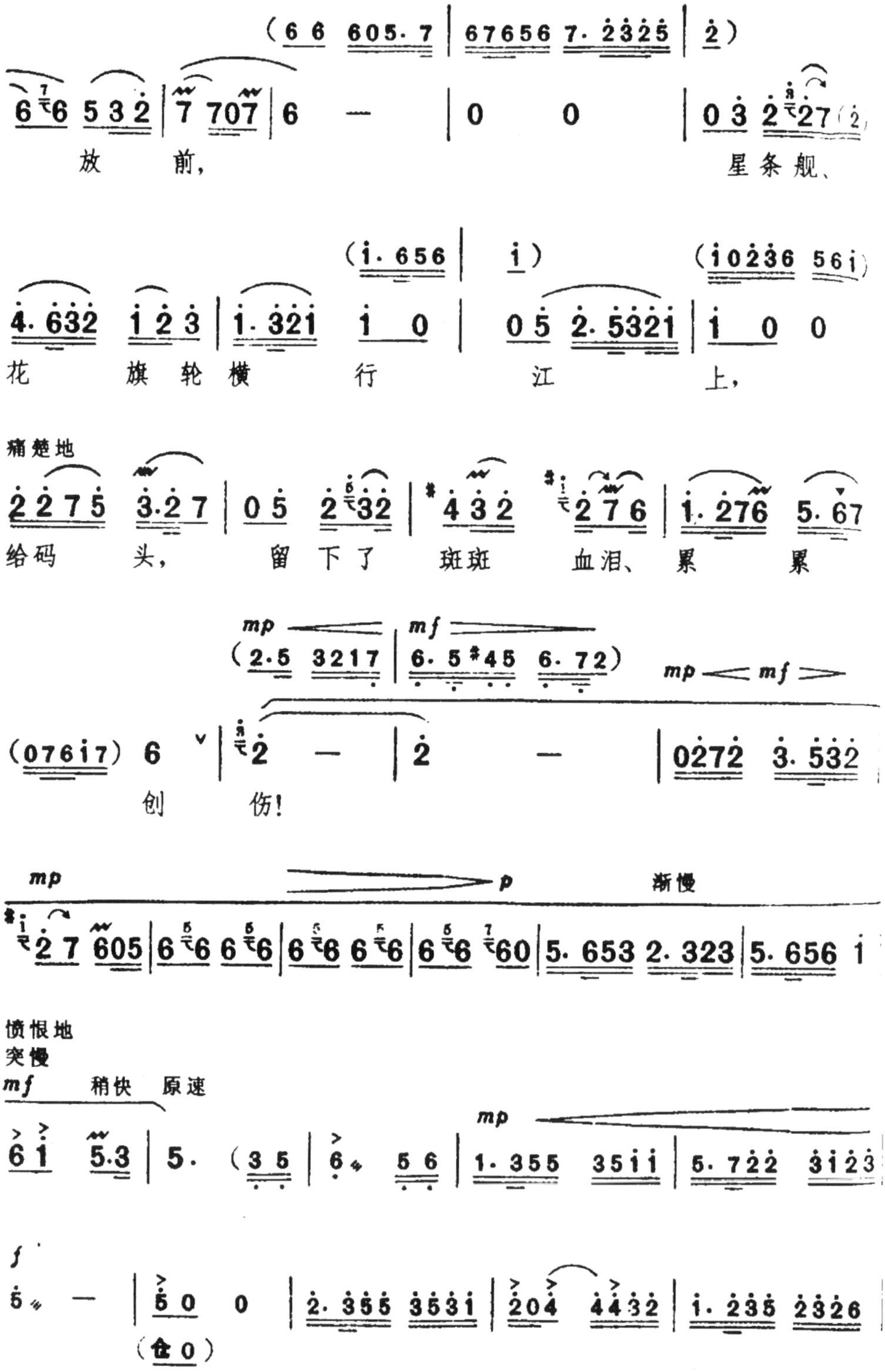
放 前，
星条舰、
花 旗轮横 行 江 上，
痛楚地
给码 头，
留 下了 斑斑 血泪、累 累
mp
mf
创 伤！
渐慢
愤恨地
突慢
稍快 原速
f

【原板】

7.655 0161) | 215 3ⁱ2 | (2321 612) | 323 5 5 0 0 |
(5.553 235)
辛喜得　　　　　　　　解放军

325 3(02 3212) 321 | 10 0 | 36.2 10 4.532 12 |
(1236 561)
炮　轰　响，　轰散了乌烟瘴气

5.23 3(05 3.213) 2.1 | 2 0 0 | 276 5 0 01 321 |
(2321 612)　(561)
出（哇）　太　阳。　粗大的手，　把革命

163 2(♯43 2356) 1.321 | 10 0 | 2532 3(32) |
(1236 561)
大印　来执掌，　党号召

112 3(32) | 1212 323 | 1.2 323 | 1321 61 | 3ⁱ2 23 |
mp　　　　　　　　　　　　　　　　　　　　f
码头工　自力更生，奋发图强，立足海港，为国

(3612) 33 | 3 — | 3 — | 3 — | 32 3.2 |
f　(5672 7654 3612 30)
争光！

原速

突慢　　　渐快

f　mp

(2. 2 2 2 | 2 3 5 5 2 i 6 i

i (32) | i. 2 i 2 | 30 i 2 35 | 23 32.1 | 2 — | 2 —

（大　0大大　大大　大. 大大大　农大大

f

2032 i6 i2 | 3043 2 i6 i | 2032 i6 i2 | 306 i 20 i2 | 306 i 20 i2

仓 0 0　仓 0 0　仓 0 0　仓 0 仓 0　仓 0 仓 0

p　　fp　　ff　　f　稍慢

306 i 20 i2 | 432 i 6 i 23 | i232 50) | 2 — | 2 2 i 63

富富富富　仓才乙个才　唝　仓0) 竟　　有

原速

(2. 32 i 6 i2)

(i. 236 56 i)

2 0 0 | 6 i 6 i | 32 i i | i.7 i2 | i 0 0

人　　恶意 挑动, 出　盲　诽 谤,

66 2 | i (6 i) | 2.i 6 i | 5.2 3 (02 | 3235) | 2

顿使 我　怒火 万丈 燃　　胸

(2. 32 i 6 i2)　mf　(5. 676 | 5)

2 0 0 | 2 76 50 | 03 365 | 276 57

膛。　同志 们　为 事 故 心情 焦

6 (02 7656) | 767 2 (23) | 7656 i (56 i) | 22 i2 32 i

急,　查不 出　那散 包,　对不起 人民,

渐慢　　　　　　　　　　　　　　　　散

6 5 6 i | 2 5 | 6 i 3 2 i | 6 2 i 2 2 i 5 | 3 0 0 |（3 3 2 i..2 3 0）

对不起　党，哪怕是 针落　海 底，我也　要

（0 八大 顷　仓0）

f

1 3 2 i 0 i. 2 i 2 i 0 2 3 0 | 2 — 2 — — — |

倒　海　　　　　　　翻　　江！

（八大：）　　　　　　　（大八 哐 回头 才 仓0）

细读了全会公报

第四场　方海珍唱

1=G 2/4

兴奋地　中速　　　　　　　　　　　（5 5 5 5 5 4 5 5 5）mf

（0 5 6 7 | i 6 6 6 5 | 4.5 6 i 6 5 4 2 | 5 — | 5 3 3 3 2 |

mp　　　　（2 2 2 2 2 1 2 2 2 | 2 2 2 2 2 1 2 2 2）【西皮宽板】mp 深情地

1.2 3 5 3 2 1 0 | 2 — | 2 —) | 2 — | 2.5 3 |

细　读　了

（3 5 3 2 1 6 1 2 | 5 3 5 3 5 3 2 | 1 2 2 3 #4 | 5 3 3 3 2 |

2 2 1 3 — | 5 3 5 3 0 2 | 1 2. | 2 — |

全　会 的 公　报

229

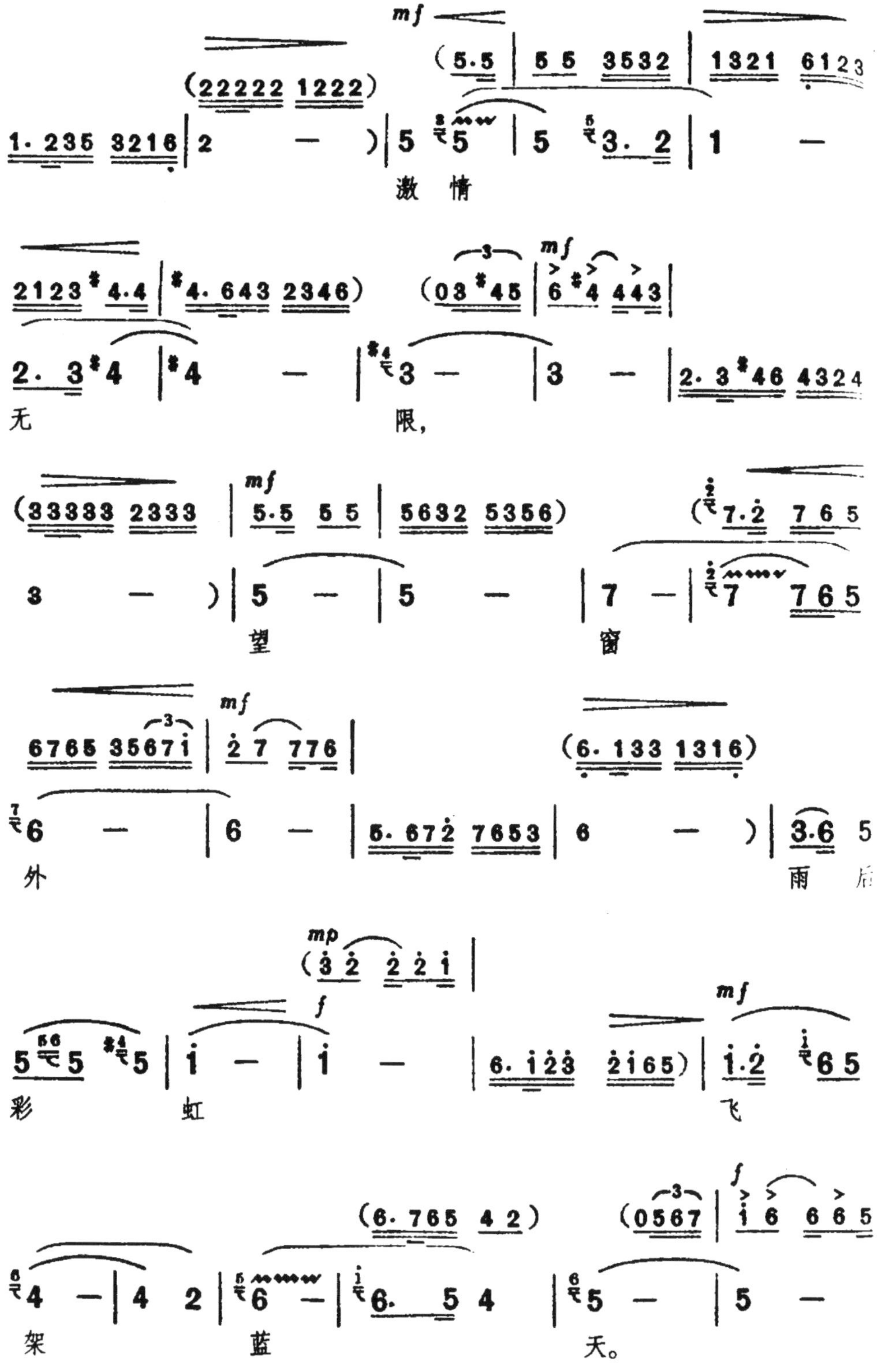
激情
无 限，
望 窗
外 雨 后
彩 虹 飞
架 蓝 天。

$$\underline{4 \cdot 5 6 \dot{1}} \quad \underline{6 5 4 2} \mid 5 \quad -) \mid \overset{mp}{\underline{5 \cdot}} \quad \underline{5} \quad \underline{5} \overset{(5 \cdot 7 6 5 \quad 3 2 3 5 \mid 2 2 3)}{\underline{5 \cdot}} \mid 5 \quad - \mid 2 \quad 5 \mid$$

江 山 如 画　　　宏 图

$$\overset{\frown}{5} \quad \underline{3 2 1 \cdot} \quad \dot{1} \mid \overset{\frown}{5} \mid \overset{(3 \cdot 5 1 1 \quad 5 1 3 1}{\underline{5 \cdot}} \cdot \underline{6} \mid 1 \quad - \mid \overset{mf}{\underline{5 \cdot 1 3 3}} \quad \underline{1 3 5 3} \mid$$

展，

$$\overset{f}{\underline{\dot{1} \cdot \dot{1} \dot{1} 5}} \quad \underline{3 5 1 0)} \mid \overset{f}{\underline{5 \dot{1} 6}} \quad \underline{6 5 4} \mid 4 \quad - \mid \overset{mf}{\underline{4 \cdot}} \overset{(4 \cdot 5 6 \dot{1} \quad 6 5 4 2 \mid 4 \cdot 5 4 5 \quad 6 5 6 \dot{1})}{\underline{5 6 5 6}} \mid \overset{\frown}{5 0} (5 4 5 6 7 \mid$$

怎 容 妖 魔　　　舞 翩 跹！
（大　　大　　大）

【二六】

$$\underline{\dot{1} 6} \quad \underline{6 6 5} \mid \underline{4 \cdot 5 6 \dot{1}} \quad \underline{6 5 4 2} \mid \frac{1}{4} \quad \underline{5 0)} \quad 3 \mid \underline{2 3} \mid \underline{2 2 3} \mid 5 \quad (\underline{3 \cdot 6}) \mid$$

任 凭 他 诡 计 多

$$\underline{5 \cdot 6 3 2} \mid \underline{1 3} \overset{\frown}{\cdot} \mid \overset{3}{2 0 3} \mid \overset{3}{2 1} \mid \underline{2 0 3} \mid \underline{2 3 5} \mid \overset{渐慢}{\overset{\#4}{5 3} \quad \underline{2 6 2}} \mid$$

瞬 息 万 变，我 这 里 早 已

$$\overline{\dot{1}} (\underline{0 6 1 2 3}) \mid \overset{慢速}{\overset{f}{\underline{4 \cdot 5 4 5}}} \mid \underline{1 5 6} \overset{渐慢}{\overset{f}{\underline{5 0}}} (\underline{0 5 6 7} \mid \underline{\dot{1} \cdot 6 5} \mid \underline{4 \cdot 5 6 \dot{1}} \quad \underline{6 5 4 2} \mid 5 \quad 0) \parallel$$

经 壁 垒 森 严！　　（仓 才 仓 才 仓 0）

暴风雨更增添战斗豪情

第四场　方海珍唱

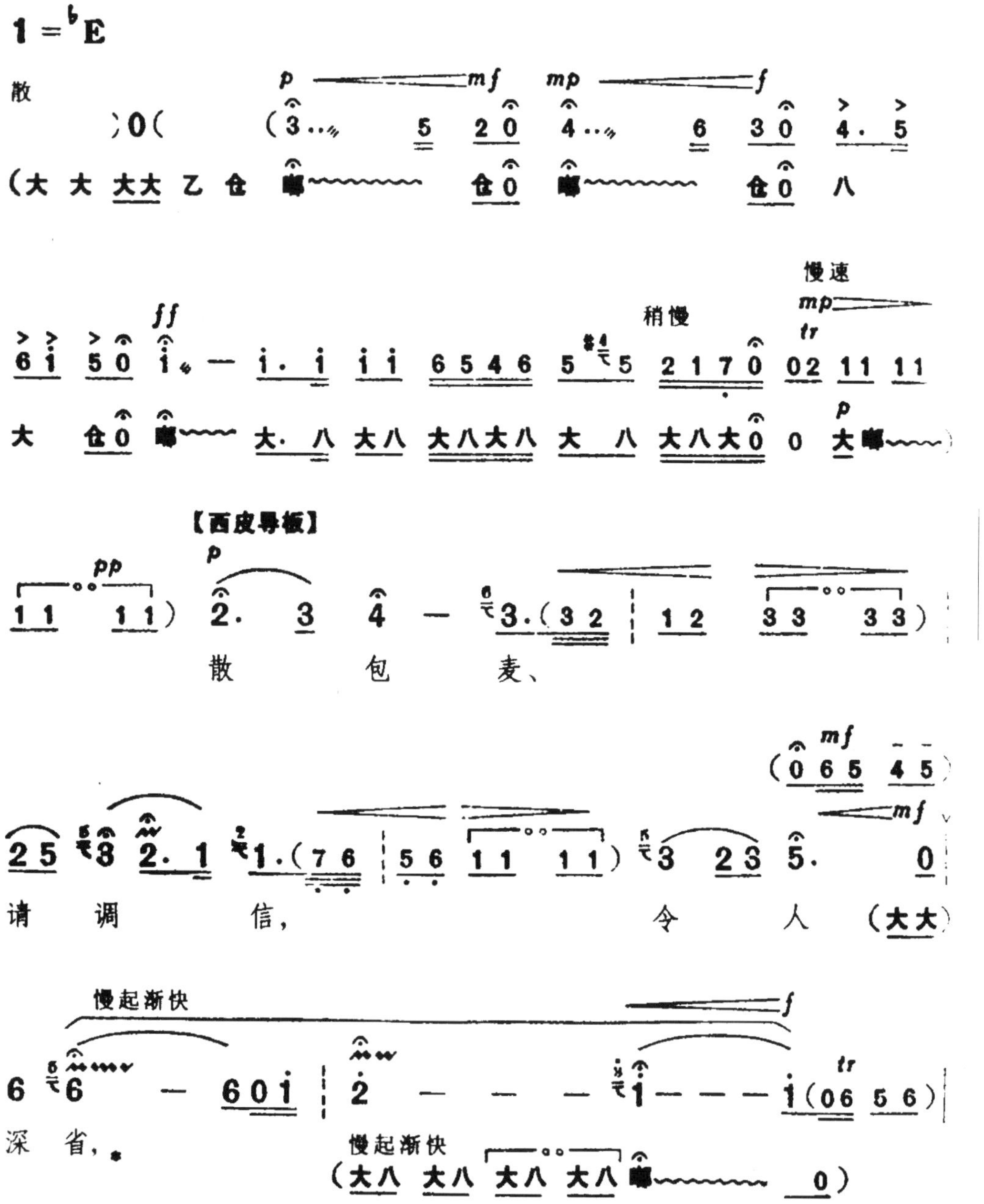
1 = ♭E
散
稍慢
慢速
【西皮导板】
散　包　麦、
请　调　信，
令　人
深　省，
慢起渐快
慢起渐快

［注］＊处表示“省”用6 i小三度的颤音唱。

【回龙】

中快

$\frac{1}{4}$ $\widehat{5\,6\,\dot{1}}$ | $\dot{1}\,0$ | $6\,\widehat{\dot{6}\,5}$ | $5\,0$ | $5\,0\,1$ | $2\,3\,5$ |

我 胸 中 一 阵 阵 江 潮 起 伏,

mp ——— 渐慢 f ($\dot{2}.\,5\dot{3}\dot{2}$)

$\frac{2}{4}$ $\widehat{\dot{1}\,6}.\,5$ $4.\,56$ | ($0\,6\,5\,6$) $\dot{1}\,\dot{2}\,\dot{1}\,7\,\dot{1}$ | $\widehat{\dot{2}}\,-$ | $2\,-$ | $\dot{2}\,\dot{2}\,2\,0\,0$ |

风 云 翻 卷,

原速 f

($\widehat{\dot{1}}\,5\,5\,6$ | $\dot{1}.\,6\,\dot{1}$

$\dot{1}\,3\,\dot{2}\,3\,\dot{1}\,7$ | $6\,0\,0\,1$ | $3\,0\,5\,\widehat{\dot{6}.\,5\,6}\,\dot{6}$ | $\widehat{\dot{1}}\,5\,-$ | $5\,0$ |

警钟 (大0) 长 鸣!

p ——— f

$\dot{2}.\,5\,6$ | $\dot{1}.\,6\,\dot{1}$ | $\dot{2}\,0\,5\,6\,\dot{1}\,0\,6\,\dot{1}$ | $\dot{2}\,0\,5\,6\,\dot{1}\,0\,6\,\dot{1}$ | $\dot{2}\,0\,5\,6\,\dot{1}.\,\dot{1}\,\dot{1}\,\dot{1}$ |

mf / tr

p

$6\,\dot{1}\,6\,5\,3\,5\,6\,\dot{1}$ | $5\,0\,0\,6$ | $5\,0\,0\,6$ | $5\,6\,4\,3\,2\,1\,6\,1$ | $2\,0\,2.\,2\,6\,2\,2\,7\,6$ |

渐慢 f tr tr

$5.\,6\,\dot{1}\,\dot{1}$ $6\,5\,4\,3$ | $2.\,1\,6\,1\,2\,3\,4\,3\,4\,6$ | $3\,0\,0\,6.\,\dot{1}$ | $5\,2\,3\,5$ $2\,1\,7\,2$ |

(多0)

【慢原板】

慢速 mf

$1.\,1\,6\,1$) $\widehat{\dot{1}\,6}.\,5\,5$ | $5\,\dot{1}$ $\dot{1}$($2\,6\,5$) | $5\,3\,3\,\dot{1}$ $\widehat{\dot{1}\,6}$($0\,5$ | $6.\,7\,6\,5$ $3\,2\,3\,5$) |

战 友 们 为 此 事

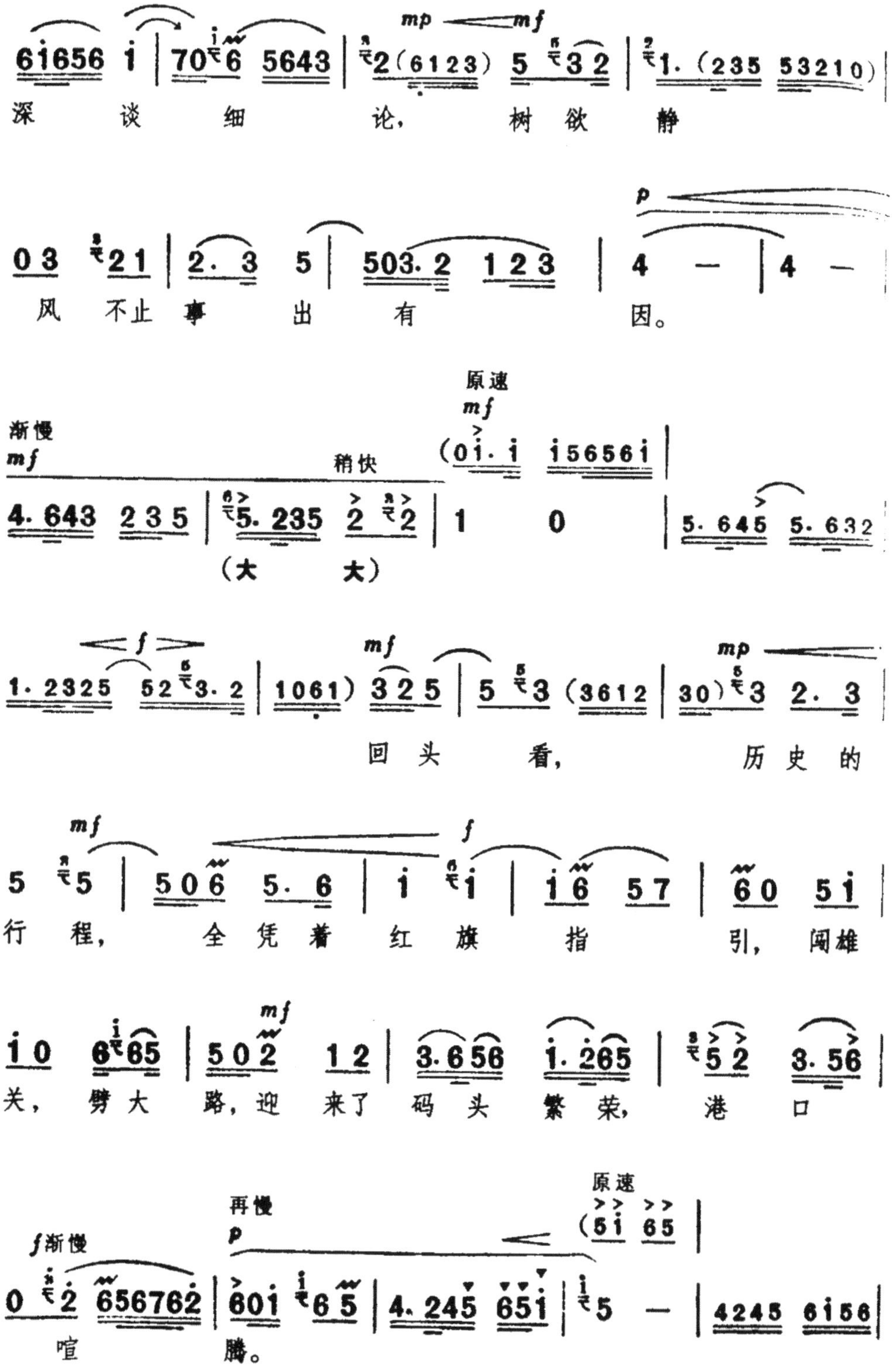
mp mf
深 谈 细 论, 树 欲 静
p
风 不止 事 出 有 因。
原速
mf
渐慢
mf
稍快
(大 大)
f
mf
mp
回 头 看, 历 史 的
mf
f
行 程, 全 凭 着 红 旗 指 引, 闯雄
mf
关, 劈 大 路, 迎 来了 码 头 繁 荣, 港 口
原速
再慢
f渐慢
p
喧 腾。

【原板】
中快

$\overset{f}{\underbrace{\dot{1}.\dot{1}\dot{1}\dot{1}}}\ \overset{>}{\underbrace{\dot{1}\dot{1}\dot{1}}}$ | $0\dot{1}.\dot{1}\ 5\dot{1}65$ | $\overset{p}{3235\ 656\dot{1}}$ | $\overset{mf}{(50)}$) | $\overset{p}{\overset{5}{3}\ 2}$

胜利

$\underbrace{25}\ (\underline{6535})$ | $215\ \overset{35}{3}.(\underline{235})$ | $\overset{\frown}{6.\ 5}\ 3(\underline{06.\dot{1}}$ | $\underline{5356})\ \overset{mp}{\overset{\sim}{7}}$

中　　　须保　持　　头　脑　　　清

$\overset{\sim}{60\dot{1}}\ \overset{f}{65}$ | $2\ \overset{mp}{\overset{3}{2}12}$ | $3(\underline{54})$ | $\overset{mf}{4.3}\ \underline{2123}$ | $\overset{f}{5.(\underline{165}\ \underline{3235})}$

醒，征　途　上　处　处　有　　阶　级　斗　争！

$\overset{mp}{\overset{5}{6}}\ -$ | $\overset{稍慢}{\overset{f}{6.5}}\ \overset{3}{56}$ | $\overset{原速}{5.(\underline{6\dot{1}\dot{1}}\ \underline{6546}}$ | $\overset{mf}{5)53\ 3.656}$ | $\dot{1}\ 4$

革　　命　　者　　　　怕什么　疯狂

$4(\underline{012})\ 3.\underline{535}$ | $\overset{\frown}{6}(\underline{76}\ \underline{5356})$ | $\overset{mp}{\dot{1}65\ 3535}$ | $\overset{pp}{(\dot{1}\ 65}\ \overset{\downarrow\downarrow\downarrow}{3235}$ $\overset{\sim}{60}\ 0$

雨　　　猛，　疯狂　红　旗　舞，

$\overset{mp}{\overset{\triangledown}{6}0.\ 0}$ | $\overset{p}{3.\underline{235}}\ \dot{1}\dot{1}$ | $\overset{mf}{\overset{\triangledown}{6}0.\ 0}$ | $\overset{p}{56}\ \overset{tr}{767}\ \overset{mf}{20.)}$

$\overset{\frown}{3.656}\ \dot{1}\dot{1}$ | $6\ 0\ 0$ | $56\ 767$ | $2\ -$ | $\dot{1}65\ 5335$

雨猛青　松　挺，　海燕　穿云　飞，　征帆　破雾

235

（5. 555 ｜5555 5555）渐慢

f

（1. 111 111

6053 1 7 1｜51 65 5 ｜5 － ｜161 3. 2｜1 －

行,暴 风 雨更增 添 战 斗

1 0）豪迈地 原速

p 再慢 *mf*

f

1 0 2. 321｜6. 123 2 65｜4 05 6 6｜50（1. 111｜6165 3561

情!

（大 0 大大）

稍快

50）56｜66 6（535）｜6 65 5｜5.（651 235）｜51 235

望江 涛 迎激 流 昂首

0 32 15｜1/4 6 0｜321｜1（12）｜323 5（43）｜234 3（235）

前 进, 定使 这 上海 港, 紧连着

1 6. 5｜365｜365｜56 1｜0 1｜65｜765｜365

江 南 塞北, 莽原 椰林, 支 援那 国内 建 设,

渐慢 散 慢起渐快

ff

531｜1 6（7656）｜1 0 1.｜2 1 2 1 2 1 1 － ｜2/4 5 （3. 2

世 界（大大）人 民。

慢起渐快

（大八 大八 　　　　　　　　　　　　）

宽广地 中速 渐慢

mp *pp*

1 － ｜5. 3｜6 － 6 2｜5 － ｜5 － ）

（大大 大大 大大衣 台）

236

想起党眼明心亮

第五场　方海珍唱

〔注〕＊处表示 夜 用 ３５ 小三度的颤音唱。

237

翻　麦仓　　　　　心　潮

难　　　　平。

那　散　包

为　什　么　　　　还　无

踪　　　　影？

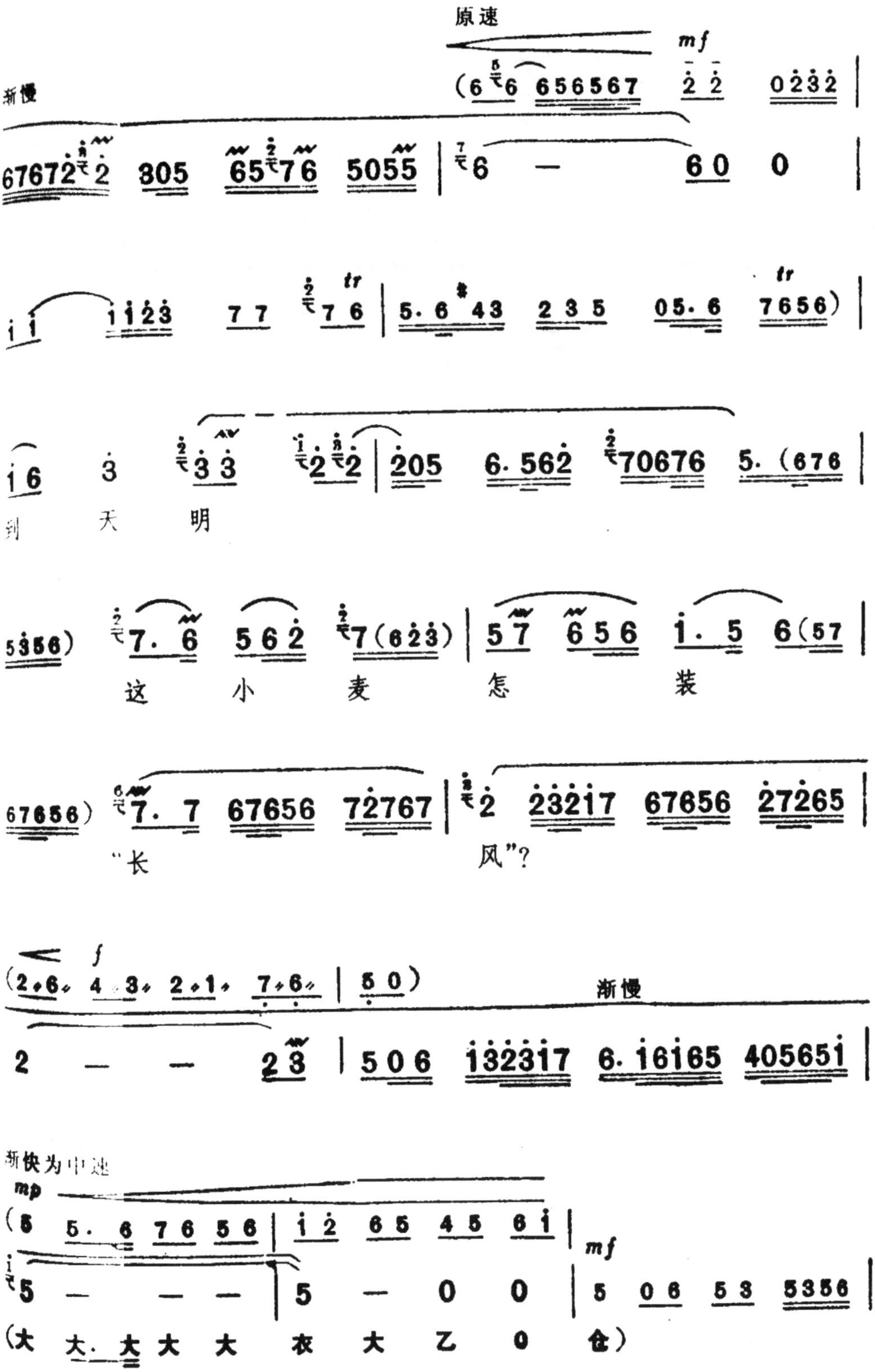
原速
mf
渐慢
到 天 明
这 小 麦 怎 装
"长 风"?
f
渐慢
渐快为中速
mp
mf
(大 大· 大 大 大 衣 大 乙 0 仓)

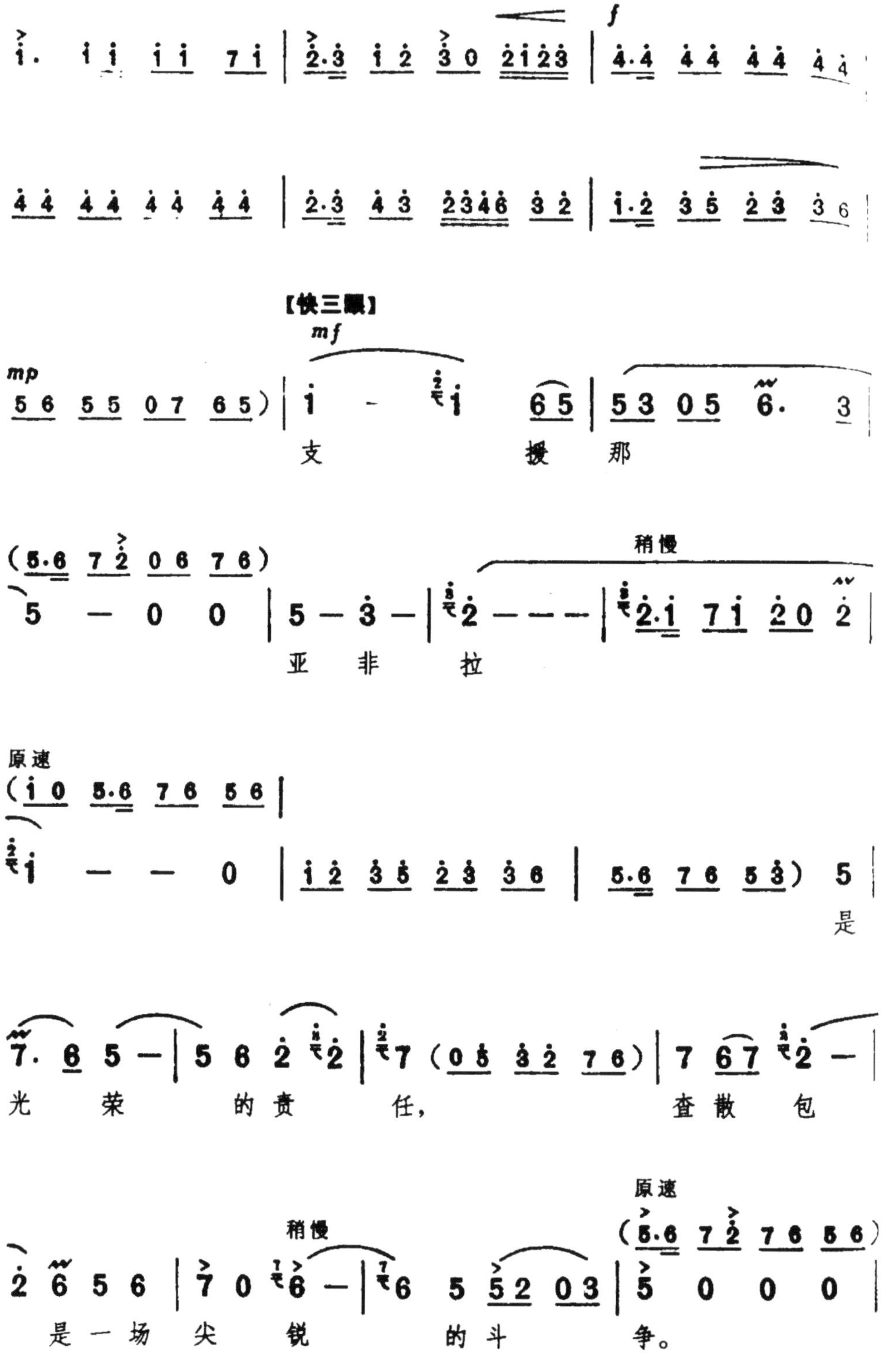
【快三眼】
支 援 那
亚 非 拉
稍慢
原速
是
光 荣 的 责 任，
查 散 包
稍慢
原速
是 一 场 尖 锐 的 斗 争。

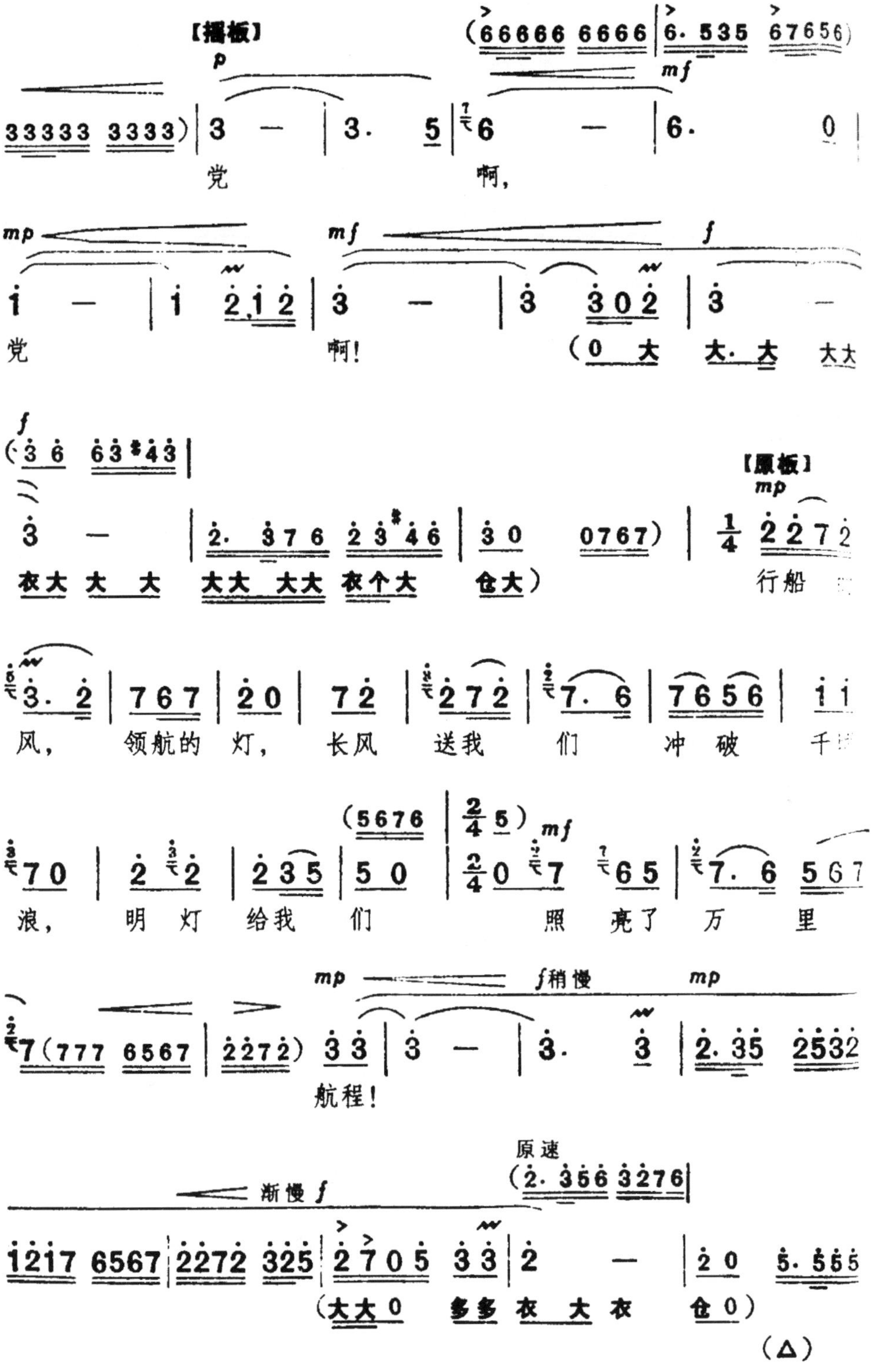
【摇板】
党 啊，
党 啊！
（0 大 大. 大 大大
衣大 大 大 大大 大大 衣个大 仓大）
【原板】
行船
风， 领航的 灯， 长风 送我 们 冲 破 千
浪， 明 灯 给我 们 照 亮了 万 里
航程！
稍慢
原速
渐慢
（大大 0 多多 衣 大 衣 仓 0）
（△）

$\overbrace{}^{\quad\quad\quad f\quad\quad\quad p}$

$\underline{5555}\ \underline{5235}\ |\ \underline{2355}\ \underline{6532}\ |\ \underline{1265}\ \underline{1235}\ |\ \underline{23}\overset{\#}{4}\underline{6}\ \underline{3276}\ |\ \underline{506}\ \underline{5672}\ )\ |$

p　　　　　　　　　　　　　　　　（5.643　235）

$6\ -\ |\ 6\ \overset{5}{6}\ \overset{1}{6}\ \underline{65}\ |\ 30\ 05\ |\ \underline{3535}\ \underline{651}\ \overset{1}{5}\ |\ 5.\ \qquad 0\ |$

想　　　　　起党

眼　明心　　亮

（渐慢）　　　　　（原速）

$6\ \overset{1}{1}\ 30\ \check{}\ |\ \overset{3}{2}\ 2\ -\ |\ 2\ -\ |\ 20\ \overset{3}{2}\ 2\ |\ \overset{2}{1}\ -\ |$

眼　明心　　亮

mf　　　　　　　　　p

$\overset{1}{1}\underline{05.3}\ \overset{>}{2}\underline{532}\ |\ \overset{>}{1}.235\ 2032)\ |\ \overset{2}{7}.6\ 56\ \overset{1}{6}\overset{1}{1}\ \overset{2}{5}.6\ |\ 1(\underline{4.6}\ \underline{3523}$

顿　时　　振　奋，

【二六】

$\frac{1}{4}\overset{\frown}{\overset{1}{1})5}\ |\ \overset{\frown}{22}\ |\ \overset{2}{7}65\ 5(657)\ |\ \overset{\frown}{62}\overset{1}{1}\ |\ 13\ |\ 207\ |\ 6.7\ |\ 2\overset{3}{2}\ |$

解疑难　需依　靠　码头工人。他　们能山头

$355\ |\ 01\ |\ 12\ |\ 107\ |\ 6.7\ |\ \overset{\frown}{6767}\ |\ 2\overset{3}{2}\ |\ 076\ |\ 52\ |$

踩出　平坦　路，他们　能海底　捞出　绣花

mf

$\overset{3}{2}76\ 5(5656)\ |\ \overset{>}{10}\ |\ \overset{>}{10}\ |\ 157\ |\ 6(356)\ |\ 165\ |\ 365\ |$

针　　　坚决　听党的　话　顽强　挺进，

渐慢　　　　　（65

$162\ |\ 1(657)\ |\ 621\ |\ 123\ |\ 207\ |\ 67\ |\ 2276\ |\ 50\ |$

听党的话　顽强挺　进，这　一仗　一定　要

242

慢起渐快

（大八 大八 嘟）

稍快　mf

渐慢　mp＜ f

（顷一 仓0） 全 胜 收

兵！

仓0）

（才・ 才 才 仓0）

千难万险也难不倒共产党人

第五场　高志扬唱

$1 = {}^{\flat}E$

（白）时间真
紧迫！

仓0）

（嘟——　仓0）

（雷声效果）

嘟——　仓0 仓 仓 仓0 嘟——　大八大八

中速 ff

大八大八 仓0）

【二黄原板】

$\overset{f}{507}$ $\underline{65}\ \overset{..}{2}$） | $\overset{.}{3}$ $\overset{.}{3}$ 0 $\overset{.}{3}$ | $\overset{.}{2}$（$\underline{35}$ $\underline{2161}$ | $\overset{>}{2}\ \overset{>}{2}$）$\overset{.}{1}\ \overset{.}{2}$ | 0 $\overset{..}{2}$ $\overset{.}{1}$ |

（唱）听雷　声，　　　战鼓　阵阵

　　　　　　　　　　　　　　　　（$\underline{346}$ $\underline{3212}$ | $\overset{>}{3.3}$ $\overset{>}{33}$）

$\overset{.}{3.2}$ $\overset{.}{1}$ | $\overset{.}{1}$（656）$\underline{1.2}$ | $\overset{..}{3}$ $-$ $\underline{3.2}$ | $\overset{.}{3}$ $-$ | $\overset{.}{3}$ 0 |

催　　　　人　紧，　　　（△）

$\overset{.}{3}\ 2\ 5$ $\overset{.}{3.2}$ | $\overset{.}{1.2}$ $\overset{.}{3}\ \overset{.}{3}$ | $\overset{.}{2.1}$ 6 | 60 | $\overset{.}{2}$ | 2 $-$ |

看闪　电，　烈焰　腾腾　燃　　　在

　　　　　　　　　　　　　　　　原速　mp

　　　f　　　稍慢　　　　　　　（$\overset{.}{2.2}$ $\overset{.}{2}\overset{.}{2}$

$\overset{.}{2}$ $-$ | $\overset{.}{2}$ $\overset{.}{2}\ \overset{.}{2}$ | $\overset{.}{1}0\overset{.}{2}$ $\overset{.}{3}23$ | $\overset{.}{3}$ $\overset{.}{2}\overset{.}{1}$ | 2 $-$ |

心。

mf　　　（海关钟声三响）

$\overset{.}{2}35$ $\underline{2161}$（X $-$ | X $-$ | X $-$）

$\overset{.}{2}$ 0 | $\overset{>}{2.}$ $\underline{12}$ | $\overset{>}{3.}$ $\underline{23}$ | $\overset{>}{5.}\underline{235}$ $\overset{>}{2123}$ | $\overset{>}{4.}\underline{444}$ $\underline{4632}$ |

　　　　　　　　　p　　　　　　　　（66 656 | $767\overset{.}{2}$ 756）

$\overset{.}{1}03$ $\overset{.}{2}\overset{.}{3}\overset{.}{1}7$） | 6 $-$ | 6 $\overset{\frown}{535}$ | 6 $-$ | 6 0 |

海　　　关

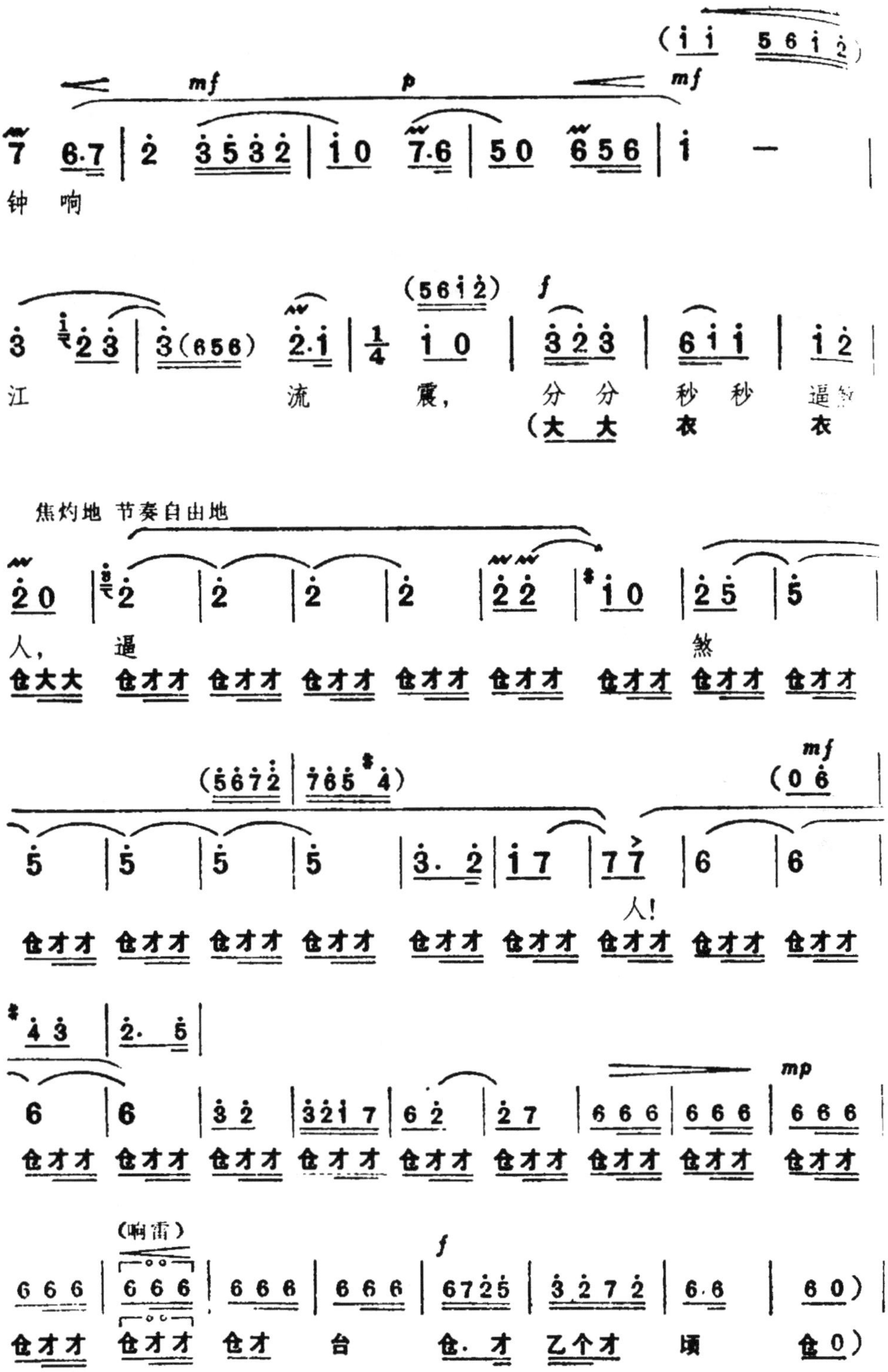
钟 响
江 流 震， 分 分 秒 秒 逼
（大 大 衣 衣
焦灼地 节奏自由地
人， 逼 煞
仓大大 仓才才 仓才才 仓才才 仓才才 仓才才 仓才才 仓才才 仓才才
人！
仓才才 仓才才 仓才才 仓才才 仓才才 仓才才 仓才才 仓才才 仓才才
仓才才 仓才才 仓才才 仓才才 仓才才 仓才才 仓才才 仓才才 仓才才
（响雷）
仓才才 仓才才 仓才 台 仓. 才 乙个才 顷 仓 0）

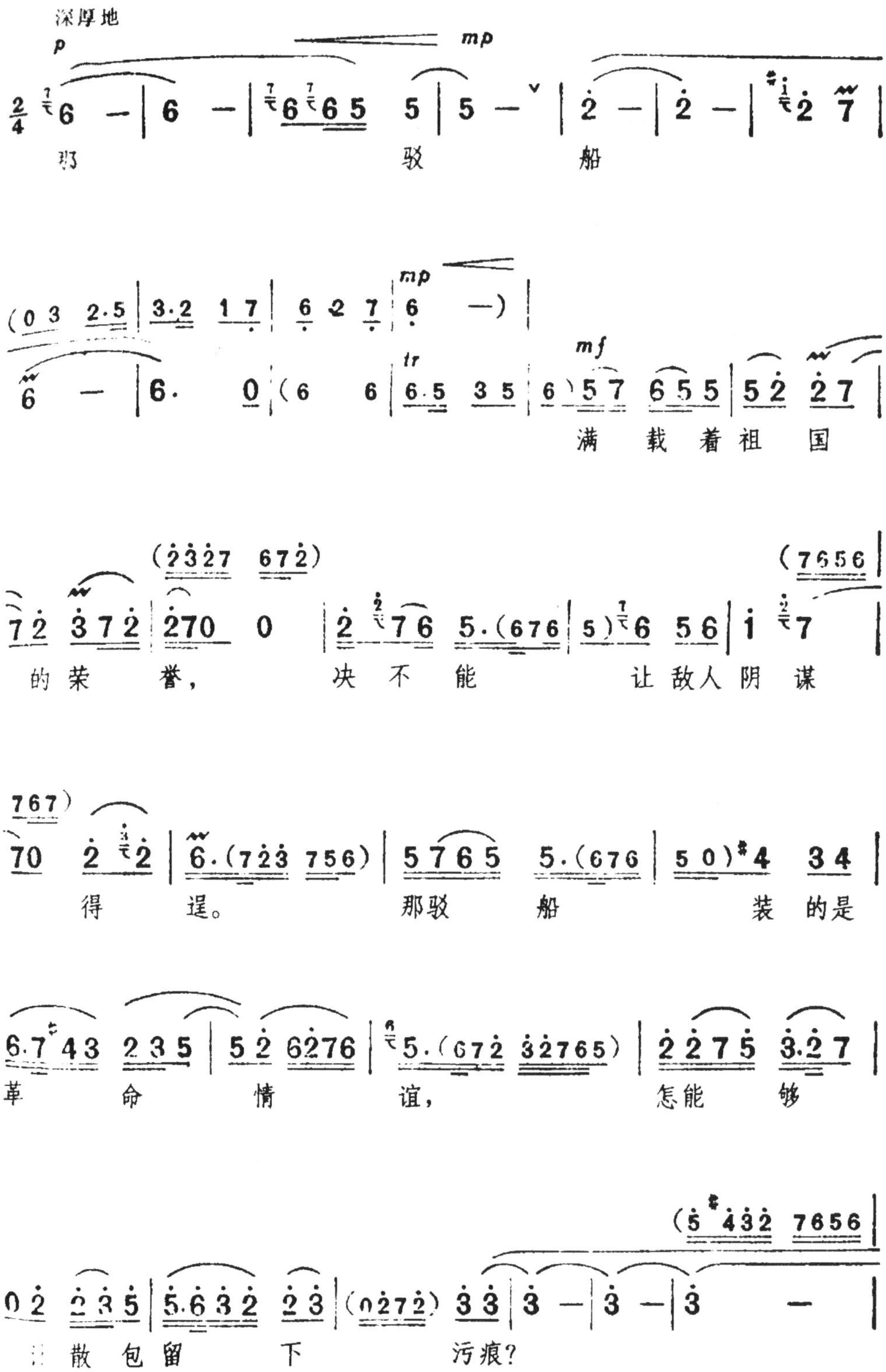
深厚地
那 驳 船
满 载 着 祖 国
的 荣 誉，决 不 能 让 敌人 阴 谋
得 逞。那驳 船 装 的是
革 命 情 谊，怎能 够
散 包 留 下 污痕？

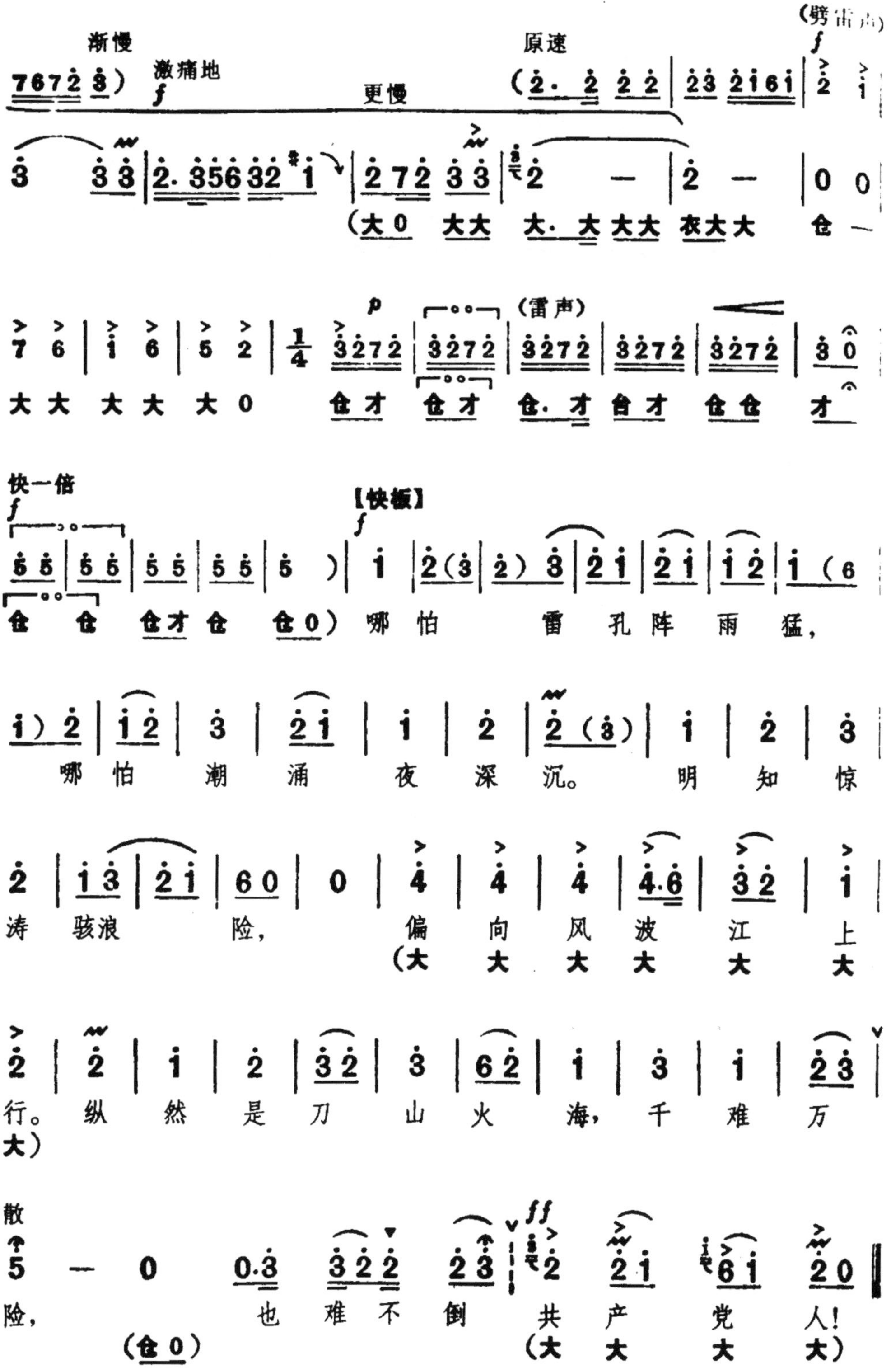
渐慢
激痛地
更慢
原速
(劈雷声)
(大0 大大 大. 大大大 衣大大 仓 —
(雷声)
大大 大大 大0 仓才 仓才 仓.才 台才 仓仓 才
快一倍
【快板】
仓 仓 仓才仓 仓0)
哪怕 雷孔阵雨猛,
哪怕潮涌夜深沉。明知惊
涛骇浪险,偏向风波江上
(大 大 大 大 大 大
行。纵然是刀山火海,千难万
大)
散
险, 也难不倒共产党人!
(仓0)
(大 大 大 大)

共产党毛主席恩比天高

第六场　马洪亮唱

1＝D

散
（06712 ‖：

（白）小强，这工作证可来得不容易啊！

你爹是怎么死的？　　你忘啦！那一年……

【二黄慢板】

4/4

（唱）数　　　九　　　天

大　雪　纷　飞　（△　　　　　　　）

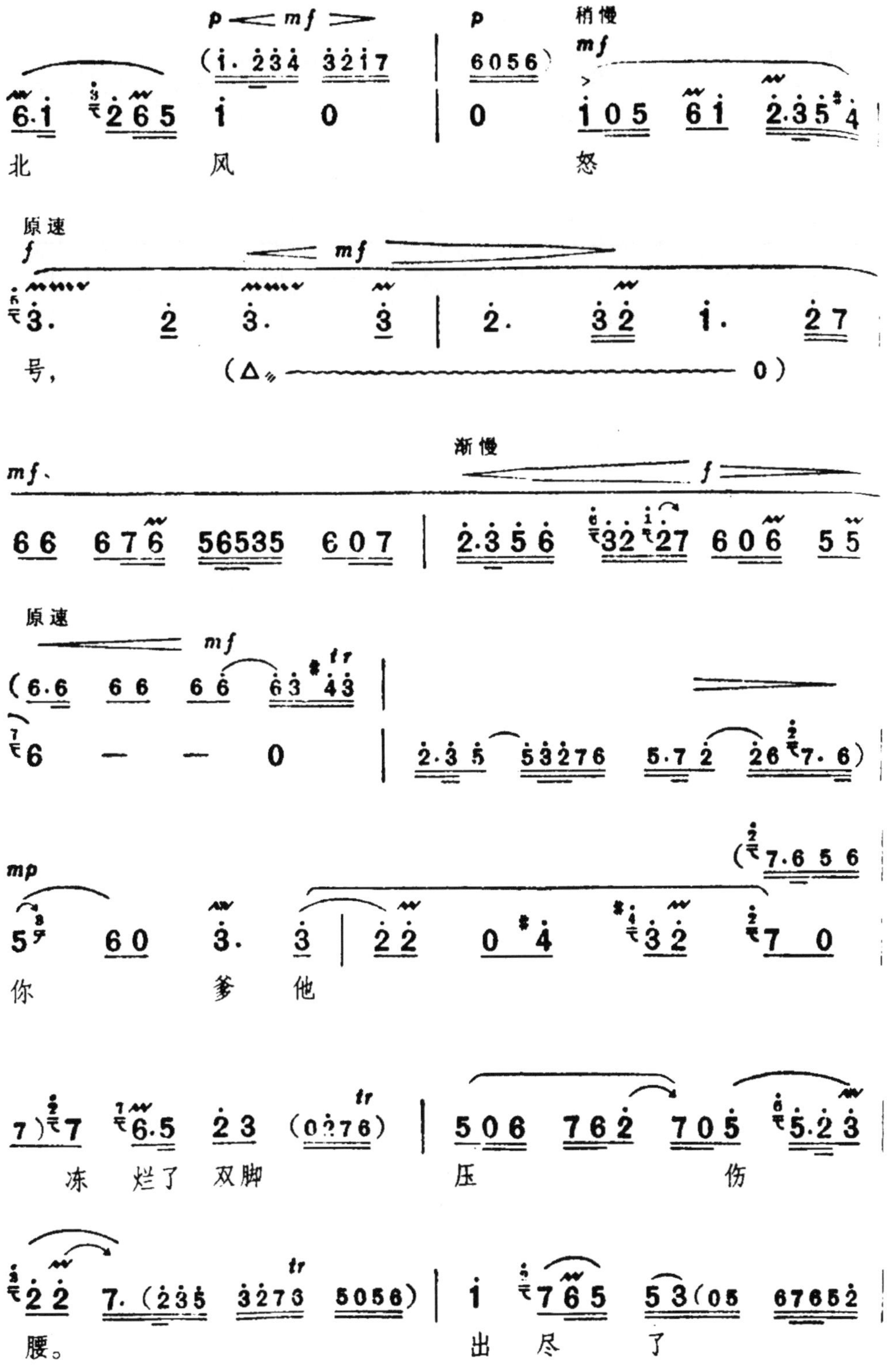
稍慢
北 风 怒
原速
号，
渐慢
原速
你 爹 他
冻 烂了 双脚 压 伤
腰。 出 尽 了

稍慢
mf

原速

牛 马 力 难 养 老 小，为 工 票 忍 饥寒 他 苦 熬 （哇） 通 宵。 强 挣 扎 带 病 扛 煤 牙 关 紧 咬，

稍慢
f

原速 稍快

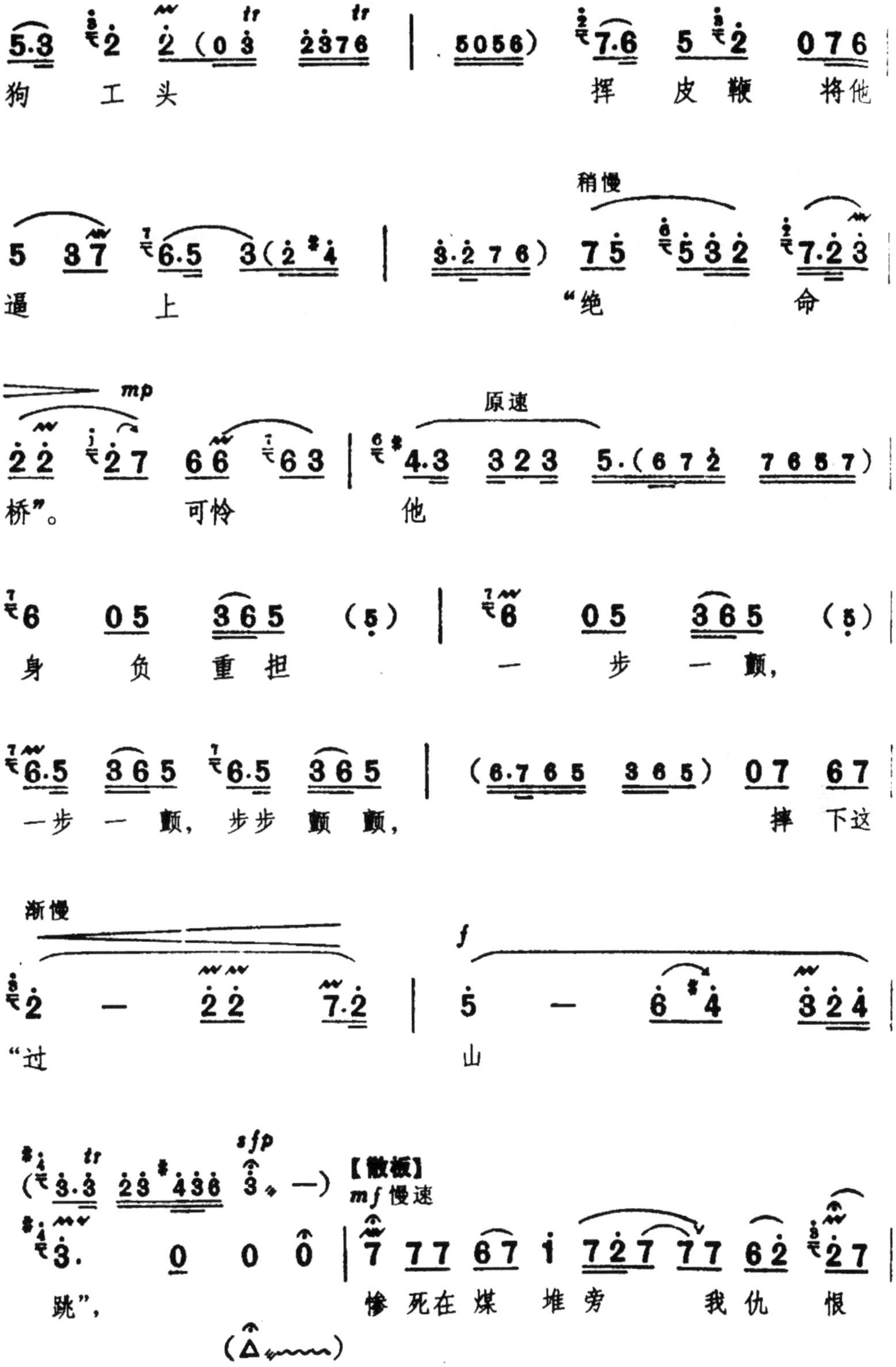
狗 工 头 挥 皮 鞭 将他
稍慢
逼 上 “绝 命
原速
桥”。 可怜 他
身 负 重 担 一 步 一 颤，
一步 一 颤，步步 颤 颤， 摔 下这
渐慢
“过 山
【散板】
慢速
跳”， 惨 死在 煤 堆 旁 我 仇 恨

【反二黄原板】

慢起渐快

mp

$\frac{2}{4}$ 6 0 | 6 0 | 6 0 | 6 6 | 6 6 | 6. 5 | 5 — | 5 — | 5 — |

难 难 难 难难 难难 难 （呐）

（大 大 大 大大 大大 大大 大大 大 大大 大大 大大 大大

f   mf

2 — | 2 — | 2 1 | 7 — | 7 — | 7.6 5 0 |

大大 大大 大大 大大 大大 大大 大大 大大 大大 大大 大 大

5.6 5 6 7 0 2 | 6. 5 3 0 5 | 6 7 6 5 | 6 7 6 5 | 6 — |

大 大 大 大大 大大 大大 大大 大大 大大 大大

6. 5 5 7 | 6 — | 6 — | 6 6 | 5 — |

弟呀！

大大 大大 大大 大大 大大 大大 大大 大大 大·大 大大

5 （7 2 3 4 | 5. 5 5 5 | 5.5 5 5 | 5 3 2 3 | 5 0 7 2 3 | 0 5. 3 2 5 3 2 |

衣大 大 0 仓 0 ）

p f

7 6 7 2 3 5 2 #4 | 3 5. 6 3 2 7 6 | 5 5 5 3 2 | 1. 1 7 6 | 7 2 3 5 3 2 7 6 |

mf

5 0 25）｜$\overset{7}{\approx}$6 — ｜$\overset{7}{\approx}$6.5 5 7｜$\overset{7}{\approx}$6.（7｜6765 356）

旧　　　　社　会

（$\overset{2\,3}{~}$27 · 67$\dot{2}$）

5 $\overset{3}{\approx}\dot{2}$｜0 3^6 5｜$\overset{7}{\approx}$65 $\overset{\dot{2}}{~}$7｜72 $\overset{~}{3.2}$｜$\overset{3}{\approx}\dot{2}$ 0 0｜

水 深 火 热 向　　　谁 告，

7276 56｜57 6 72｜72 $\overset{7}{\approx}$6.5｜6 — 6 $\overset{~}{6.5}$｜

血 泪 汇 成 浦 江 潮，血 泪 汇 成

$\overset{~}{3}$（$\dot{3}\dot{3}$｜$\dot{3}\dot{3}$ $\dot{3}\dot{3}$）｜5 — 5 — 5 — $\overset{~}{\dot{3}}$｜

浦

p　　　　　　　　　　　　　　　　　　ff

$\overset{3}{\approx}\dot{2}$ — $\dot{2}$ — $\dot{2}$ — $\overset{\dot{1}}{\approx}\dot{2}$ $^\sharp\dot{4}$ $\overset{~}{\dot{3}}$ —

江　　　　　　　　　　　　　　　潮。

（大　大　大　大　大　大　大　大　大大 大大

$\dot{3}$ $\overset{~}{\dot{3}.}$ $\dot{2}$｜$\overset{\dot{1}}{\approx}\dot{2}3$ $\overset{~}{\dot{2}}$｜$\dot{2}$ — $\dot{2}$ $\dot{1}$｜$\overset{~}{7}$ —

大大 大大 大大 大大 大大 大大 大大 大大 大大 大大

253

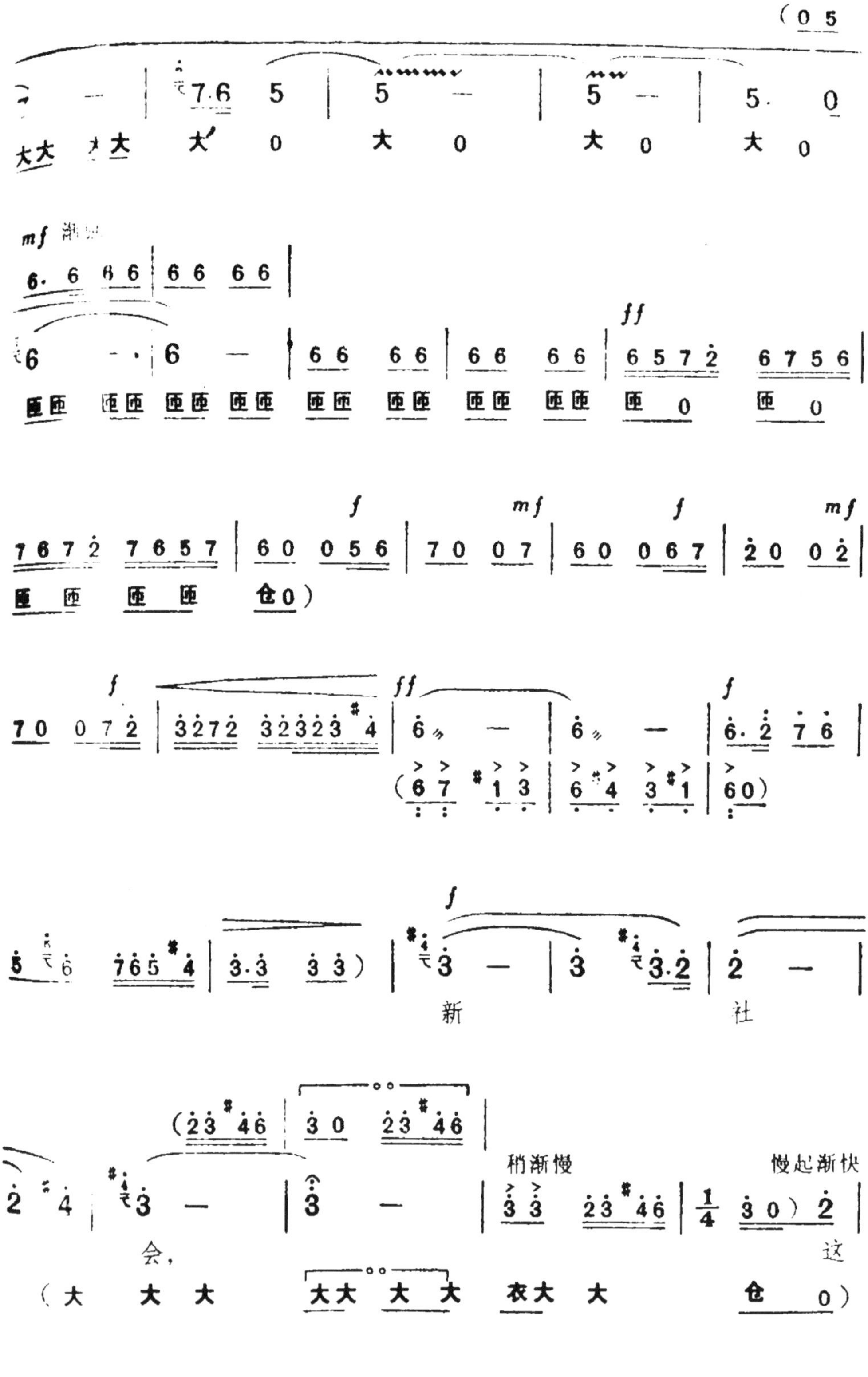
稍渐慢
慢起渐快
新
社
会，
这

新社　会，咱们　码头　工，　　翻身　作主　多自

豪，　　生老　病死　有依　靠，　　共产　　党毛主

席　　　恩比　天　高！

（大　大　大大　衣大　大　　　　仓0）

忠于人民忠于党

第六场　方海珍、马洪亮唱

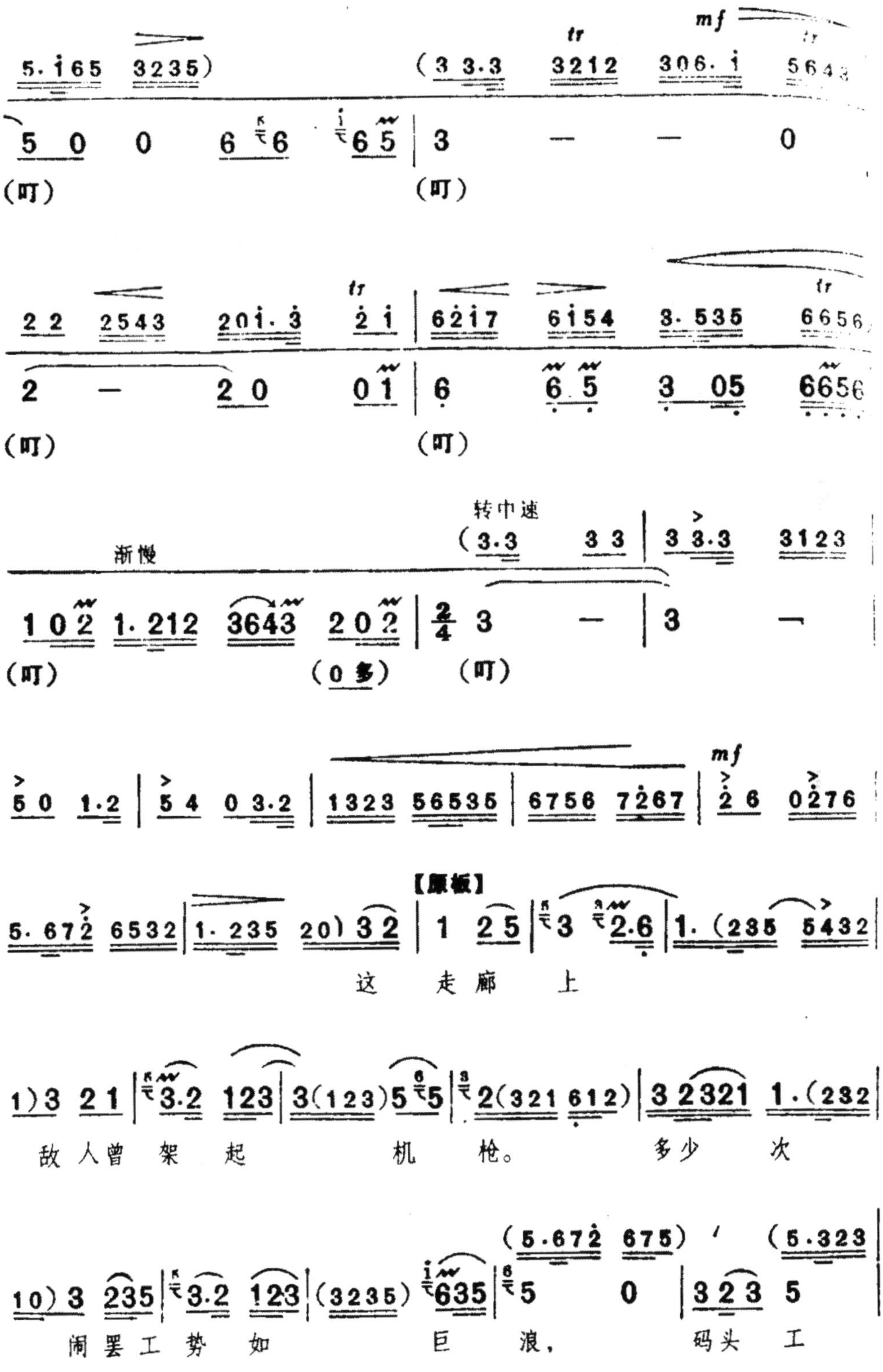
(叮)
渐慢
转中速
【原板】
这 走 廊 上
敌人曾 架 起 机 枪。 多少 次
闹罢工 势 如 巨 浪， 码头 工

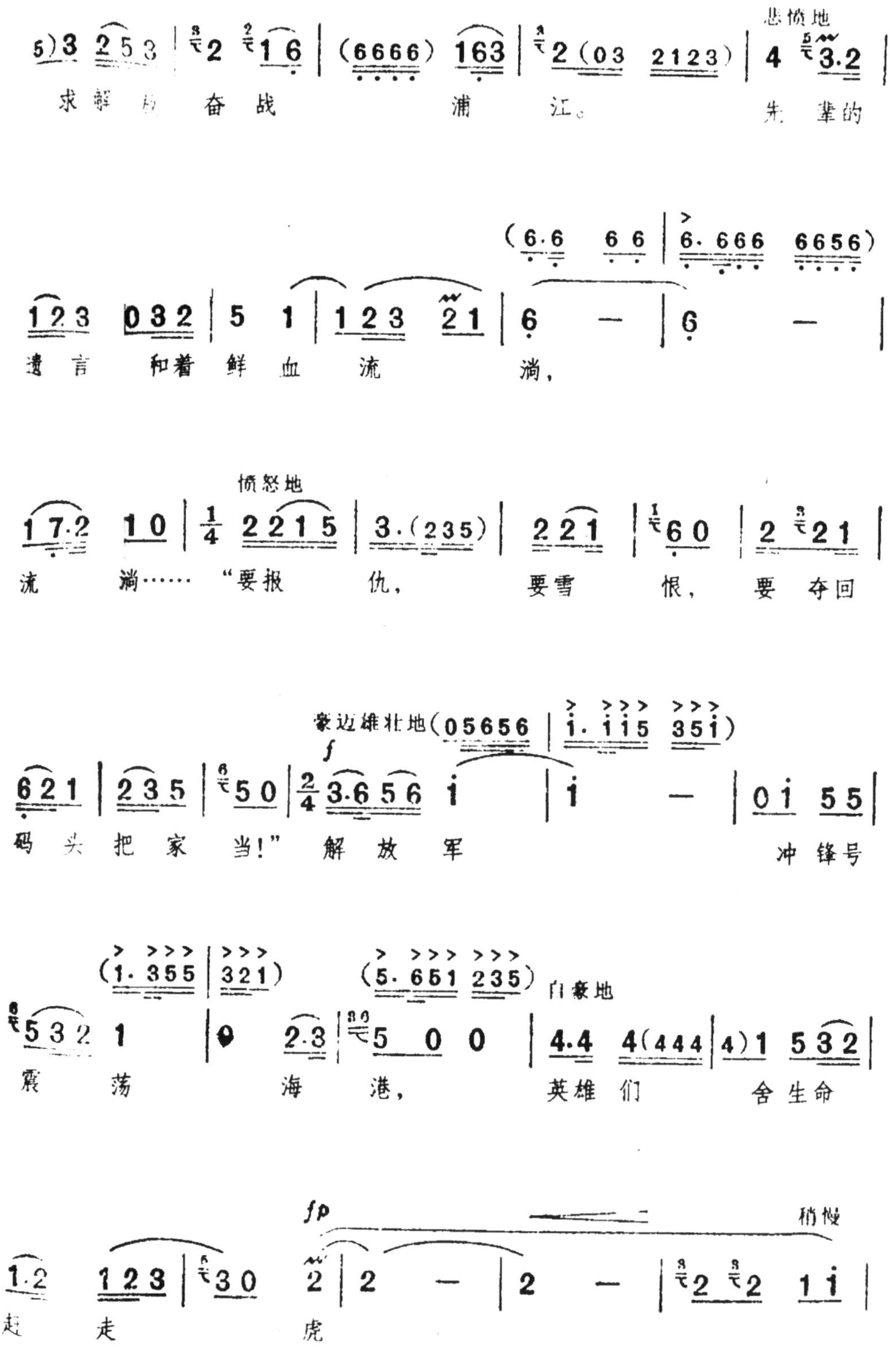
求解 奋战 浦 江。
悲愤地
先 辈的
遗言 和着 鲜 血 流 淌，
愤怒地
流 淌……“要报 仇，要雪 恨，要 夺回
豪迈雄壮地
码头把家当!”解放军 冲锋号
震 荡 海 港，
自豪地
英雄们 舍生命
稍慢
赶 走 虎

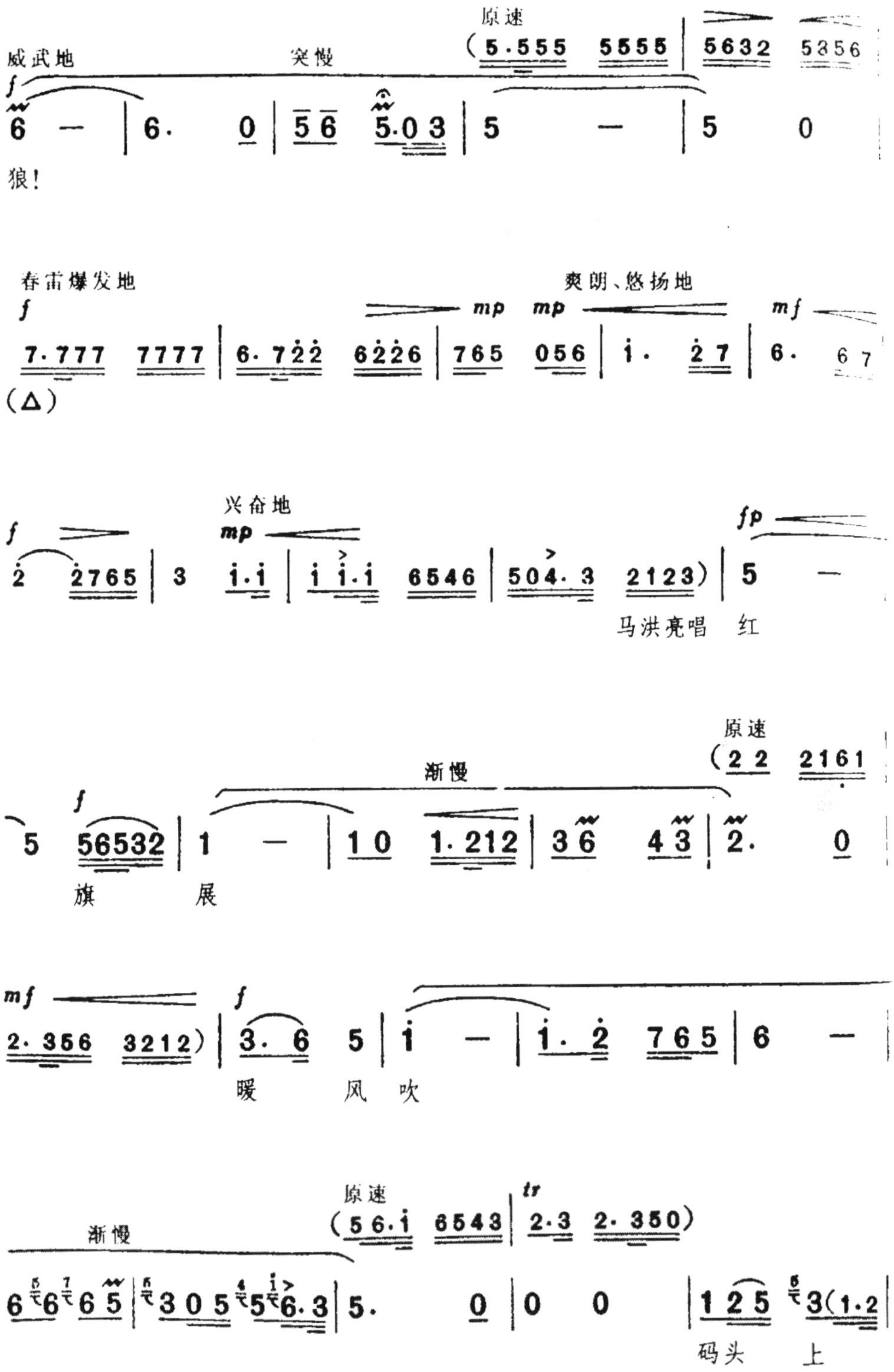
原速
威武地
突慢
狼！
春雷爆发地
爽朗、悠扬地
兴奋地
马洪亮唱　红
原速
渐慢
旗　展
暖　风　吹
原速
渐慢
码头　上

（5.67²6765）mf （3.212 | 3）

3235） 6. 5 | 5 0 0 3325 3 | 03 21 21 6

变 样， 这传 统 这代价怎 么

渐慢 稍快

6（123）215 | 3 — | 3 — | 30 3.532 | 102 31

能 忘？

原速
（2.2 2 2.

2 — | 2.227 6722 | 7657 605656 | 11.1 5165

（龙登 大大大大 仓 台才 乙台仓 大扑台 仓 0）

f mp （66 6572）

4.5 3532 | 106.1 6542 | 51 0235） | 65 7 | 6 —

（方海珍唱）装卸 工

（5 5 3.213）

6765 3235） | 665 4 4.5 66 | 5. 0 25 3.（2

这工 作 意（呀）义

【垛板】

3.235） 656 | 5.（643 2.35） | 1/4 125 | 3.（03） | 235 | 50（65）

深 长， 为什 么 你偏说

【摇板】
节奏自由地

323 | 4.632 | 12 | 20 | （2.2 | 22 | 22） | 2

低人 三 分 脸无 光？ 有

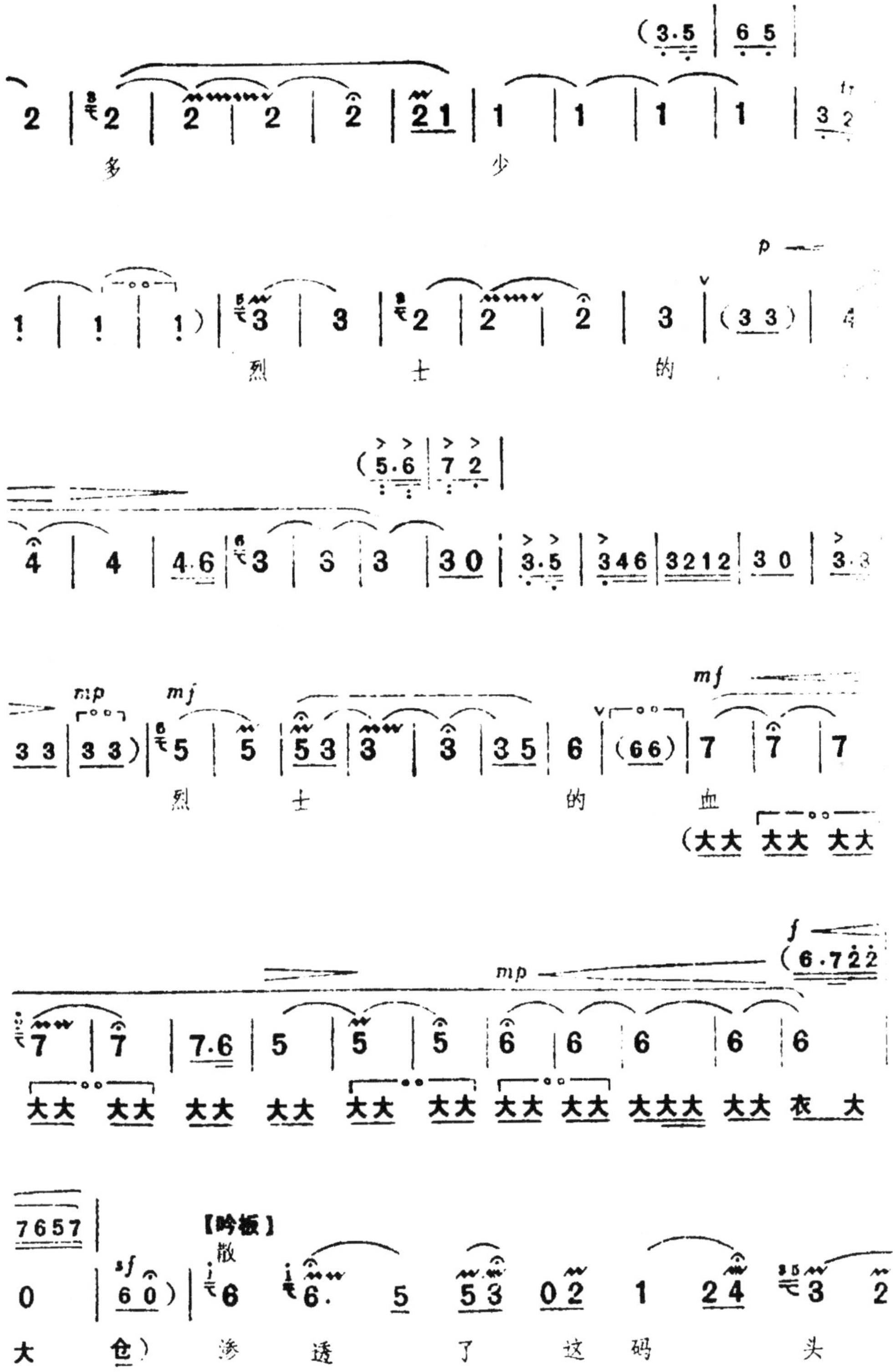
多 少
烈 士 的
烈 士 的 血
(大大 大大 大大
大大 大大 大大 大大 大大 大大 大大 大大 大大大 大大 衣 大
【吟板】
散
大 仓)
渗 透 了 这 码 头

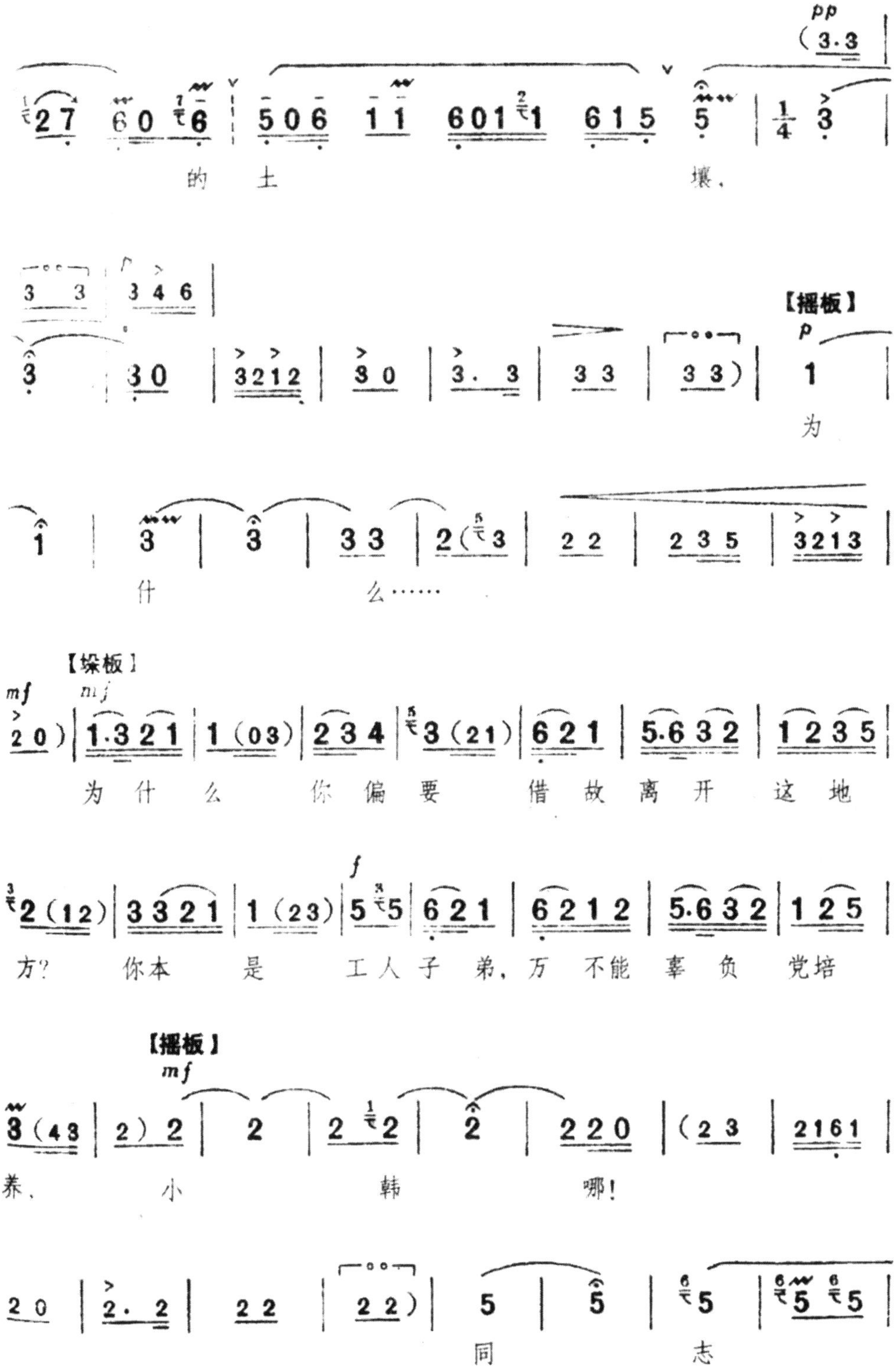
的 土 壤，
【摇板】
为
什 么……
【垛板】
为什么 你偏要 借故离开 这地
方？ 你本 是 工人子弟，万 不能 辜负 党培
【摇板】
养、 小 韩 哪！
同 志

3 | 3 <u>0</u> | 5 | 5 | 7 | 7 | 7 | 7 | 7 <u>6</u> | 6 | 6
　　　　　　　　　　　　　　　　　　啊!

轻入渐强
（大大　大大 大大　大大　大大　大大　大大

f
（<u>6·722</u> | <u>7657</u> | 6 <u>0</u>）【垛板】
　　　　　　　　　　　　mp
6 | 6 | 6 | 6 | 6 <u>0</u> | <u>57</u> | <u>6·6</u> | <u>5765</u> | 5 (23
大大大 大大 衣大 大 仓）悬崖 旁你 快收 缰,

<u>5 ♯4</u> | <u>3·2</u> | <u>1321</u> | <u>203</u> | <u>1321</u> | <u>103</u> | <u>1321</u> | <u>103</u>
迷途 上你 莫乱 闯, 你 仔细 看, 你 认真 想,

p　　　tr
（<u>5·7</u> | <u>6 5</u> | <u>3235</u> | <u>5 2</u>
<u>276</u> | <u>56</u> | <u>767</u> | <u>20</u> | 5 | 5 | 5 | 5 | 5
志们 向你 伸出了 双 手,

mp
<u>276</u> | <u>5·765</u> | <u>523</u> | <u>50</u>）
　　　　　　　　　　　　　　p
5 | 5 | 5 | <u>50</u> | <u>0 6</u> | <u>5 0 6</u> | <u>5610</u> | <u>6·21 2</u> | <u>323</u>
　　　　　　　　　　　　　　　　mf
　　　　　　　　　　　　　　满 怀着 期

f
【快垛板】
<u>20</u> | <u>01</u> <u>1／8</u> <u>35</u> | <u>35</u> | <u>65</u> | 6 | 5 | <u>53</u> | <u>35</u> | 5 | 1
望, 是 火 热的 心 肠! 盼 望你 心

263

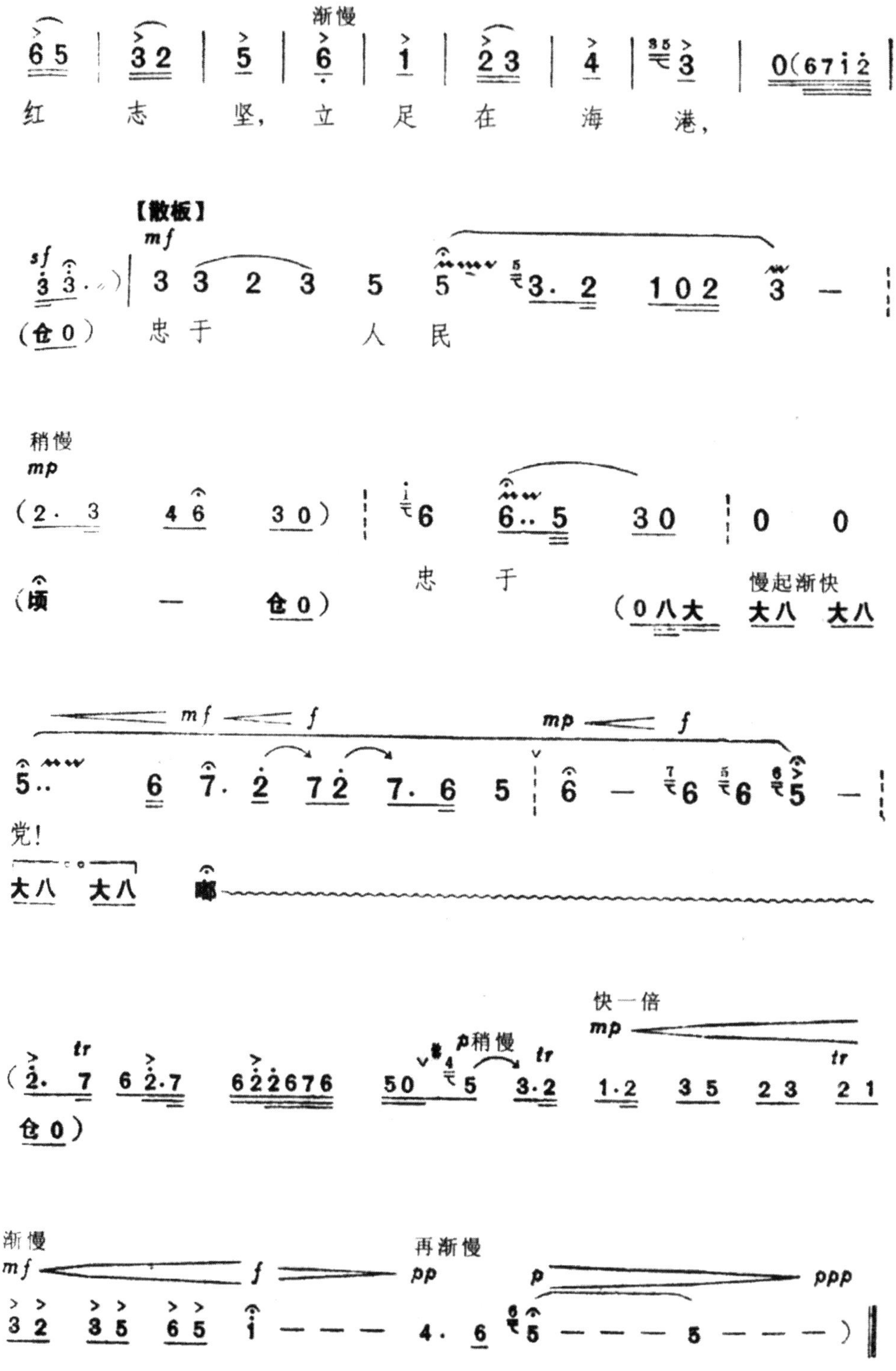
渐慢
红志坚，立足在海港，
【散板】
(仓 0) 忠于人民
稍慢
(顷 — 仓 0)
忠于
慢起渐快
(0 八大 大八 大八
党！
大八 大八 嘟
p稍慢
快一倍
仓 0)
渐慢
再渐慢

堅決戰斗在海港

第六场　韩小强唱

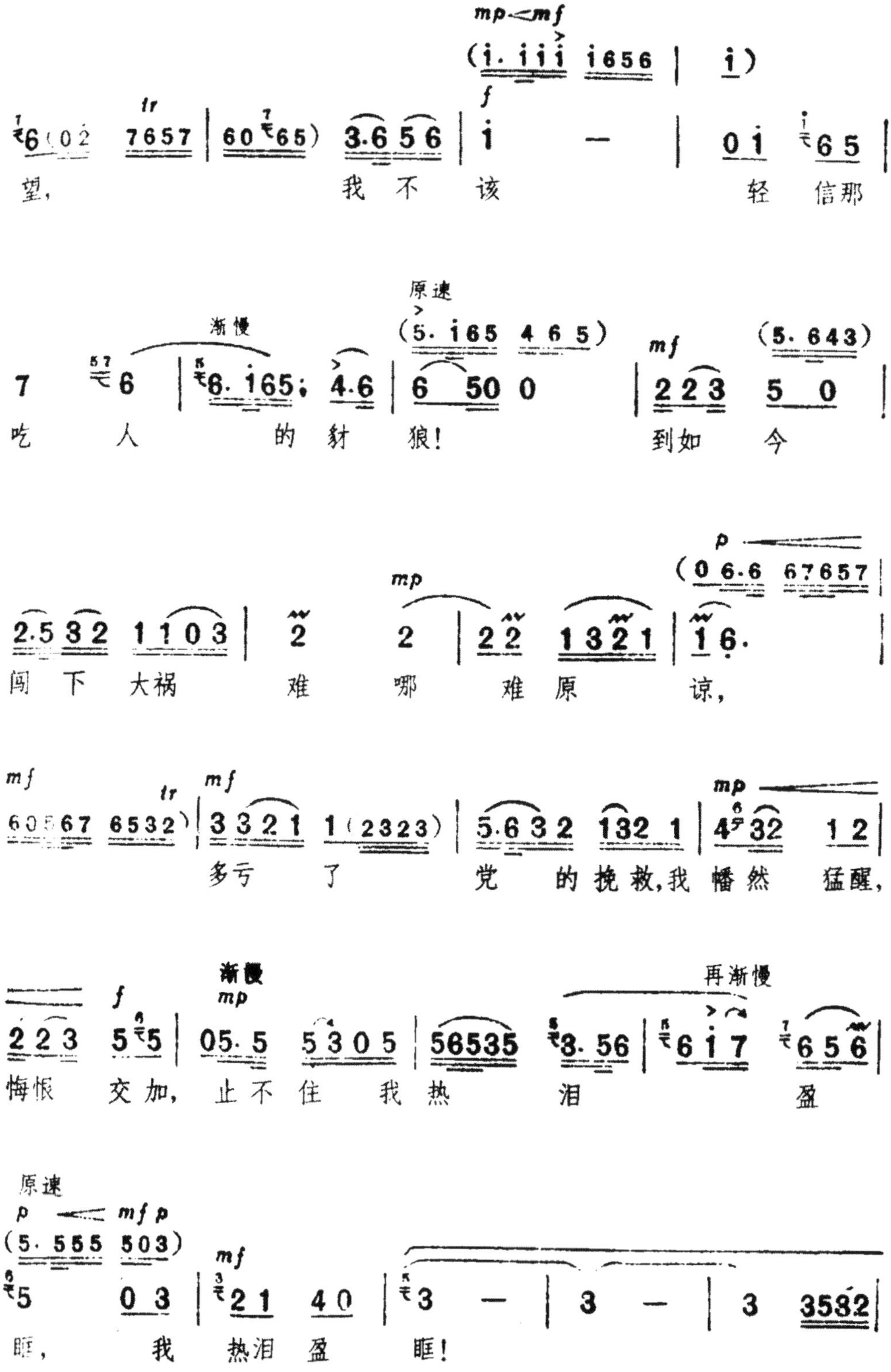
望，我不该轻信那
吃人的豺狼！到如今
闯下大祸难哪难原谅，
多亏了党的挽救，我幡然猛醒，
悔恨交加，止不住我热泪盈
眶，我热泪盈眶！
渐慢
原速
再渐慢

渐慢

1212 3256 | 2161 20 (32) | **【垛板】** 稍快 $\frac{1}{4}$ 1321 | 1 (323) | 1 1 2 | 3 (532)

(大) 　　　　从 今 后，　下 决 心，

1 321 | 6 3 | 21 | 235 | 50 | 4.5 | 66 | 6.5 | 365

立 志 　向，擦 亮眼，挺 胸 膛，迎着 风雨，经受 考 验，

1 65 | 365 | 5537 | 6 6 | 51 | 16 | 6.530 (0 2）

坚决 战斗 在海 港，我 百 炼

　　　　　　　　　(大 大)

渐快　　　　　mp　　ƒ

30 5 | — 5 6. — | 655 6 6 5. — | 35 — 50 |

成 钢！

慢起渐快

(大 大八 大八 　　　0 0 0 　　　0）

[注]＊处表示"6"用 6 i 小三度的颤音唱。

毛泽东思想东风传送

第六场　方海珍唱

1 = G $\frac{2}{4}$

亲切地　慢速

pp　　　　mp　　　　mf

(5 — | 5 5 | 6.i 65 | 1 | 16 | 232 1612 |

(白)毛主席教导我们：要完全地，彻底地为全中国人民服务，为全

渐慢　　　　　ƒ　　p　　ƒ

343 23 | 565 45 | 6 — | 6. 6 5 7）|

世界人民服务，这就是我们最崇高的理想。(多罗0)

【西皮二六】
mf 中速

6.5 3.561 | 5.3 5 (356i | 5i65) | 323 | 5 3 (012323) |
唱 全 世 界　　　　　　闹 革 命

mp　　　　　　f
(1.111 | 123535)
50 1 | 10 i | 6.(7 6545) | 165 4.56
风 起　　　　云 涌,　　　　【原板】覚 醒 的 人

mp　　　f mp
(0 2.3 562 | 2i64 5 i | 60)
502.3 5 | 5. i | 65 45 | 305 6.165
民

f
f
34 3.432 | 102 351 | (06.i 523456 | 104.6 3213)

mp mf p mf
(6712 30 | 03 56 | i.3 23i7 | 6)
fp mf
5 3.21 | 10 3.5 6 — | 6 — | 606 56i
心　　连着 心。

渐慢　　　　原速　　　　　　mf
5643 2.355 | 2532 10 (3535) | 6.545 6656 | i —

原速
mf
f
渐慢 (5. 5 5 5

1. 2 6 5　4. 5 6 5 1｜5 5 5 5　｜5 3 5　6 3　｜5. 5　4 3｜

f

热情、亲切地
pp
(3 5 6
f

2 1 2 3　4 4 2 4 5｜6 6. 1　6 5 4 2｜5 6. 1　6 5 4 2｜5 0)　1 5 6｜
　　　　　　　　　　　　　　　　　　　　　　　　　　　　　　　　　　毛泽

mf *f* *mf*
1　1 2｜5　0｜5　5 3｜6)

1　—｜1 6 5　2 5｜5. (7 6 5　3 2 1 5)｜6　7 6 (3. 5
东　　　　思　想　　　　　　　东　风

慢起渐快　【流水】
mf
6 2 7 6)　5 6｜4/6 5 0 6　0 6｜5 (3 6　5) 1　1 3｜2 (1 2)　3 2｜
传　　送，新　中　国　　响　彻　了　战

3 5｜5 2　2 6｜1 (2 1)　6 1｜5 6　1 (3 2｜1) 2　1 2｜3 (2)｜
斗　号　声。　烈　火　中　涌　现　出

3 2｜1 3　2｜(2 2)　3｜2 3　5　5｜2 2　2 1　1 6｜
钢铁　战　士，　黄　继　光、　罗　盛　教、

再快
0　｜2 3｜5　5｜1 5｜6｜(6. 1　6 5｜4 5　6 0)｜
杨　根　思、邱　少　云……

269

反美帝　为人民　英勇挺　进，发

扬　了国　际主　义的　战斗精　神！

千　　万　个英　雄说　不　尽，

我

们

要

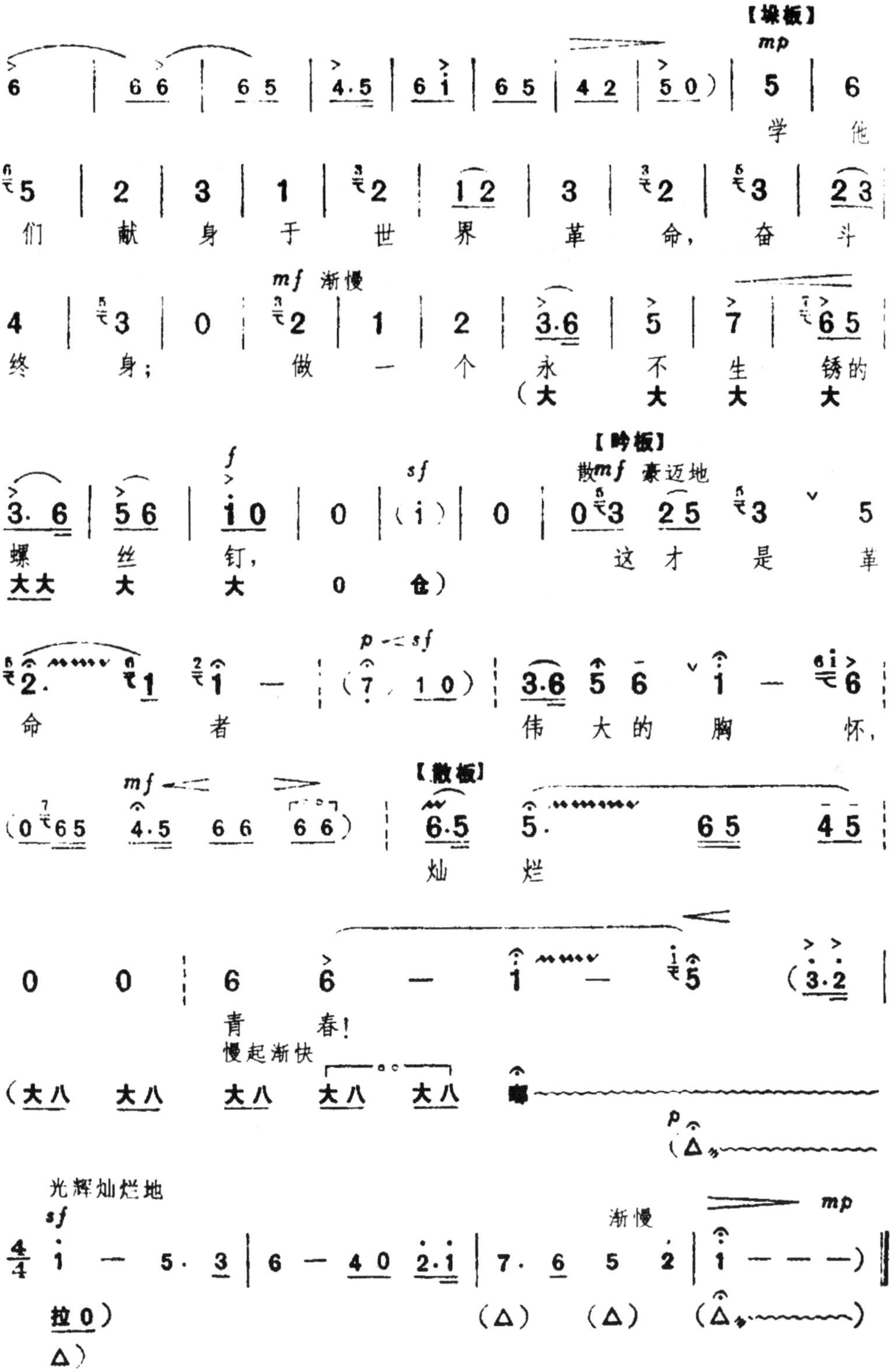
【垛板】
学 他
们 献 身 于 世 界 革 命， 奋 斗
mf 渐慢
终 身； 做 一 个 永 不 生 锈的
（大 大 大 大
螺 丝 钉，
大大 大 大 0 仓）
【吟板】
散mf 豪迈地
这 才 是 革
命 者
伟 大 的 胸 怀，
【散板】
灿 烂
青 春！
慢起渐快
（大八 大八 大八 大八 大八
光辉灿烂地
渐慢
拉 0）
△）

锣 鼓 字 谱 说 明

大   鼓单槌击

八   鼓双槌同击

八大   鼓双槌分击

嘟   鼓双槌滚击

拉   鼓双槌滚击的落音

多   鼓单槌轻击

龙冬   板、鼓单槌同时轻一击后,鼓单槌再轻一击或鼓单槌轻二击

乙、个   休止

扎、衣   板音

仓   大锣单击或大锣、小锣、铙钹同击

顷   大锣轻击或大锣、小锣、铙钹同时轻击

宫   大锣、小锣、铙钹同击闷音

囤   大锣、小锣、铙钹同击哑音

台   小锣单击

令   小锣轻击

才   铙钹单击或铙钹与小锣同击

扑   铙钹击闷音

七   哑钹

        吊钹

叮   碰钟

乐 谱 符 号 说 明

颤音：

(1) "〰、〰〰 、〰〰〰〰"上颤音，实际效果为：

$\tilde{6}$ 等于 <u>676·</u> 或 <u>616·</u>

$\tilde{6}$ 等于 <u>67676·</u> 或 <u>61616·</u>

$\tilde{6}$ — 等于 <u>6 7 6767676</u> 或 <u>67676767</u> ……

或等于 <u>6 1 6161616</u> 或 <u>61616161</u> ……

(2) "〰、〰〰 、〰〰〰〰"下颤音，实际效果为：

$\tilde{6}$ 等于 <u>656·</u>

$\tilde{6}$ 等于 <u>65656·</u>

$\tilde{6}$ — 等于 <u>6 5 6565656</u> 或 <u>65656565</u> ……

（颤音随符号长度之不同，声音颤动的长度亦不同。长的颤音有先慢后快的，有先快后慢的，还有全慢和全快的，等等）

(3) "tr 〰〰"大颤音，实际效果为：

5 — 等于 <u>56565656</u> <u>565656565</u>

（此种大颤音只用于器乐部分）

273

符号	说明
⌒	延长号
⌒	滑音
▼	顿音
>	重音
‖: :‖	反复
⌐⌐	自由反复或自由延长
)0(	自由休止
◁	渐强
▷	渐弱
v	换气
≋	震音
ppp	最弱
pp	很弱
p	弱
mp	中弱
mf	中强
f	强
ff	很强
fff	最强
sf	特强
sfp	特强后弱
	节奏自由处理

方海珍和工人们发现两千包出国小麦放在露天，他们决心赶在雷雨来到之前把小麦抢运进仓库。

装不完卸不尽的上海港，呈现出一派繁忙景象。一队装卸工人龙腾虎跃，奔向靠岸的远洋巨轮，投入装卸货物的紧张战斗。

"你看,咱们这码头——天地广阔前程远,……"退休工人马洪亮用自己对港口新貌的感受,来勉励韩小强,要他立志海港,安心装卸工作。

　　方海珍在散麦里发现混进了玻璃纤维后，种种迹象
引起了她的深思。她敏锐地意识到，这"决不是一般的
责任事故"。她当机立断，决定发动群众追根寻源！

　　方海珍用党的八届十中全会公报的精神，用国际主义相互支援的深刻意义，启发和激励自己的老占友赵震山，顿使他心潮难平。

　　方海珍对阶级敌人的阴谋破坏虽已了如指掌，但她为了对党对整个阶级负责，还要进一步调查研究。她郑重地告诉高志扬："看来要弄清真相，关键在韩小强身上。

　　在错综复杂的情况下，方海珍"想起党眼明心亮"，
决心依靠码头工人，把散包查出来。

任凭钱守维诡计多、瞬息万变，方海珍胸有成竹，
机智斗敌。

　　"明知惊涛骇浪险，偏向风波江上行。"高志扬为了对援外任务负责，决心驾驶汽艇出江，追赶驳船，调回散包。

方海珍、马洪亮教育青年工人韩小强要立足海港，胸怀全球，忠于人民忠于党。

　　天空霞光四射，旭日喷薄欲出，远方汽笛长鸣，上
海港万船齐发。方海珍带领群众粉碎了阶级敌人的阴谋
破坏，胜利地完成了国际主义的援外任务后，更显得朝
气蓬勃。她立足海港，放眼世界，昂首高歌。

高志扬深夜驾艇出江追回散包，满怀胜利豪情回到
海港。

码头工人跟着党，高举红旗向前方，工人们在方海珍带领下，战胜了阶级敌人的一连串破坏阴谋，胜利地完成了援外任务，谱写了一曲无产阶级国际主义的凯歌。

革命现代京剧

海　港

人 民 文 学 出 版 社 出 版
中国人民解放军战士出版社翻印
中国人民解放军第一二零一工厂印刷
1972年 5 月第 1 版
1972年 5 月北京第 1 次印刷

革命现代京剧

龙 江 颂

毛 主 席 语 录

革命文化，对于人民大众，是革命的有力武器。革命文化，在革命前，是革命的思想准备；在革命中，是革命总战线中的一条必要和重要的战线。

我们的文学艺术都是为人民大众的，首先是为工农兵的，为工农兵而创作，为工农兵所利用的。

毛 主 席 语 录

要提倡顾全大局。每一个党员，每一种局部工作，每一项言论或行动，都必须以全党利益为出发点，绝对不许可违反这个原则。

革命现代京剧

龙 江 颂

上海市《龙江颂》剧组集体改编

（一九七二年一月演出本）

第一次刊印本

中国人民解放军战士出版社翻印

目　　录

劇　本

主要人物 ……………………………………………………… 1

第一场　承担重任 ………………………………………… 6

第二场　丢卒保车 ……………………………………… 13

第三场　会战龙江 ……………………………………… 20

第四场　窑场斗争 ……………………………………… 25

第五场　抢险合龙 ……………………………………… 31

第六场　出外支援 ……………………………………… 35

第七场　后山访旱 ……………………………………… 42

第八场　闸上风云 ……………………………………… 47

尾　声　丰收凯歌 ……………………………………… 58

主要唱段

人换思想地换装 ………………………………………… 63

百花盛开春满园 ………………………………………… 66

让青春焕发出革命光芒 ………………………………… 72

为革命再大的牺牲也要承当 …………………………… 74

端起龙江化春雨 ………………………………………… 76

望北京更使我增添力量 ………………………………… 80

这样的好书记人人夸不够 ……………………………… 87

一轮红日照胸间 ··76

毛主席把阳光雨露洒满人间 ·······················76

为人类求解放奋斗终身 ·····························76

永不忘阶级斗争 ··76

让革命的红旗插遍四方 ·····························76

剧　照 ··115

阿坚伯——龙江大队第四生产小队队长，党支部委员。

江水英——龙江大队党支部书记。

阿　莲——龙江大队团支部书记。

盼水妈——后山公社老贫农。

李志田——龙江大队队长，党支部委员。

阿　更——龙江大队第八生产小队队长。

人 物 表

江水英——龙江大队党支部书记。

阿坚伯——龙江大队第四生产小队队长，党支部委员。

阿　莲——龙江大队团支部书记。

李志田——龙江大队队长，党支部委员。

阿　更——龙江大队第八生产小队队长。

宝　成——龙江大队社员。

常　富——龙江大队社员，富裕中农，宝成之父。

龙江大队男社员甲、乙、丙；女社员甲、乙。

龙江大队社员若干人。

盼水妈——后山公社老贫农。

小　红——盼水妈的孙女。

后山民工甲。

后山社员若干人。

解放军甲、乙。

解放军若干人。

粮站管理员。

黄国忠——暗藏在龙江大队的阶级敌人。

第一场 承担重任

〔一九六三年春，一个早晨。

〔东南沿海，某人民公社龙江大队堤外田头。远处九龙江碧波滚滚，屹立着公字闸的江堤上有**"人民公社好"**五个大字。近处一片油绿的麦田，呈现丰收在望的景象。

众社员　（内齐唱）【西皮原板】

　　　　总路线放光芒照耀龙江，

　　　　大跃进战歌昂响彻四方。

〔幕启：阿更和男女社员紧张劳动，热火朝天。

女社员　（接唱）

　　　　人民公社似旭日蒸蒸向上，

众社员　（接唱）

　　　　为革命来种田奋发图强。

〔众社员下。

〔李志田上。

李志田　阿更！

阿　更　大队长，你看这堤外三百亩，绿油油的一片，麦秆粗，麦叶宽，长势多好啊！

李志田　是呀。阿更，你们八小队施了多少穗肥了？

阿　更　每亩五斤。

李志田　才五斤？阿坚伯他们四小队每亩都施了十斤了。

阿　更　十斤？

〔阿莲上。

李志田　有收无收在于水，多收少收在于肥。咱大队要夺高产红
　　　　旗，就靠你们两个小队在这三百亩上打先锋了。

阿　更　好，豁上老本，每亩再加五斤。这高产红旗咱夺定了。

阿　莲　哥哥，水英姐去开抗旱会的时候，说的什么，你忘了？

阿　更　要抓紧春耕。

阿　莲　还要支援旱区。咱们这个地区可有三个多月没下雨了。

阿　更　没下雨怕什么？咱们靠近九龙江，怕涝不怕旱，大旱年
　　　　照样大丰收。

阿　莲　那旱区呢？

阿　更　咱们多施肥，多打粮，就是对旱区最大的支援。

李志田　这还不够，咱们还要用物资去支援。

　　　　〔阿坚伯，宝成上。

阿坚伯　志田！

李志田　阿坚伯，旧水车修好了吗？

阿坚伯　都修好了。

阿　更　哎，咱们现在都用抽水机了，还修那些旧水车干吗？

阿坚伯　你不知道水英的意思呀！

　　　　（唱）【西皮摇板】

　　　　　　当前抗旱任务重，

　　　　　　抓紧农时不放松。

　　　　　　旧水车修好自己用，……

阿　更　那抽水机呢？

阿坚伯　（接唱）

　　　　　　抽水机支援旱区阶级弟兄。

阿　莲　水英姐想得可真周到啊！

301

李志田　是呀。支援旱区的事儿，等水英回来再说。咱们抓紧施肥！

众　　　好。

〔李志田、阿坚伯、阿莲、阿更等下。

〔宝成欲下，常富追上。

常　富　(拉住宝成) 宝成，走，跟我到自留地施肥去。

宝　成　我正忙着给队里施肥呢！

常　富　你不会干完了自己的再给队里干？

宝　成　(反感地) 爹，要关心集体！

〔宝成急下。二社员挑肥上。

常　富　嗐，这哪儿象我的儿子！

二社员　(讽刺地) 哈哈哈！(下)

〔常富尴尬地下。

江水英　(内唱)【西皮导板】

　　　　担重任乘东风急回村上！

〔江水英撑船上，登岸，"亮相"。

江水英　【回龙】

　　　　面对这波浪翻滚的九龙江，岂能让旱区缺水禾苗黄。(放篙)

　　　　【原板】

　　　　党决定堵江送水奇迹创，

　　　　齐动员全力以赴救旱荒。

　　　　在眼前有一场公私交锋仗，

　　　　战斗中人换思想地换装。

〔阿莲上。

阿　莲　咦，水英姐！

江水英　　阿莲。

阿　莲　　（向内喊）哎——，水英姐回来喽！

　　　　　〔李志田、阿坚伯、宝成等上。

众　　　　水英！

阿坚伯　　水英啊，抗旱会怎么开得这样长啊？

李志田　　是呀，把大伙都等急了。

江水英　　会议之后，县委又组织我们到旱区看了一下

阿坚伯　　哦，你快说说旱区情况。

阿　莲　　让水英姐喝口水再说嘛！

江水英　　慢。我带来一样东西，大家来尝尝。

　　　　　〔江水英取出水壶。众分拿茶杯，江水英倒水。

阿坚伯　　（喝了一口）哎呀，好苦啊！

李志田　　（猛喝一口，随即吐出）噗！噗！嗬，又苦又涩！这是……

江水英　　这是从旱区井底打出来的水！

众　　　　（惊愕）啊！

阿坚伯　　（沉重地）旱得这么厉害！

江水英　　是百年未遇的特大干旱！

众　　　　（急切地）怎么办？

阿坚伯
阿　莲　　我们赶快去支援。

江水英　　用什么支援呢？

阿坚伯　　抽水机都准备好了！

江水英　　河塘干枯，已无水可抽了！

李志田　　那就赶快派人去帮助打井！

江水英　　小水大渴，也无济于事了！

众　　　　那我们用什么去支援呢？

江水英　水！

众　　　水？

江水英　（唱）【西皮散板】

　　　　九龙江有水能救旱。

李志田　水英，（拿水桶作比）九龙江水势低，旱区地热高，这水怎么能上去呢？

江水英　咱们提高水位！

众　　　提高水位？

江水英　对。

李志田　怎么提高？

江水英　堵江。

众　　　好办法呀！

李志田　在哪儿堵江？

江水英　就在这儿！

李志田　在这儿？

江水英　对。就在这儿，筑起一条拦江大坝。

众　　　拦江大坝？

江水英　挡住上游水流。

众　　　挡住上游水流？

江水英　逼着江水改道，流进这公字闸门，顺着九湾河，把水（提起水桶）送到旱区！

　　　　（接唱）

　　　　解救那九万亩受旱良田。

　　　〔众良久无语，各有所思。江水英观察大家情绪，走向李志田。

江水英　志田，你看呢？

李志田　在这堤外堵江，水位提高，流到旱区，可咱们三百亩这么好的庄稼不是全淹了吗?!

江水英 俗话说，甘蔗没有两头甜，我们应当作出必要的牺牲！

李志田 这群众工作怎么做呀！

江水英 关键在咱干部。

阿坚伯 （考虑已定）县委已经决定了，咱们就应当坚决执行！

李志田 ……

江水英 等会儿咱们开个支委会，重新学习党的八届十中全会公
报，统一思想。

李志田 （勉强地）好吧。

阿 莲 水英姐，我们团支部也讨论一下吧？

江水英 好。咱们分头通知。

〔江水英、阿坚伯 阿莲、宝成等下。

〔李志田望着二百亩，走过去拔起一把绿麦，沉重地凝思。

〔阿更挑化肥上。

阿 更 （满怀喜悦地）快快快，加油干！

李志田 别干了！

阿 更 为什么别干了？

李志田 叫你别干就别干嘛！

阿 更 嘿？刚才你还说加五斤，加五斤，可现在……

李志田 刚才是刚才，现在是现在。

阿 更 到底是怎么回事？

李志田 要在这堤外堵江救旱！

阿 更 （大惊）啊？这三百亩不是全完了吗？

李志田 那还不完！

阿 更 那我们八小队怎么办？这关系到夏熟分配，早季插秧，
还有小队的红旗，……

李志田　大队红旗都保不住了，还提什么小队红旗！

阿　更　这可是快到手的十几万斤粮食啊！大队长，你不能不管哪！

李志田　我？（烦躁地）嘻　（欲走）

阿　更　大队长！大队长！

李志田　（转身）别说了，县委决定，咱就执行！

　　　　　　　　　　　　　　　　　　　——幕　闭

第二场 丢卒保车

〔当天晚上。

〔李志田家门口，门框上贴着对联："翻身不忘共产党""幸福全靠毛主席"。门前场地上有一张小竹桌，上有饭菜，旁有竹椅两把。

〔幕启：李志田眺望麦田。

李志田 （唱）【二黄摇板】

眼望着堤外的庄稼苗壮茂盛，

麦浪起伏我的心翻腾。

支委会讲座了堵江决定，

三百亩将被淹叫人心疼。

〔常富匆匆上。

常　富　大队长，听说要在咱们这儿堵江，是真的吗？

李志田 （气粗地）还能假？马上要开动员大会了！

常　富　那你同意了？

李志田 这是县委的决定！

常　富　完了，那堤外还有我的自留地！

李志田 哎呀，大家都为集体操心，可你净顾那块自留地！

常　富　我那自留地上种的都是麦子呀！

李志田 你的麦子，大队补给你！

〔黄国忠上。

常　富　我那是高产田哪！十赔九不足！

李志田 你……

常　富　（向黄国忠）黄国忠，你说说……

黄国忠　好了，好了。常富哥，大队长为了堵江的事，伤透了脑
　　　　筋，别再给他添麻烦啦！

〔黄国忠推开常富。常富下。

黄国忠　哼，他就是自私自利！大队长，堵江什么时候开工？

李志田　（不甚在意地）今晚动员，马上就开工。

黄国忠　好，堵江救旱就是好！‥　唉！要是没有虎头岩挡道那
　　　　就更好了！

李志田　（注意地）什么，虎头岩？

〔江水英上。

黄国忠　你不知道，后山有座虎头岩。当地人说，虎头虎头使人
　　　　愁，山嵩坡陡水断流。这水根本流不过去！

李志田　流不过去？

黄国忠　是啊，这样恐怕三百亩就白淹啦！

李志田　……

江水英　烧窑师傅，你对后山很熟悉呀！

黄国忠　（　惊，忙掩饰地）不，我也是听别人说的，是有个虎头岩。

江水英　这个问题抗旱会讨论过了。

李志田　怎么解决？

江水英　县委作了部署，咱们这儿堵江，后山动工打通虎头岩。

黄国忠　那好，那好！你们忙吧，我去准备准备，明天参加堵
　　　　江！（下）

江水英　志田，还没吃饭哪？大嫂呢？

李志田　开会去了。

江水英　快吃饭吧。

李志田　这时候吃也不香。（恳切地）水英，咱们是不是把困难向

　　　　县委反映一下？

江水英　（微笑地）咱龙江大队可从来没把困难上交过呀！

李志田　…（坐下）

江水英　你这个炮筒子，今天在支委会上怎么闷起来了？

李志田　我…．

江水英　我真担心，要是咱们心里有疙瘩，怎么能带头打好这一仗？！

李志田　你想，这一堵江，淹了三百亩这么好的庄稼。虽然县委给咱们补助，可是补不了我的产产指标，补不了我的超产分红，补不了我的晚委损失，补不了我的……

江水英　问题就在这儿，你怎么净想我的，我的。

李志田　我的？我说的都是集体的。

江水英　不错，是集体的，可这是个小集体，仅仅是一个点！

李志田　一个点？

江水英　在抗旱这盘棋上，它只是个卒子。

李志田　卒子？好大的卒子，三百亩哇！我的支部书记！

江水英　志田，咱们应该从全局着眼哪！好比你们下棋，为了顾全大局，争取主动，有时就不得不丢掉某一个子。你不是常说"丢卒保车"吗？

李志田　这是种田，又不是下棋。

江水英　淹掉多少，解救多少，你应该懂得算账。

李志田　我又不是会计。

江水英　这个道理你应该懂得。

李志田　我懂，我懂得小麦被水淹了就没有收成，我懂得大田被水冲了肥料就会流失，土质受到影响，修整需要劳力，晚季生产受损。这一切，你都想过没有？

江水英 （意味深长地）这大田是咱们亲手开，这庄稼是咱们亲手
栽，怎么能不想啊！

（唱）【二黄原板】

几年前这堤外荒滩一片，

是咱们用双手开成良田。

冒冬雪迎春寒长年苦战，

才使这荒滩变成米粮川。

李志田 （接唱）

为垦荒咱流过多少血和汗，

为垦荒咱度过多少暑和寒。

开拓出肥田活土连年得高产，

难道你竟忍心一朝被水淹？

江水英 （接唱）

你只想三百亩夺取高产，

却不疼九万亩受灾良田。

那九万亩，多少人流过多少血和汗？

那九万亩，多少人度过多少暑和寒？

咱怎能听任江水空流去，

忍看那似火的旱情在蔓延？

一花独放红一点，

【散板】

百花盛开春满园。

【垛板】

在今日牺牲一块高产片，

可赢得那后山，九万良田，得水浇灌，稻浪随风卷，

大旱年变成丰收年。

李志田　（有所触动）**按理说是应该丢……（想）那就丢吧！**

江水英　**不！**

李志田　**怎么？**

江水英　**一方面是要丢卒保车，另一方面咱们还要自力更生，想办法尽量补回损失。**

李志田　**补回？怎么补？**

江水英　**我反复考虑过，是不是有这样的可能：堵江后咱们反力量扑在堤内三千亩上，努力提高亩产量，把堤外的损失从堤内补回来。**

李志田　（兴奋地）**什么，什么，你再说一遍。**

江水英　**堤外损失堤内补！**

李志田　**堤外损失堤内补？**

江水英　**如果，咱们再把副业抓紧，……**

李志田　**那就是农业损失副业补？**

〔江水英点头示意。

李志田　**哎，有道理！这么说，堵江没问题了。**

江水英　**没问题？志田，咱们堵江救旱，敌人一定怕得要死，恨得要命，想方设法进行破坏。咱们要遵照毛主席的教导："千万不要忘记阶级斗争。"**

李志田　**是啊。一定把四类分子管得老老实实的！**

江水英　**还要注意暗藏的敌人！**

李志田　**对！**（欲走）

江水英　**到哪儿去？**

李志田　**找阿更布置任务。**

江水英　**你先完成这个任务。**

李志田　**什么任务？**

江水英　吃——饭！

李志田　哈哈哈！

江水英　（一摸饭碗）哟，饭凉了，我给你热热去。（端碗下）

〔阿更上。

阿　更　大队长！支委会怎么讨论的？

李志田　（率直地）那还用问，坚决堵江！

阿　更　那我们小队的损失……

李志田　给你们补助嘛！

阿　更　补助？我们小队是高产片！

李志田　嘻，你怎么老想你那一个点。

阿　更　一个点？那么大一片哪！

李志田　在抗旱这盘棋上，它只是个卒子。

阿　更　卒子？

李志田　嗯，比如咱们下棋，为了取胜，有时就不得不丢掉某一
　　　　个子。这叫什么你知道吗？

阿　更　什么？

李志田　这叫"丢卒保车"！

阿　更　丢卒保车？

李志田　通了吧？

阿　更　没通。

李志田　直通通的转不过弯来，堤外损失就不能想办法从堤内补
　　　　回来？

阿　更　堤内补，我们小队没事干。

李志田　你不会来一个农业损失副业补？

阿　更　什么，副业补／什么副业？

李志田　烧窑。

阿　更　（大悟）哎，有道理！烧一窑砖就是两千块钱哪。这个任

务交给我们吧！

李志田　行，你马上组织劳力上山砍柴，准备开窑烧砖！

阿　更　好，这一下保证补回损失！（兴奋地下）

〔阿坚伯、阿莲、宝成、男社员甲和众社员内喊："水英！"上。

〔江水英自屋里出。

阿坚伯　我们贫下中农学了毛主席著作，大伙都说，淹三百，救

九万，……

众　　　我们干！

阿　莲　我们共青团员学了毛主席著作，组织了青年突击队，……

众　　　冲上堵江第一线！

阿坚伯　大伙还想了好些补救办法。

李志田　什么办法？

阿坚伯　堤外损失堤内补！

阿　莲　农业损失副业补！

男社员甲　早季损失晚季补！

宝　成　小麦损失杂粮补！

众　　　一定能补回来！

江水英　对。人民公社力量大，定叫低水……

众　　　上高山！

〔众"亮相"。

　　　　　　　　　　　　　　　　　　　　　——幕　闭

第三场 会战龙江

〔堵江几天后的一个下午。

〔工地一角，红旗招展。宣传牌上贴着决心书。

〔幕启：民工们抬石运土，人来车往。

〔男社员甲挑茶水桶上，端着茶杯，招呼大家喝水。

男社员甲　哎——，大伙喝口水再干吧！（向另一社员）喝口水吧！

〔众不肯歇，继续劳动，下。

〔阿莲推车运石上。

男社员甲　阿莲，歇会儿。

阿　莲　今晚大坝就要合龙了，谁歇得下来！

男社员甲　（拉住阿莲）不休息还行？你是团支部书记，就带个头吧！（递茶杯给阿莲）

〔后山民工甲上。

阿　莲　同志，喝口水。

民工甲　谢谢你，不喝了。

阿　莲　你们从早晨一直干到现在，连口水都不肯喝，叫我们真过意不去。

民工甲　龙江大队为我们旱区堵江淹田，水英同志又带着你们起早摸黑地猛干，还关心我们的生活，叫我们说什么好呢？

〔二解放军抬大石块上。

阿　莲　可别这么说，三年前我们这儿发大水，也幸亏你们后山公社来帮助。

解放军甲　山前山后贫下中农心连心哪!

民工甲　解放军同志，歇会儿吧。

阿　莲　解放军给我们作了好榜样，我们两处受灾，你们都来支
　　　　援。

民工甲　是啊，哪里有困难你们就赶到哪里。

解放军甲　咱们军民一家嘛!我们做得很不够。

　　　　〔二社员上，阿莲示意他们把解放军抬的大石块悄悄抬走。

解放军甲　（急喊）哎，同志，同志⋯⋯

阿　莲　（拦住，递杯，风趣地）咱们军民一家嘛!

　　　　〔解放军乙乘阿莲不备，把阿莲的车子推走。

阿　莲　（急喊）哎，同志，同志⋯⋯

解放军甲　（拦住，递杯）咱们军民一家嘛!哈哈哈!（跑下）

　　　　〔民工甲从另一方向下。男社员甲挑茶桶下。

阿　莲　（无比激动）

　　　　（唱）【西皮快二六】

　　　　　　　九龙江上摆战场，

　　　　　　　相互支援情谊长。

　　　　　　　抬头望，十里长堤人来往，

　　　　　　　斗地战天志气昂。

　　　　　　　我立志学英雄，重担挑肩上，

　　　　　　　脚跟站田头，心向红太阳。

　　　　　　　争做时代的新闯将，

　　　　　　　争做时代的新闯将，

　　　　　　　让青春焕发出革命光芒。

　　　　〔阿坚伯扛工具上。

阿坚伯　阿莲。

阿　莲　　阿坚伯，合龙的工具都修好了？真快呀！

阿坚伯　　今儿晚上大坝就要合龙，准备工作越快越好哇！

阿　莲　　来，我把它找到合龙口去。

阿坚伯　　哎，我来，我来。

　　　　　〔阿坚伯、阿莲争扛工具。

　　　　　〔李志田拿扁担上。

李志田　　阿坚伯！

阿坚伯　　嗳！

　　　　　〔阿莲抢扛工具下。

李志田　　大坝就要合龙了，你们小队烧窑的柴草准备好了吗？

阿坚伯　　都准备好了。

李志田　　堤外淹了三百亩，这烧窑补救的任务可就全靠您和阿更
　　　　　两个小队了。

阿坚伯　　没问题，合龙以后我们就开窑烧砖。

李志田　　（喜笑颜开地）好哇！

　　　　　〔宝成内喊：“大队长！”与社员乙急上。

宝　成　　大队长，坝上出事了！

　　　　　〔黄国忠和二社员闻声上。

李志田
阿坚伯　　什么事？

宝　成　　出现了塌方！

阿坚伯　　塌方多少？

宝　成　　有好几丈宽！

李志田　　水英知道吗？

宝　成　　正在坝上组织抢救。

阿坚伯　　怎么抢救？

316

宝　成　急需大批柴草！

李志田　那得多少柴草啊！

阿坚伯　要赶紧想办法。

宝　成　指挥部正在采取紧急措施，向兄弟社队调运。

阿坚伯　只怕远水救不了近火！

李志田　那怎么办？

宝　成　水英同志要大队长到坝上商量。

李志田　走！

〔李志田、宝成、社员乙等下。

〔阿坚伯焦灼地望向大坝。

黄国忠　（阴险地）急需大批柴草？（顿生毒计）哼！（溜下）

阿坚伯　（心急如焚）塌方要不赶快止住，大坝就不能按时合龙。

　　　　怎么办？

　　　　（唱）【西皮快原板】

　　　　　　　合龙前竟发生突然故障，

　　　　　　　缺柴草难抢险怎救旱荒？

　　　　　　　眼看着拦水坝横跨江上，

　　　　　　　岂能够一旦间毁于塌方。

　　　　【快板】

　　　　　　　速回村把我队烧窑的柴草让，

　　　　　　　为革命再大的牺牲也要承当！

　　　　〔阿莲、宝成与众社员奔上。

阿　莲　阿坚伯！

阿坚伯　哎，坝上怎么样？

阿　莲　水英姐和大队长决定马上调我们两个小队的柴草救急。

阿坚伯　好！你到八队找阿更，我回四队搬柴草。

阿　莲　同志们，走！

〔众欲行。

宝　成　（突然发现远处烟起）哎，你们看，那窑上滚滚的浓烟！

阿　莲　阿更他们怎么提前起火烧窑了？

宝　成　不好！

众　　　怎么办？

阿坚伯　阿莲！

（唱）【西皮快板】

抢救塌方不容缓，

你们快快去对阿更谈，

轻重缓急须分辨，

起火也应把柴搬！

〔阿坚伯与阿莲等分头"亮相"。

〔切光。

——幕急闭

第四场 窑场斗争

紧接前场，黄昏。

山坡上，窑场一角。

幕启：黄国忠从窑对面夹两大捆柴草上。

黄国忠 （向窑内喊）哎——，再加把劲，把火烧得越旺越好！
（狰狞地）哼！我从后山跑到龙江村，隐藏了十几年，憋得我实在喘不过气来。堵江救旱要叫你们得到好处，休想！

阿 莲 （内喊）同志们，快走啊！

〔黄国忠急忙进窑。

〔阿莲上。

阿 莲 同志们，快到那连搬柴草。我去找阿更。

〔众社员飞速过场。

〔常富从窑内出。

常 富 阿莲，坝上那么忙，你们来干什么？

阿 莲 搬柴草。

常 富 哎呀，我们人手够了。你们来帮忙，以后工分也不好算哪！

〔阿更、黄国忠从窑内出。

阿 莲 什么工分？大坝塌方了！

阿 更 啊，塌方？你们不赶快去抢救，跑到这儿来干吗？

阿 莲 搬柴草抢救塌方。

阿　更　窑上已经起火了。

阿　莲　你们怎么提前起火了？

阿　更　早点起火，早得补救嘛！

阿　莲　哥哥！

（唱）【西皮快流水】

大坝合龙在今晚，

突然塌方添困难。

眼下柴划是关键，

急等我队去支援。

阿　更　不行！

（接唱）

为堵江我队淹了高产片，

不能再来把柴搬。

阿　莲　（接唱）

就要搬！你不想大坝缺柴难抢险？

阿　更　（接唱）

不能搬！你不见窑上已经起了火，

黄国忠　（接唱）

停火就毁了这窑砖！

阿　莲　（接唱）

就要搬！应当停火把柴草献！

阿　更　（接唱）

不能搬！小队损失又增大，

黄国忠　（接唱）

严重后果谁承担？

阿　莲　（接唱）

> 为救旱就该挺身挑重担,
>
> 抢险不能再拖延。

搬!

〔阿更夺下阿莲手中柴草,常富接过,进窑。

〔众社员搬柴上。

阿　更　（急阻）不许搬!

〔江水英上,立于坡上观察动静。

黄国忠　阿更队长,这一窑砖可是两千块钱哪!

阿　更　烧!

黄国忠　对。（向窑内喊）烧!

〔黄国忠欲去添火。

江水英　停下来!

黄国忠　（惊）啊!

〔江水英严峻地走下坡来。

〔李志田上。几个社员从窑内出。

黄国忠　（挑动地）现在停火,一窑砖就要全部报废!

江水英　现在多烧一捆柴,大坝就要多加一分危险!

李志田　（向阿更）你们早不起火,晚不起火,为什么偏偏这个时
候起火!

阿　更　早不塌方,晚不塌方,谁知道偏偏这个时候塌方!

江水英　阿更,你们原先说合龙后烧窑,为什么提前起火呢?

阿　更　群众有这个建议,我也同意。

江水英　谁建议的?

阿　更　是⋯⋯（看了黄国忠一眼）

黄国忠　（抢过话头）是大伙儿提的。

〔江水英警觉地注视黄国忠。

黄国忠　（掩饰地）咱们损失太大了，想早点儿补回来嘛！

阿　更　水英同志，既然起了火就不能停。

黄国忠　对呀！

江水英　（斩钉截铁地）不对！（转向阿更）阿更，你想，如果没有柴草，怎么抢救塌方？抢救不了塌方，大坝怎么合龙？不能合龙送水，怎么完成党交给我们的救旱任务？

阿　莲
宝　成　（气愤地）是嘛！

江水英　同志们，为了保证今晚及时合龙，马上停火搬柴！

阿莲等　对，停火搬柴！

　　　　〔阿莲、宝成带众社员搬柴草下。

黄国忠　（见风转舵地）对，停火！停火！（进窑）

阿　更　（向李志田）我想不通！淹了田，又丢了砖，损失这么大，我们小队怎么办？

李志田　你……

阿　更　我管不了啦！

　　　　〔阿更扭身就走，正遇小红背着几对畚箕上。

小　红　（气喘吁吁地对阿更）叔叔，这儿是龙江大队吗？

阿　更　是呀。

小　红　（兴奋地）我叫小红，从后山来的。

江水英　（急忙走向小红）从后山来的？

小　红　（擦汗）嗯。

江水英　（扶小红坐于树墩上）小红，来，歇会儿，（从一社员手中接过水壶，倒了一杯水）喝口水。

小　红　（接过，喝了一口）哎呀，这龙江水真甜哪！

江水英　（递水壶）那你就多喝点。

〔小红接水壶，欲再喝，杯到嘴边又停住，把水倒回壶内。

江水英　怎么不喝了？

小　红　我奶奶说，一碗水也能救活几棵秧苗。

〔众人感动。

江水英　（感慨地）也能救活几棵秧苗！小红，你奶奶……

小　红　大伙叫她盼水妈。

江水英　盼——水——妈！

小　红　阿姨，在旧社会有一年遇到大旱，我奶奶因为盼水，把眼睛都盼瞎了。解放后，是毛主席派来的医生给她治好了眼睛。这回，听说堵江送水，她可高兴啦！忙着上山砍竹子，回到家，一个劲儿地编哪，编哪，连夜赶编了这几对畚箕，天还没亮，就催我快呀，快呀，快把畚箕送到龙江大队！

江水英　（接过畚箕，异常激动）它，寄托着多么深厚的情意，多么殷切的期望啊！

（唱）【西皮小导板】

　　　　见畚箕似见亲人在盼水，

【慢一六】

　　　　九万良田旱情危。

　　　　见畚箕千丝万篾情可贵，

　　　　后山人抗旱的意志不可摧。

　　　　咱们想一想，提前烧窑对不对？

　　　　要警惕阴暗角落逆风吹。

　　　　虽然是停火搬柴砖报废，

　　　　大坝上危险局面得挽回。

阿　更　（内疚地）对呀！

江水英　（唱）【西皮快板】

　　　　　　喝令九龙东流水，

　　　　　　快向后山展翅飞。

　　　　　　端起龙江化春雨，

　　　　　　洒遍灾区解旱围。

众　　　　（接唱）

　　　　　　喝令九龙东流水，

　　　　　　快向后山展翅飞。

　　　　　　端起龙江化春雨，

　　　　　　洒遍灾区解旱围。

江水英　　（接唱）

　　　　　　鼓起干劲千百倍，

　　　　　　合龙口上振雄威！

　　　〔众"亮相"。

　　　　　　　　　　　　　　　——幕　闭

第五场 抢险合龙

〔当天夜晚。

〔江堤旁。工棚对百矗立着高大的施工架，上挂写有"人定胜天"的红布标语。照明灯光划破夜空。

〔幕启：众社员搬运竹桩过场。

〔阿莲、阿更与众社员上，擦汗掸土。

慨地）

〔李志田扛打桩木槌自另 方向上。

阿　更　大队长，柴草运到，塌方总算止住了。

李志田　好哇！今晚咱们全都参加堵江，早点儿合上龙，早点从三千亩上补回损失。

阿　更　嗳。

〔一阵江风掠过。

李志田　好大的风啊！

阿　莲　水英姐说，后半夜风力可能还要增大。

众　　　还要增大？

〔江风趋紧。

男社员甲　合龙口越是缩小，水流越急。要是风力再增大，合龙更困难啦！

李志田　如果不能按时合龙，风急浪高，冲垮大坝，几天来民工的劳动可全都白费了！

阿　更　三百亩好庄稼也就白淹啦！

阿　莲　更重要的是抗旱计划全落空了！

李志田　看来这是场硬仗啊！

阿　莲　再硬的仗也要打胜！

李志田　走，到合龙口看看去！

〔众下。

〔江风更紧，浪声喧鸣。

江水英　（内唱）【二黄导板】

听惊涛拍堤岸心潮（提马灯持铁锹上）激荡！

【回龙】

夜巡堤，披星光，但只见，工地上，人来车往，灯
火辉煌，同志们斗志昂扬，准备着奋战一场。

【慢板】

九龙水奔腾急千年流淌，

看令朝英雄们截流拦江。

【快三眼】

站堤上想旱区心驰神往，

恨不能九万亩稻谷飘香。

堵江来出现的可疑迹象，

一件件细分析事非寻常。

【原板】

黄国忠怎熟悉后山情况？

出主意烧柴草是何心肠？

今夜晚合龙口关键一仗，

风浪要征服，

暗礁尤须防。

风浪要征服，

暗礁尤须防。

326

望北京更使我增添力量，

【二六】

革命豪情盈胸膛。

纵然有千难万险来阻挡，

为革命，挺身闯，心如铁，志如钢，定叫这巍巍大
坝锁龙江！

〔阿更内喊："水英同志！"持折断竹桩奔上。

阿　更　大风骤起，合龙口水急浪高，打桩遇到困难，竹桩折断，
正在打木桩抢救！

江水英　只怕木桩也难打呀！合龙口坝身逐渐靠拢，如果打桩不
成，大坝就有冲垮的危险！

〔江水英急登高处，望向合龙口。

江水英　（果断地）紧急集合！

阿　更　（向内喊）紧急集合！

〔众社员、解放军上。

阿　莲　突击队全部到齐！

解放军甲　驻军二排前来报到！

江水英　同志们！打桩遇到困难，情况紧急。咱们要发扬勇敢战
斗的精神，想尽一切办法，保证打桩！

众　　坚决完成任务！

〔阿坚伯内喊："水英！"与李志田急上。

阿坚伯　风浪越来越大，木桩打不下去！

〔众议论。

江水英　（登上高处）同志们！现在只有跳入水中，用身体挡住激
流，帮助打桩！

众　　好！

江水英 （再登高　层）伟大领袖毛主席教导我们："**中国人死都不怕，还怕困难么**？"

众　　　我们什么都不怕！

阿坚伯 （挺身而出）我们是共产党员——

李志田等　我们去！

解放军甲 （挺身而出）我们是中国人民解放军——

众解放军　我们去！

阿　莲　我们是共青团员——

阿　更　我们是贫下中农——

众社员　我们去！

江水英　抢险合龙筑大坝，舍己为人掏红心！

众　　　舍己为人掏红心！

江水英　走！

〔众奔赴合龙口。

〔暗转。

〔变景：合龙口，风啸浪涌。

〔后山民工们打桩。木桩被冲走。

〔江水英率众上。江水英果矛地带头跳入水中，众随之跳下，与浪搏斗，筑成人墙，堵住合龙口。

〔合龙口上紧张打桩。

江水英　"**下定决心，**

众　　　**不怕牺牲，排除万难，去争取胜利。**"

〔众志成城，气壮山河，"亮相"。

——**幕徐闭**

第六场 出外支援

〔合龙几天后的一个拂晓。

〔龙江大队村头路口。远处，江水从公字闸流进张湾河。河堤内，绿秧如茵。路旁是江水英的住宅，门上贴着对联："听毛主席话""跟共产党走"门楣挂有"光荣人家"的横牌，门前空地上有作桌凳用的石块若干。屋旁一丛翠绿的新竹，生气勃勃；对面高大挺立的樟树，枝叶茂盛。

〔幕徐启：远处传来鸡啼声。阿坚伯端砂锅上。

阿坚伯 （唱）【西皮摇板】

　　　　堵江后水英带病昼夜苦干，

【流水】

　　　　我老伴见她消瘦心不安。

　　　　送鸡汤但愿水英早日康健，

　　　　水英，水英！在睡呢！

【散板】

　　　　　　为让她多休息我守在门前。（将砂锅放于石桌上）

常　富 （边喊边上）水英，水英！

阿坚伯 （上前急阻，小声地）哎！你别嚷嚷。

常　富 怎么了？

阿坚伯 水英在睡觉。

常　富 我有急事儿嘛！

阿坚伯 轻点儿，让她多歇会儿吧！

常　富　（焦躁地）哎呀！我找大队长，大队长上山砍柴两天了；我找支部书记，支部书记在家睡大觉。那我的事到底还有没有人管？

阿坚伯　你到底有什么事？

常　富　他阿坚伯，你看，为了给旱区送水，这堤外江水越涨越高，要是漫上岸来，我家的房子地势低，那就非淹不可！支训书记管不管哪？！

阿坚伯　什么？你说你家地势低，水英家比你要低得多。可人家全不顾这些，一心一意为集体。你呀，你快回去吧！

常　富　不行，我非找她解决不可！

阿坚伯　我不是告诉你，她在睡觉。

常　富　睡觉我也要找。

阿坚伯　你得为她想想。

常　富　她也得为我想想！

阿坚伯　你该讲点儿道理！

常　富　你别多管闲事！（大声嚷嚷）水英，水英！（径向屋门奔去）

阿坚伯　（拦住）哎，别把鸡汤碰翻！

常　富　什么？鸡汤？（揭开砂锅　看）好哇！难怪人家说："有的干部胳臂往外拐，好处自己揣，社员活遭灾！"

阿坚伯　这话是谁说的？

常　富　这你别管。

阿坚伯　你不说我也知道。

常　富　你知道也好，不知道也好，反正人家说得对。扔着社员不管，自己睡大觉，喝鸡汤。这算什么书记！这算什么干部！

阿坚伯　（气极）住口！（又强抑怒火）你知道吗？人家水英为了关心

社员生活，为了减轻国家负担，带着病泡在秧田里，没日没夜地苦干。她，每天半夜起身，为大家烧好茶水，修好农具；天天晚上，走东家，奔西宅，解决社员困难，安排集体生产。几天来，眼熬红了，人累瘦了，可她一声不吭，越干越猛。昨天差点晕倒田头，是大伙儿硬把她搀回家来。（越说越气）可是你，竟然听信流言，出口伤人，只顾自己，不顾别人，自私自利，是非不分，真是岂有此理！·

（唱）【西皮二六】

　　　　自从大坝筑成后，

　　　　咱水英更加忙不休。

　　　　她带领群众苦战三千亩，

　　　　废寝忘食、抱病操劳夺丰收。

　　　　你整天自留地上来奔走，

　　　　她日夜大田插秧热汗流。

　　　　你只知伸手要补救，

　　　　也千方百计自力更生争上游。

　　　　你只怕江水淹到家门口，

　　　　她为筑坝带头跳水截江流。

【流水】

　　　　这样的好书记人人夸不够，

　　　　你思一思，想一想，你胡言乱语多荒谬，难道不害

　　　　羞?!

常　富　什么，我不害羞？跟你说没有用，我还是要找支部书记。

　　　　（边说边冲向屋门）水英，水英！（推门欲入）

　　〔从相反的方向传来江水英原声音："嗳——！"

〔常富愕然转身远望。

〔曙光微露，布谷鸟鸣。

〔江水英拿着外衣，上，擦汗。阿莲拿量水标尺、手电筒，与社员丙随上。

江水英　常富叔，您找我有什么事？

常　富　（尴尬地）呃，我……我没什么事。

阿坚伯　水英，你又是一夜没睡呀?!

阿　莲　她领着我们在九湾河里，查看水情，测量水位。

阿坚伯　（对江水英）看你，衣服都湿透了！……

江水英　（微笑着）没什么。阿坚伯，江水上涨比昨天还快。这样下去，万一漫进堤来，五百亩秧田也要受淹。

阿坚伯　这事情可严重了！

江水英　我们马上组织劳力，加高河堤，坚持送水，保信大田。

阿坚伯　这个办法好哇！

江水英　我想，劳力可能紧张一些，但是依靠群众是完全可以解决的。走，咱们到各队去看看。

〔江水英欲走，忽然一阵晕眩。阿坚伯、阿莲急忙上前，扶江水英坐于石登上。

阿坚伯　（关切地）水英，怎么啦？

江水英　没什么。

阿坚伯　你快去休息吧！

江水英　阿坚伯，咱大队百十户人家千把双手，日夜苦战在田头，男男女女，老老少少，劲往一处使，汗往一处流，想的是堤内大田创高产，盼的是三千亩上夺丰收。在这个时候，我怎么能歇得下呢?!

阿坚伯　可你……

江水英　（对阿莲）咱们马上走！

阿坚伯　等等！（捧起砂锅，深情地）孩子，你太累了，先喝一口暖暖身子吧！

江水英　（看鸡汤，感动异常）阿坚伯，您……

阿坚伯　快喝吧！

常　富　（颇受感动）喝吧！

〔阿更内喊："水英同志！"上。男社员甲、女社员甲等随上。

〔江水英将砂锅放在石桌上。

阿　更　县委高书记从后山打来电话，问这里的水位情况。我已经汇报了。

江水英　你有没有问高书记，后山的虎头岩打能了吗？

阿　更　问过了。没打通。

江水英　还没打通？··（思考）

阿　更　因为劳力紧张，县委正向各公社抽调民工。

阿坚伯　有没有我们的任务？

阿　更　高书记特别关照，我们队的劳力也很紧张，不要出民工了。

江水英　不行！这是领导对我们的照顾。可是虎头岩打不通，这儿水再多也送不到后山。

阿坚伯　我们应该主动派劳力去支援！

江水英　而且越快越好！

阿坚伯
阿　莲　对！
社员丙

常　富　（对社员甲，嘀咕地）我们自己都顾不过来，还管那么远哪？

阿　更　（犹豫地）这　…

333

男社员甲 这的确是个问题呀!

〔众议论。

江水英 (环顾左右,思索片刻,亲切地) 同志们,来。

〔晨曦辉映,春莺百啭。

江水英 (从外衣袋里取出毛主席著作) 咱们一起学习《纪念白求恩》!

众 好!

〔众依次簇拥在江水英身边。

江水英 "白求恩同志是加拿大共产党员,……为了帮助中国的抗日战争,……不远万里,来到中国。 一个外国人,毫无利己的动机,把中国人民的解放事业当作他自己的事业,这是什么精神?"

众 "这是共产主义的精神"!

江水英 (唱)【西皮原板】

手捧宝书满心暖,

一轮红日照胸间。

毫不利己破私念,

专门利人公在先。

有私念近在咫尺人隔远,

立公字遥距天涯心相连。

读宝书耳边如闻党如唤,

似战鼓催征人快马加鞭。

〔彩云万朵,霞光四射。

〔群情激昂。

阿 更 我们应该派人去支援!

众 对,应该去!

江水英 咱们合计一下,派人去后山,这样,队里人手少了,活儿可更重了，秧要抢栽，堤要加高，这些都要好好安排。

阿　更　我们把窑上所有劳力都抽到大田来！

阿　莲　把看家的、上学的也都组织起来！

男社员甲　咱们苦干加巧干，一个顶俩！

阿坚伯　再把机械、耕牛重新调配，进一步挖掘潜力，一定能够
　　　　抽出人手支援后山！

众　　　对！

阿　莲　水英姐，支援后山的任务交给我们青年突击队吧！

江水英　好，我和你们一起去！

阿坚伯　水英，你这几天身体不好，我去吧。

江水英　不，家里的担子也很重，随着江水不断上涨，斗争一定
　　　　更加尖锐。（语重心长地）阿坚伯，咱们都是支部委员，志
　　　　田又不在家，您要多多操心了！

阿坚伯　你放心吧，再大的风浪我们也能顶得住！

江水英　（深切地点头）再见！（取衣，转身，扬手"亮相"）

——幕急闭

第七场 后山访旱

〔距前场二天后，下午。

〔虎头岩陡峭险峻，近处梯田层叠，远处山峦蜿蜒。工地上红旗如画， 派战天斗地的动人景象。

〔幕启：后山民工甲立于岩畔，以旗语指挥爆破。

民工甲 （向岩下）**大家注意喽，马上就要点炮啦！隐蔽！**

〔盼水妈臂挎外衣，提茶水桶上。桶上挂着一个水壶。

盼水妈 **同志们，大家来喝水呀！**

民工甲 **哎，盼水妈，别过来，这边危险哪！**（向岩下）**准备——点炮！同志，快上来！快！**

〔阿更、阿莲和江水英先后自岩下攀登上。

〔盼水妈放下水桶，将衣盖于桶上。

〔岩下轰然巨响。远处传来欢呼声。

众 **好哇！**

民工甲 （对江水英）**两天的活叫你们一天干完了！照这样，明天就能打通虎头岩啦！**

〔阿更、阿莲和民工甲兴奋地下。

盼水妈 （对江水英）**同志，辛苦了！来，喝一口我从十里以外打来的水。**

江水英 （接水）**谢谢您。**

盼水妈 **这些重活都让你们抢先干完了，真是好样的！**

江水英 **老妈妈，路远坡陡的，您这么大年纪，还来给我们送茶**

水·

盼水妈 嘻，这算得了什么。听说龙江水要到了，我这两天高兴得怎么也睡不着。要是能在这虎头岩下，亲眼看一看，亲口尝一尝那滚滚流来的龙江水，心里该有多甜哪！

江水英 可是龙江水到现在还没流到你们这儿！

盼水妈 快了，快了。

江水英 您说来得及吗？

盼水妈 来得及。同志啊，有了人民公社，人心齐，力无比。来得及，来得及！

江水英 老妈妈，龙江大队送水的责任还没尽到啊！

盼水妈 （不大高兴地）什么，龙江大队还没尽到责任？同志，真是不挑担子不知重啊！龙江大队为了送水，在自己家门口堵了江，淹了三百亩高产田。你瞧，（边说边去拿水壶）他们江书记还给我送来了这壶风格水。我一直舍不得喝，看一看就浑身是劲哪！

江水英 （激动地）您是盼水妈？

盼水妈 你？

江水英 我是龙江大队的。

盼水妈 你，你是江书记？

江水英 盼水妈，您就叫我水英吧。

盼水妈 水英！（激动地扑向江水英，双手紧握江水英的手臂）孩子！
（唱）【西皮摇板】

龙江兄弟情谊深，

【流水】

舍己为人风格新。

旱天送来及时雨，

点点滴滴润在心。

江水英　（唱）【西皮慢二六】

公社播下及时雨，

点点滴滴是党恩，是党恩。

盼水妈　（拭泪）你说得好哇！

江水英　盼水妈，我正想找您。（边说边扶盼水妈　起坐于土墩上）

盼水妈　什么事？

江水英　跟您打听一个人。

盼水妈　谁？

江水英　解放前是你们这儿的人，叫黄国忠。

盼水妈　黄国忠？

江水英　根据我们初步调查，他过去的名字叫王国禄。

盼水妈　王国禄！（猛地起身）他，他在哪儿？

江水英　（站起）解放前夕他逃到龙江村去了。

盼水妈　这只披着人皮的豺狼！要是在解放前，遇到今年这样的特大旱灾，真不知有多少穷人要受他的压榨，遭他的毒手哇！

（唱）【二黄散板】

旧社会咱后山十年九旱，

要水更比

【慢板】

登天难。

我爹娘生下我取名叫盼水，

水未盼到我的泪盼干。

【原板】

丁亥年遇大旱，咱穷人缺水遭灾难，

我的儿虎头岩下找到山泉。

狗地主将水源强行霸占，

指派那王国禄把守泉边。

乡亲们怒火满腔到此来争辩，

王国禄，手段毒辣，横暴凶残，可怜我儿，惨遭枪
　　杀血染山岩。

那年月多少人为水死得惨！……

春雷响，天地变，，毛主席把阳光雨露洒满人间。

【二六】

何惧眼前遇大旱，

一方有难八方来支援。

劈山引水与天战，

但愿得龙江水早到后山。

江水英　盼水妈，今天，有毛主席、共产党领导，您的心愿一定
　　　　能实现！

〔阿莲内喊："水英姐！"与阿更急上。

阿　莲　家里来电话说：水位猛涨，秧田受到严重威胁！

阿　更　可这儿水还没流到，高坎地上的麦叶都上黄了！　（出示
　　　　麦棵）

江水英　（接过，焦虑地）水！

盼水妈　（渴望地）水呀！

江水英　（决然地）现在，时间就是粮食。我们应当提高水位，加
　　　　快送水！

阿　更　那我们的秧田就难保了！

江水英　看来，还有三千亩大田、十几户住房都要受到影响，我
　　　　们必须赶紧采取措施！

盼水妈　你们的负担更重了！

江水英　盼水妈，手心手背都是贫下中农的肉，山前山后都是人民公社的田哪！（果断地）阿莲，你们继续帮助打通虎头岩。阿更，咱俩立即去找高书记汇报，然后，连夜赶回大队。

阿　莲
阿　更　好。（分下）

盼水妈　等等！（边说边去桶上取衣服）晚上赶路风寒露冷，拿件衣服去。

江水英　（谢阻）不用了。

盼水妈　孩子！……

江水英　（深情地）盼水妈！

（唱）【西皮散板】

　　急切中说不尽话语万千，

您的血海深仇一定得报，龙东甜水一定及时流到后山！

（接唱）

　　夏收时再见面共庆丰年。（下）

盼水妈　（追送衣裳）水英！水英！（望着江水英的背影，感动万分）

〔收光。

——幕　闭

第八场　闸上风云

〔次日，午前。

〔公字闸前。宏伟的公字闸屹立在九龙江畔，闸上红旗飘扬。

〔幕启：男社员甲持工具急上。

男社员甲　（向内喊）同志们！沿岸秧田进水，赶快抢救！（下）

〔众社员各持工具从水闸一方奔上，过场。常富追上，拦住走在后面的宝成。

常　富　宝成，水都快淹到咱家门口啦！快跟我回去搬家！

宝　成　爹，抢救大队秧田要紧！

常　富　傻孩子，你家都不管啦？

宝　成　你这是个人主义！

常　富　这哪儿象我的儿子！

宝　成　我要象你就糟了！（跑下）

〔常富追下。

〔李志田风尘仆仆自水闸　方上。

李志田　（唱）【西皮摇板】

砍柴草餐风宿露五天整，

兴冲冲快步如飞回江村。

〔黄国忠拉常富自另　方上。

常　富　哎呀，大队长，你可回来了！

黄国忠　咱们村可乱了套啦！

李志田　（忙）怎么啦？

341

黄国忠　你看，江水一个劲儿猛涨，咱们五百亩秧田淹了一半儿啦！

李志田　（大惊）啊?!

常　富　房子也危险了！水英家已经进水了，我家也快啦！

李志田　水英呢？

黄国忠　哼，她丢下大队不管，还带着些人跑到后山去发扬风格！

李志田　（恼火地）这，这是怎么搞的！

常　富　你快拿主意吧！

黄国忠　大伙儿都在说，现在没有别的办法，只有破掉拦水坝！

李志田　破坝？没有县委指示，不能破坝！

常　富　我的大队长，再这样下去，不但淹掉五百亩秧田，还要淹掉十几户住房啊！

李志田　（心事重重地）不，坝是不能破的……

黄国忠　（抢过话头）那也得把闸门关上！

李志田　关闸断水？

黄国忠　是啊，何况人家说，旱区早就有水了。

李志田　（注意地）怎么？

黄国忠　旱区有水了！

李志田　当真有水？

黄国忠　千真万确！

常　富　你是一队之长，可得为我们群众着想啊！

黄国忠　是啊，水火无情，不能再犹豫啦！

李志田　（横了横心）关闸！

黄国忠　好，关闸！

〔李志田、常富、黄国忠冲向闸门。

阿坚伯　（内喊）志田，不能关闸！（边喊边上）

李志田　阿坚伯！

阿坚伯　志田，你怎么一回来不问情由，就要关闸？

李志田　江水漫堤岸，应当把闸关！

阿坚伯　关闸断水源，怎能救旱田？

李志田　房田遭水淹，责任谁承担？

阿坚伯　旱灾不得救，损失重如山！　（纵身登上水闸石阶，挡住李
　　　　志田）

　　　　（唱）【西皮快二六】

　　　　　　志田耐心听我劝，

　　　　　　不能鲁莽把闸关。

　　　　　　这闸门直通旱区九万亩，

　　　　　　这闸门与阶级亲人血肉紧相连。

　　　　【快板】

　　　　　　支委会决定莫违反，

　　　　　　水英不在，你我定要把好关。

李志田　（接唱）

　　　　　　后山得水已解旱，

　　　　　　水英在，也会决定把闸关。

阿坚伯　（接唱）

　　　　　　后山得水谁曾见？

李志田　（接唱）

　　　　　　有人亲口对我言。

阿坚伯　（接唱）

　　　　　　流言蜚语不可信，

　　　　　　贸然关闸太主观。

李志田　（接唱）

紧急中我有权作出决断。

关！

黄国忠
常　富　关！

〔李志田冲向水闸，被阿坚伯拉住。李志田挣脱，欲去关闸。

〔江水英突然也现于闸桥上。阿更、宝成、社员群众紧随身后。

江水英　（唱）【西皮散板】

关闸门断水源责任大如天！

李志田　水英，你回来得正好。你知道吗，你的房子已经进水，
队里秧田有一半受淹，再这样下去，五百亩秧田全部泡
汤了！

江水英　（思考着走下闸阶）那你说怎么办？

李志田　立刻关闸。

江水英　关闸？

李志田　对！

江水英　断水？

李志田　不错！你同意吗？

江水英　（稍　停顿）不能同意。

李志田　（非常意外地）什么，不同意？

江水英　非但不能关闸，还要把闸门提高！

李志田　提高？

江水英　开足！

李志田　开足？

江水英　全部开足！

李志田　啊！全部开足？

江水英　嗯。

〔众愕然。黄国忠阴险地溜下。社员乙和另一社员警惕地跟踪下。

李志田　哎，旱区不是有水了吗？

江水英　没有，这水刚刚流到前山湾，还有七万亩土地滴水未到哇！

众　　　滴水未到？

阿坚伯　为什么？

江水英　咱们这儿水位太低，流速太慢了！

众　　　这可怎么办？

阿坚伯　人误地一时，地误人一年哪！

江水英　对，农时不等人，救灾如救火。我们只有提高水位，加快流速，承担最大的牺牲！

　　　　〔众思索。

李志田　（向江水英）这，这主意是谁出的？

江水英　是我。

李志田　什么，又是你?!（气呼呼地坐于水闸对面的石块上）

江水英　（走过去，亲切地）怎么了？

李志田　照你这个做法，那就不是五百亩秧田了，咱大队的十几户住房、三千亩的家当就全丢光啦！我问你，这还叫"丢卒保车"吗？

江水英　（从容地）在抗旱这盘棋上，三千亩还是个卒子。

李志田　啊？哪有这么大的卒子！

阿坚伯　为了保社会主义这个帅，慢说是卒子，就是马，就是炮，就是车，也要丢！

李志田　（猛然拍腿）不行！现在我不能不说了！（起身，向江水英连珠炮似地）当初，淹三百亩的时候，你说是丢卒保车，我依了你；牺牲一窑砖，你说是顾全大局，我又依了你。

本来，你说是堤外损失堤内补。可你，说了不做，竟然不顾劳力紧张，抽调人力跑上后山！

〔阿坚伯欲制止，被江水英拦住。

李志田 这且不说。现在，你又要开足闸门，提高水位。社员房子进水，你看也不看；三千亩大田要淹，你想也不想。你只知一个劲儿丢、丢、丢，却不管社员愁、愁、愁。

（挡住阿更的劝阻，继续对江水英）你，对得起广大的社员群众吗?！ 对得起同甘共苦的战友吗?！ 对得起生你养你的龙江村吗?！

阿坚伯 等
阿　更　 （气愤地对李志田）你……！

〔江水英复又止住。

〔女社员甲和另一社员跑上。

〔女社员乙伤心地扑向江水英怀中，抽泣。

江水英 （面对掉队的战友，十分痛心；诚挚地）志田，几年来，我的工作距离党的要求，群众的期望，相差很远，做得很不够。咱们是同一岗位上的战友，是同根相连的阶级亲人。在抗旱这场斗争中，我要是做得不对，你可以指出，我要是有错，你应该批评。但是，咱们对毛主席的教导，党的决定，决不能有半点含糊，更不能背道而驰！ 否则，（越说越激动）那才真正是对不起广大的社员群众！ 对不起同甘共苦的战友！ 对不起生我养我的龙江村！ 更对不起（深沉地）三年前帮我们重建江村的阶级弟兄啊！

（唱）【反二黄慢板】

　　面对着公字闸　往事历历如潮翻滚，

　　这一砖这一石铭记着阶级深情。

三年前龙江村山洪迸发，暴雨倾盆，田地全淹尽，
房被冲毁，人困山顶，危急万分。

【原板】

忽然间红灯闪群情振奋，

毛主席派三军来救江村。

东海上开来了救生快艇，

赠馒头送寒衣暖人身心。

乡亲们手捧馒头热泪滚，

毛主席的恩情比天高，比地厚，更比海洋深！更比
海洋深！

战洪水，后山人不惜牺牲抢担重任，

筑长堤，造大闸，万人合力重建龙江村。

咱怎能好了疮疤忘了痛？

更不能饮甜水忘记掘井人！

【散板】

忆当年看眼前，此情此景令人心疼实难忍，

【摇板】

同志啊！战友哇！

【二六】

似这点小风浪你尚且站不稳，更何谈为人类求解放
奋斗终身！

李志田　（颇为感动地）水英，还是你的主意对呀！这闸门应当
提高。

常　富　（连忙）等等！让我回去先把家搬了,你们再动手吧？

宝　成　得了！咱们家早就搬了！

常　富　谁搬的？

宝　成　刚刚水英同志一进村，不顾自己家里已经进水，带着大
　　　　伙抢先把五保户张大娘和咱们的家都搬到高处去了！

常　富　（大为感动）哎呀，水英啊…　（对李志田）你们就开闸吧！

李志田　慢，咱们赶快把水英家的东西搬走！

宝　成　我们已经搬了。

李志田　那赶紧把另外十几家提前搬走！

女社员甲　水英早已布置了，现在全都搬好了！

　　　　〔众人深受感动。

李志田　（负疚地）哎呀！这些，我确实不知道哇！

阿坚伯　你不知道的事情多着哪！你走之后，水英在大田日夜苦
　　　　干，人都累病了。这能说是说了不做吗?!

阿　更　她在回村路上，就想到要把秧苗移到高处，准备以后排
　　　　涝补种。这能说是对三千亩想也不想吗?!

女社员乙　水英姐回到村里，直奔低洼住房，组织我们搬家;她，
　　　　还背着张大娘一步一步走到高地，安排住处。这能说是
　　　　对社员的疾苦不问不看吗?!

阿坚伯　志田，你想想，刚才你都说的些什么话哟！

李志田　（愧痛不已）水英，我错怪你了！

　　　　〔社员乙和另一社员内喊：“走!”押黄国忠上。

社员乙　水英同志，你估计得很对呀！这个家伙果然狗急跳墙，
　　　　偷偷溜去破坏大坝……

另一社员　当场被我们逮住了！

　　　　〔众人无比愤怒。

黄国忠　（装作理直气壮的样子）你们不要冤枉好人！我这不是破坏，
　　　　我是为大家着想！（伴作痛心）我不忍心乡亲们遭受这么
　　　　大的损失啊！常富哥，大队长,你们是了解我黄国忠的！

江水英　（大喝　声）王国禄！

黄国忠　（下意识地答应）嗳！（忽感失口，强作镇定）

江水英　你不要再表演了！（怒不可遏地严厉斥责）解放前，你骑在
　　　　人民头上，作威作福，霸水占田，杀人害命，铁案如山！
　　　　解放前夕，你改名逃窜，潜伏多年，梦想变天，造谣惑
　　　　众，挑拨离间，煽阴风，放冷箭，阴谋破坏，肆意捣乱！
　　　　你是死心塌地的反革命，罪恶滔天！

　　　　〔黄国忠颓然倒地。

常　富　原来你是这么个坏家伙！

李志田　（怒火填胸，一把抓起黄国忠）你这条毒蛇！

江水英　把他押下去！

众　　　彻底清算斗争！

　　　　〔社员乙与　社员押黄国忠下。

李志田　（痛心疾首地）我上了他的当！

江水英　（语重心长地）王国禄口口声声说什么他"是为大家着想！"
　　　　他说的"大家"是咱龙江大队吗？不是！他是为谁着想？
　　　　他是为着他那个阶级！每个阶级都有自己的公与私，每
　　　　个阶级都有自己的公私观。志田，敌人利用了你的私字，
　　　　私字掩护了敌人！志田，咱们都是共产党员，可不能让
　　　　敌人用咱们的手来达到他们的目的呀！

李志田　（愧恨交集）

　　　　（唱）【二黄原板】

　　　　　　　一番话说得我又愧又恨，
　　　　　　　水英你挖出了我的病根。
　　　　　　　我只当为集体担负责任，
　　　　　　　其实是扩大了的私字迷住我的心。

它使我目光浅危害革命，

辜负了党的期望，对不起阶级亲人。

一阵阵的风雨啊，一层层的沉痛教训，

从此后永不忘阶级斗争，赤胆忠心为人民，奋斗

终身！

〔常富羞愧地下。

〔李志田望着江水英，痛惭地低下头。

江水英　（热情地）志田，抬起头来，看，前面是什么？

李志田　咱们的三千亩土地。

江水英　（引李志田踏上水闸石阶）再往前看。

李志田　是龙江的巴掌山。

江水英　（引李志田登上闸桥）你再往前看。

李志田　看不见了。

江水英　巴掌山挡住了你的双眼！

　　　　（唱）【反二黄原板】

抬起头，挺胸膛，

高瞻远瞩向前方。

莫教"巴掌"把眼挡，

四海风云胸中装。

要看到世界上

【二六】

多少奴隶未解放，

多少穷人遭饥荒，

多少姐妹受迫害，

多少兄弟扛起枪。

多少姐妹受迫害，

【散板】

多少兄弟扛起枪。

【二六】

埋葬帝修反，

人类得解放。

埋葬帝修反，

人类得解放。

【垛板】

让革命的红旗插遍四方，插遍四方，插遍四方，

高飘扬！

李志田 （激动地）水英，开闸吧！

江水英 开闸！

〔李志田大步跑去开闸。

众 （欢呼）开闸喽！

〔江水奔流。群情鼎沸。

——幕 闭

尾声 丰收凯歌

〔夏收季节的早晨。绚丽的朝霞，烘托着火红的太阳。

〔粮站门口。黄澄澄的田野上，葵花朵朵，电柱成行， 片丰收景象。

〔幕启：两队旱区社员，分由盼水妈和后山民工甲带领，各举着写有"龙江大队"字样的标旗，穿节日盛装，挑公粮舞上，相遇。

民工甲　盼水妈，您怎么来啦？

盼水妈　你怎么来啦？

民工甲　您来干什么？

盼水妈　你来干什么？

〔粮站管理员上。

粮管员　你们都来干什么？

民工甲　管理员同志，我们是龙江大队交公粮来了。

盼水妈　管理员同志，我们是龙江大队交公粮来了。

粮管员　(看两队标旗)"龙江大队"，"龙江大队"。你们到底哪一个是龙江大队呀？

民工甲队　我们是龙江大队！

盼水妈队　我们是龙江大队！

民工甲队　我们是！

盼水妈队　我们是！

粮管员　别吵，别吵！昨天来了几个龙江大队，今天又来了几个龙江大队。我看你们哪，都不是龙江大队。

众　　　我们是龙江大队！

　　　　〔小红跑上。

小　红　奶奶，那边又来了一个龙江大队！

　　　　〔江水英、李志田、阿坚伯、阿莲、阿更等举着龙江大队标旗，挑

　　　　公粮上。

　　　　〔大家意外相遇，热情洋溢。

众　　　水英同志！

粮管员　看，这才是真正的龙江大队！

盼水妈　同志，你无论如何要把我们的粮食收下！
民工甲

民工甲队　收我们的！

盼水妈队　收我们的！

后山社员们　不能收他们的！

粮管员　为什么？

盼水妈　同志！

　　　　（唱）【西皮流水】

　　　　　　　今年遭遇大旱灾，

　　　　　　　"龙江"淹田送水来。

　　　　　　　我队受益得高产，

　　　　　　　代他们交粮该不该？

粮管员　应该，应该。

民工甲　同志！

　　　　（唱）【西皮流水】

　　　　　　　"龙江"为我们受损害，

　　　　　　　代交肥粮该不该？

粮管员　应该，应该。

江水英　同志们！

　　　　（唱）【西皮流水】

　　　　　　　"龙江"淹田未受害，

　　　　　　　都只为八方支援，万人相助，排水整田，送肥赠苗

　　　　　　　把秧栽。

李志田　（接唱）

　　　　　　　保卒保车又保帅，

　　　　　　　损失全部补回来，自交公粮该不该？

粮管员　应该，应该。

龙江社员们　既然应该，那你就收下吧！

粮管员　别忙，别忙，你们听我说！

　　　　（唱）【西皮流水】

　　　　　　　"龙江"淹田受损害，

　　　　　　　县委指示早下来，

　　　　　　　交粮任务不把他们派，

　　　　　　　我服从命令该不该？

后山社员们　应该，应该。

粮管员　既然应该，那你们就全挑回去吧。

众　　　我们既然挑来，就不挑回去了！

江水英　同志！

　　　　（唱）【西皮流水】

　　　　　　　交公粮责任无旁贷，

　　　　　　　请把我队的收下来。

龙江社员们　（接唱）

　　　　　　　你收下来。

江水英　（向大家）

（接唱）

　　　　我建议把其它的粮食作为余粮卖，

后山社员们　对，对，对！

（接唱）

　　　　作为余粮卖！

江水英　（向粮管员）

（接唱）

　　　　为国家多作贡献该不该？

粮管员　应该，应该。

众　　　那你就全收下吧！（欲挑粮担）

粮管员　慢！你们的口粮都留足了吗？

众　　　留足了！

粮管员　种子粮、饲料粮都留足了吗？

众　　　留足了！

粮管员　储备粮留足了吗？

众　　　全都留足了！

粮管员　好哇，那就收购吧。你们这种共产主义风格，真值得我
　　　　们好好学习呀！

盼水妈　我们要向龙江大队学习！靠了龙江水，才有今年这样的
　　　　大丰收。真是金水银水甘露水，比不上"龙江"送来的风
　　　　格水呀！

江水英　江大海大天地大，比不上毛主席的恩情大！同志们，我
　　　　们这次战胜百年未遇的特大干旱，全靠党的坚强领导，
　　　　全靠战无不胜的毛泽东思想！

众　　　（齐唱）【西皮原板】

　　　　共产主义精神凯歌响，

公字花开万里香。

跟着伟大领袖毛主席，跟着共产党，

江水英　（唱）【西皮散板】

永远革命，

众　　　（接唱）

奔向前方！

〔朝阳灿烂，光芒万丈。

〔江水英高擎毛主席著作，与众社员"亮相"。

——幕徐闭

（剧　终）

人換思想地換裝

第一场　江水英唱

$1 = {}^{\flat}E$　$\frac{2}{4}$

中快　　　　　　　　　　　散

(3·3 3̇3̇ | 3̇2̇3̇ i̇ 5 | i̇7̇i̇ 2̇3̇ | 5̇ — 5̇0) |

（[回头] 仓　才　仓）　　　　　　　　　（仓 0）

【西皮导板】

mf

6 6̇5 5 5̇3 7̇ 7̇6 (7̇6 5·6 7̇6̇2̇ 60) 6̇2̇i̇ 3̇

担 重 任 乘 东 风　　　　　　　 急 回 村

2̇· i̇ 3̇5 3̇02̇ i̇2̇ 2̇ 2̇ i̇ —

上！

（唔～～～～～～～～～）

$\frac{2}{4}$ (3·3 3̇3̇ | 2̇ 5· | 5̇ — | 5̇00 | i̇· 2̇ | i̇65 41 |

仓 才 仓 才　 才　 才才 才才 才才 才00 仓 才 台 才

渐慢　　　　　　　　　　sf

212 46 | 5 — | 565 45 | 6 i̇3̇ | 2̇ — | $\frac{1}{4}$ 2̇0) |

仓0 0　 才台 台台 仓大 大 仓才 仓才 乙个 顷 —　 仓0）

【回龙】

中快

mf

6 6 5 | 5 (356) | i 5 6 | i 6 5 | 3 6 5 6 | i (5.6) | 7 7 6 2 | 7 (656) |

面对 这　波浪 翻滚的 九龙 江，　岂能 让

7 6 2 | 7 6 5 | 0 i 6 5 | 4 — | 4 6 4 3 2 1 2 3 | 5 0 6 7 6 2 7 |

旱区 缺水　禾苗 黄。

p　　　*mf*　渐慢

f　　　原速

6 5.6 | i.5 6 5 i | 5.(5 5 5 | 5 i 3 5 6 i | 5 0 0 0 |

大 大　大.大 大大 衣大 大　仓 0 才 0

mp　*f*　　　渐慢

2̇ 2̇ 2̇ 2̇ 2̇ 2̇ 2̇ | 2̇ 3 5 6 3 5 2 3 | i 3.5 3 2 i 7 | 6 0 7 | 6.7 2 5 3 2 7 6 |

仓）

【原板】

mf 中速

5 4 3　2 3 5 6) | i　5 3 7 | 6.(1 2 3　7 6 5 7 | 6)3　i.2 6 5 |

党 决　定　　堵 江

mp 渐慢

3 6 5　5 (236) | 5.6 3 2　1 2 5 | 3 0 5　1.2 1 2 | 3 6 4 3　2 2 |

送 水　奇 迹 创，

原速
mf

3.(3 33 | 3 4 6 3212 | 3 0) $\overset{\frown}{76}$ | 6 5 5 5(356) |

i. i 5 3 7 | $\overset{\frown}{6}$(765 3235) | 6.5 4 3 2 3 | 5(i65 3 6 5) |
全 力 以 　　赴　　　　　　救 旱　　荒。

3 3 6 5(676 | 5) 2 1 5 | $\overset{\sim}{3}$(532 1235) | i i(656 |
在眼　前　　有 一　場　　　　　公 私

i) 6 5 7 | 6(56i) | 2 i 2 | 3 — | 3 7 7 6 7 | 2. $\overset{\sim}{3}$76 5(06
交　鋒 仗，　戰 斗 中　人 換 思　想

散
mf
762. 2 2676 | 5 0) 3 2. 3 5. 6 5 3 5 | i — —
地 換　　　　　　　　　　　　裝。
（大八 大八

原速
f(5.5 55 |
渐慢
i 2 i 2 i | 2/4 $\overset{i}{5}$ — | 6. i 5 2 | 3 6 5 | 5 — | 5 —) ‖
大大 大大 大大衣 台　　0)

359

百花盛开春满园

第一场　江水英、李志田对唱

1 = D

【二黄原板】

散
mp

（7.7　77　767　52　565　♯45　6　—　7 2）｜2/4　6　65

（江水英白）这大田是咱们亲手开，这庄稼是
咱们亲手栽，怎么能不想啊！

（唱）几

（仓）

稍快
（6 6 67.7｜6567 2317）
渐慢
2 3　3.217｜2　25　7.6 67655｜6　—｜6　0｜

年　　　前

中慢　　　p　　mf　　　　　　　　（1.276 5612）
656 1.265｜53（05 67656）｜7.6 7 6（6567）2 2 1　0｜

这 堤 外　　　荒 滩　　　　片，

（7.656｜7）豪迈地　　　稍渐慢
7762 7｜053 27｜6 53｜03 2.165｜601 231｜

是咱 们 用 双手 开成 良　　田。

原速
mf　　　mp
2.（321 6123）｜52　7.65（6 1）1 32｜165 61｜113 21｜

冒冬雪　　迎春寒长 年　苦

（i.265 67 23）　　　　　　　　　（3. 3 3 3）

i 6 0 | 5 5 7 7 6（7 6 5 7 | 6）2 7 | 6 7 6 5 3
战，　　　才使　这　　荒滩变　成

3 3 2 3 #4 3 0 5 6）　mf　　　　mp　　　　f

3 0 | 7.6 5.（6 7 6）| 2 － | 2 － | 2.5 3 2
米　粮

　p

2.6 7 | 7 － | 7 － | 6 5 7.6 | 5 6 #4.3 2 3
川。

（5. 3 2 3 5 0）渐慢　　　　　　　　　原速
　　　　　　mf　　　　p　　　f　　　（5.5 5 5

5 0 0 6 | 1.2 3 5 2.5 3 2 | 1 0 3 2 1 6 0 1 6 5 | 3 1 1 5 6 6 | 5 －

稍快
　　　　　ff
5 7 6 5 6 1 2 3 | 5.5 5 5 | 5 5 5 5 5 1 2 3 | 6 6 6 3 2 | 1.2 3 5 2 4 3 2

　　　mf　　　f　　　（5. 5 5 3 2 3 4 3 2 3 | 5）

1 0 5. 6 3 2 7 6 | 5 0 7 6 5 6 1）| 3 2 3 5 5 | 5 0 | 0 5 6 2 1
　（李志田唱）为垦　荒　　　　　　咱流　过

　　　　　　　　　　　（3. 3 3 3 | 3 0 6. 6 #4 3 2 4）

3 2 1 6 6（5 6 1）| 2 3 #4 3 － | 3. 2 3 － | 3 0 | 0
多　少　　血和汗，　　　（大·大 大大 衣大 大

（2767｜2）

渐慢

3.332 123）｜767 2·2｜02 272｜3.2 72｜25 72｜

仓 0） 为垦荒 咱度过多少 暑和

原速

（6567 2317） mf （6567）

676 0 ｜657 60｜2·2 365｜51 1276｜506 561｜

寒。 开拓 出 肥田沃土连年得

（1276 5612）

1（561）321｜160｜7762 7（656）｜767 2｜2 13｜

高产， 难道 你 竟忍心一朝

2·1 6｜（5612）33｜3 —｜3 —｜3 —｜

被 水淹？

f渐慢 再慢 原速

（2· 2 22｜

稍快

30 32.532｜1.235 2.161｜20 3 21｜2 —｜2 5·5 5235｜

（大·大 大大 衣大 大

mp

2 0 067 12｜3 0 056 71｜256 1 3217｜256 1 3217｜2.2 23 5 235｜

仓 0 0 才 0 0 仓 才 仓 才 仓 才乙个才

362

稍慢 mp

（江水英唱）你

只

原速

想

三百 亩

渐慢　　　更慢　　原速

夺取

高产，　　却不　疼　九万亩

受灾良田。　　那　　九万

亩，

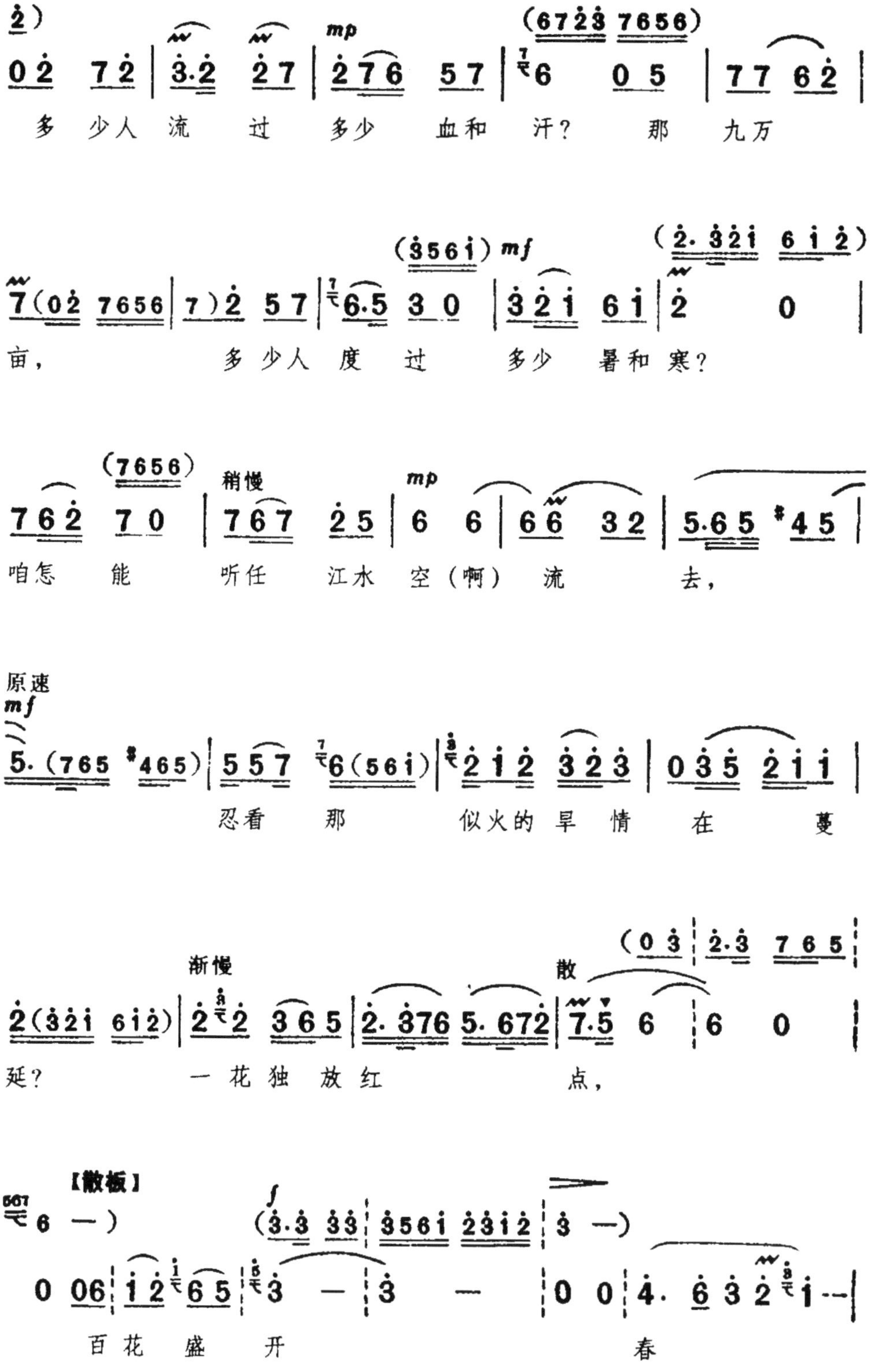
mp
多少人流过多少血和汗？那九万
mf
亩，多少人度过多少暑和寒？
稍慢
mp
咱怎能听任江水空（啊）流去，
原速
mf
忍看那似火的旱情在蔓
渐慢
散
延？一花独放红点，
【散板】
f
百花盛开春

原速　　　　　　　　【垛板】　　　　　　　　　　　（3656 | 7765
mf

2/4 0 5 6 i | 2 (3 2 i 6 i 2) | 1/4 7 6 2 | 5 (6 7 6) | 2·2̇ | 3 6 5 | 7 6 5 |
满　　　园。　　　　　在 今 日　牺 牲 一 块 高 产

3 7 | 6 7 5 7 | 6 5 6 7 | 2̇ 3 i 7 | 6 2 7 6 | 5 7 6 2̇ | 7 5 6 7 | 2̇ 3 5 6 |
3 7 | 6 5 | 6 6 7 2 0 | 6 2 7 6 | 5 6 | 7 6 7 | 2̇ 5 |
片，可 赢 得 那 后　　山，　九 万　良 田，得 水　浇 灌，

2/4 7 5 6 2̇ | 7 6 2̇ 3̇) |　　　　　　p
2/4 0 6·2 | 7· 2 | 6 7 6 7 | 2̇ 0 | 2 — | 2 — | 2 — |
稻　浪　随 风　卷，

　　　　　　　　　　　　　　　　　　f　　　　渐慢
2 0 7 2 | 3 #4 3 | 2 7 2 3 | 5 0 3 5 | 7· 6 5 6 | 7 6 7 2̇ | 7 6 5 7 | 6·(6 6 6 |

6) 5 | 6 i | 2·3 i 2̇ | 3·(6 5 4 3 0) | 3̇ 3̇ 5̇ 2̇ i |
大 旱 年 变　　成　　　　丰 收

6 0 i | 2·i 6 i | 2 i 3̇ 2̇ | 2 — 3 — | i· 2 i 2̇ | i |
年。

　　　　　　　　　　　　　　　　　　　p ═══════ pp
2 — (6 — #4 3 2̇ 5 | 5̇ 4 | 3̇ 0 0 3̇ | 2̇ —) ‖

让青春焕发出革命光芒

第三场　阿　莲唱

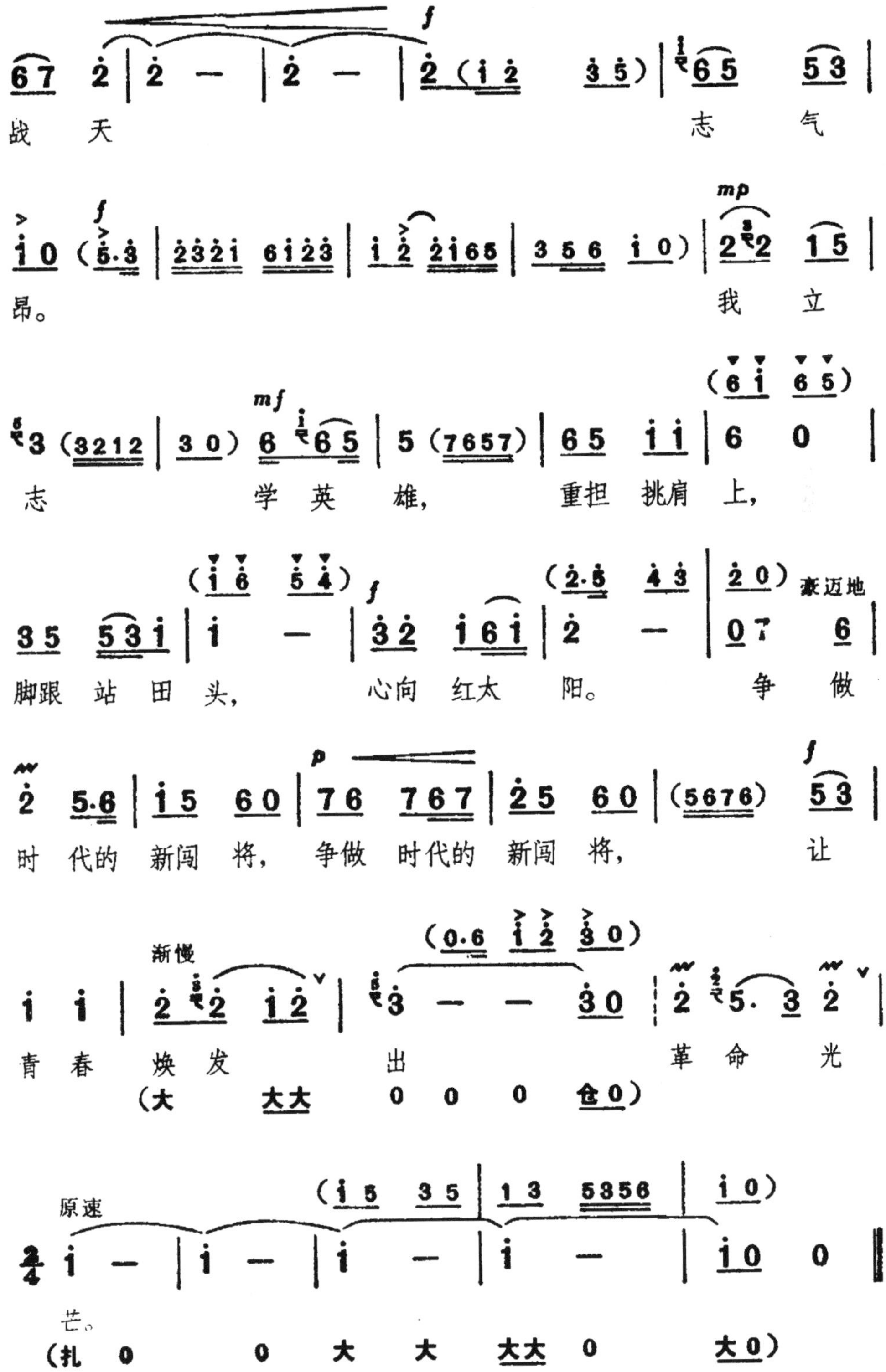
战 天
志 气
昂。
我 立
志 学 英 雄， 重担 挑肩 上，
豪迈地
脚跟 站 田 头， 心向 红太 阳。 争 做
时 代的 新闯 将， 争做 时代的 新闯 将， 让
渐慢
青 春 焕 发 出 革 命 光
(大 大大 0 0 0 仓0)
原速
芒。
(扎 0 0 大 大 大大 0 大0)

为革命再大的牺牲也要承当

第三场　阿坚伯唱

1 = ♭E 2/4

中快

【西皮快原板】

合龙前　竟发生

突然　故障，

渐慢　f原速

（大大　大大　大大衣大　大

缺柴草　难抢险　怎救

旱荒? 眼看着 拦水

坝

横 跨

江 上， 岂能够 一旦间

毁 于 塌 方。 速回村

把我队 烧窑的柴草 让，为革命再大的

牺 牲 也要承

（大八0 大八 大八 嘟 接[水底鱼]）

端起龙江化春雨

第四场　江水英与群众唱

原速

$\overset{\curvearrowright}{5}$ 5(356 | i.235 3217 | 6i56 i07 | 6.765 4323 | 543 2356)|

mf   mp

i.3 2321 | 6.156 i | 2 2.312 | 7.(656 7265)|
见   奋   箕千

365 5(2135) | i 6i5 | 6(565i) 53i | i ⌒i 0 |
万 箕   情 可   贵，   后 山   人

坚定有力地

$\overset{\curvearrowright}{6}$ 6.5 | 365 5(123 | 5356) i76i | 2 — 2 — |
抗 旱的 意 志   不 可 摧。

稍渐慢   稍快   再慢   原速

f
2.5 32 | i.321 50i | 2.16i 22 | i.(i i i |
(大   大大 大大大大   大大

i 2 7656 | i0i i56i | 2.2 22 | 2276 52 | 5.672 7653 |
衣大 大   仓)

渐慢
p
50i0 64 | 502 465) | 065 2 | 5. 32 | 1 5 |
                      咱们 想   一   想，

5(i65 356i | 5)3.6 5.6 | i ⌒i | 06 57 | 6(765 356)|
提 前 烧 窑 对 不 对？

mf

6 5 3 6 | 5.(6) | 5 0 1 6 2 1 | 2 3 4 4 | 4 — | 4 6 4 3 2.(3) |

要 警 惕 阴暗 角落 逆 风 吹。

5 5 3 2 | 1(235) | 6.5 1 1 | 0 1 5 | 6(56) 7 7 6 2 |

虽然 是 停火 搬柴 砖 报废， 大坝

(5.555 | 5555 5 0) *f*

7 6 6 5 | 3 6 5 5 | 5 | 5 5 0 | 2.1 6 | 1 0 0 |

上危 险 局面 得 挽 回。

【快板】
特快

1/4 (— | | 0) | 1 1 | 0 3 | 3 5 | 1 1 | 6(535 |

喝 令 九 龙 东 流 水，

6)3 | 3 5 | 5 3 | 1 0 | 3 5 | 6 1 | 5 7 7 | 6 7 | 6 7 |

快 向 后 山 展 翅 飞。端 起 龙

2 2 | 2 3 | 1 7 | 6(5 | 3 6) | 5 5 6 | 1 | 0 1 | 0 |

江 化 春 雨， 洒 遍 灾 区

3 1 | 5 6 | 5 | 1 1 | 1 1 | 0 3 | 3 5 | 1 1 | 6(535 |

解旱 围。(众唱)喝 令 九 龙 东 流 水，

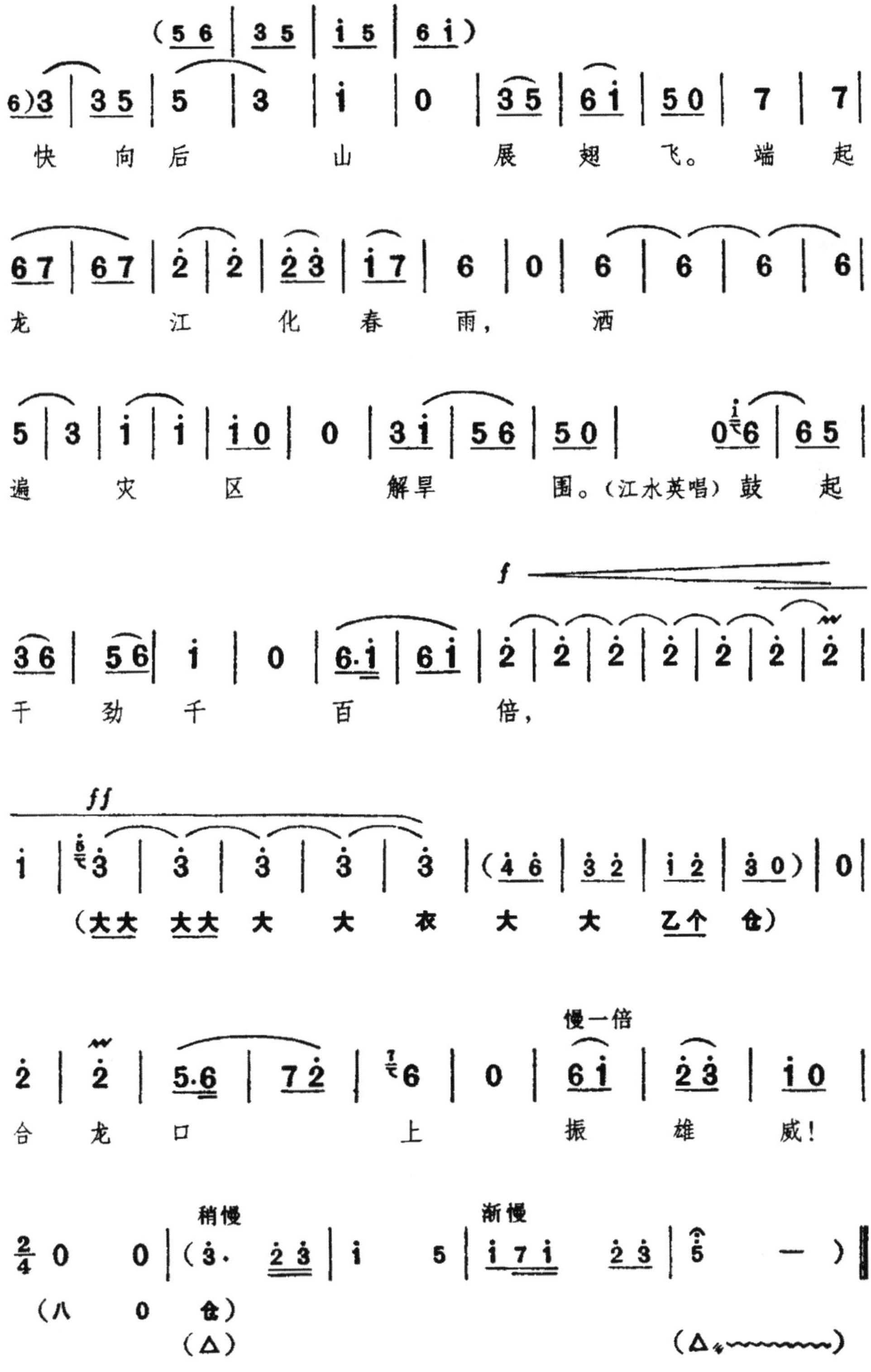
快向后山展翅飞。端起
龙江化春雨，洒
遍灾区解旱围。（江水英唱）鼓起
千劲千百倍，
（大大 大大 大 大 衣 大 大 乙个 仓）
慢一倍
合龙口上振雄威！
稍慢
渐慢
（八 0 仓）
（△）

望北京更使我增添力量

第五场 江水英唱

1 = D

散

([冲头] 仓才 仓才 仓 才 0 仓)
(△)

(6535671 2 | 3·33 33 32 3)
f

15 12171 23 5 —) 2·32 12 3 — 320 |
【二黄导板】
mf
听 惊 涛

(3·33 33 323 15 171 23·5 2) | 7 7 6 7 2 —
mf
拍 堤

6·767 65 3 5· | 5 (3 2· 12 7·2 65 32 50) |
岸

f
4 3·2 1·2 3 — 2·1 6·(76 | 5·6 7623 5· 6 76 2 60) |
心 潮
渐慢
(仓仓 台才才 仓 0

321 0 1 — 2· 3 23 2 03 4 —3 —3 — |
激 荡!

0 八大 0 大八 大八 大八 大八 大八 ———————)

374

【回龙】

中快
mf

ff
(6 - #4 3 25 54 3 - - - - 30) | 1/4 1 1 3 |
(才. 才才 才才才 才 仓0)　夜巡

(2165)　　　　　　　　(5672)
2 0 | 23 17 | 60 7 | 67 | 22 76 | 50 | 676 7 | 25 |
堤，披星光，但只见，工地　上，人来车往，

(1 1.2 | 7656
767 | 17 | 707 | 7 165 | 305 | 11 | 0
灯火　辉煌，同　志们斗志昂扬，

p　　　　mf
2/4 i)5 62 i | 3 12 23 (0561) 2321 | 1 - i - | 10 1761 |
准备着奋　战　一　场。

渐慢　　f　　原速 (2. 2 22 | 243 2171 |
2.321 6.561 | 203 11 | 2 - | 2 - | 24 3235 |
(大　大大 大.大 大大 衣大大 仓0)

ff　　　　p　　　渐慢 f
6. 56 | 7. 6 | 56 653 | 201 | 2123 | 5 576 |
(△. ～～～～～～)

375

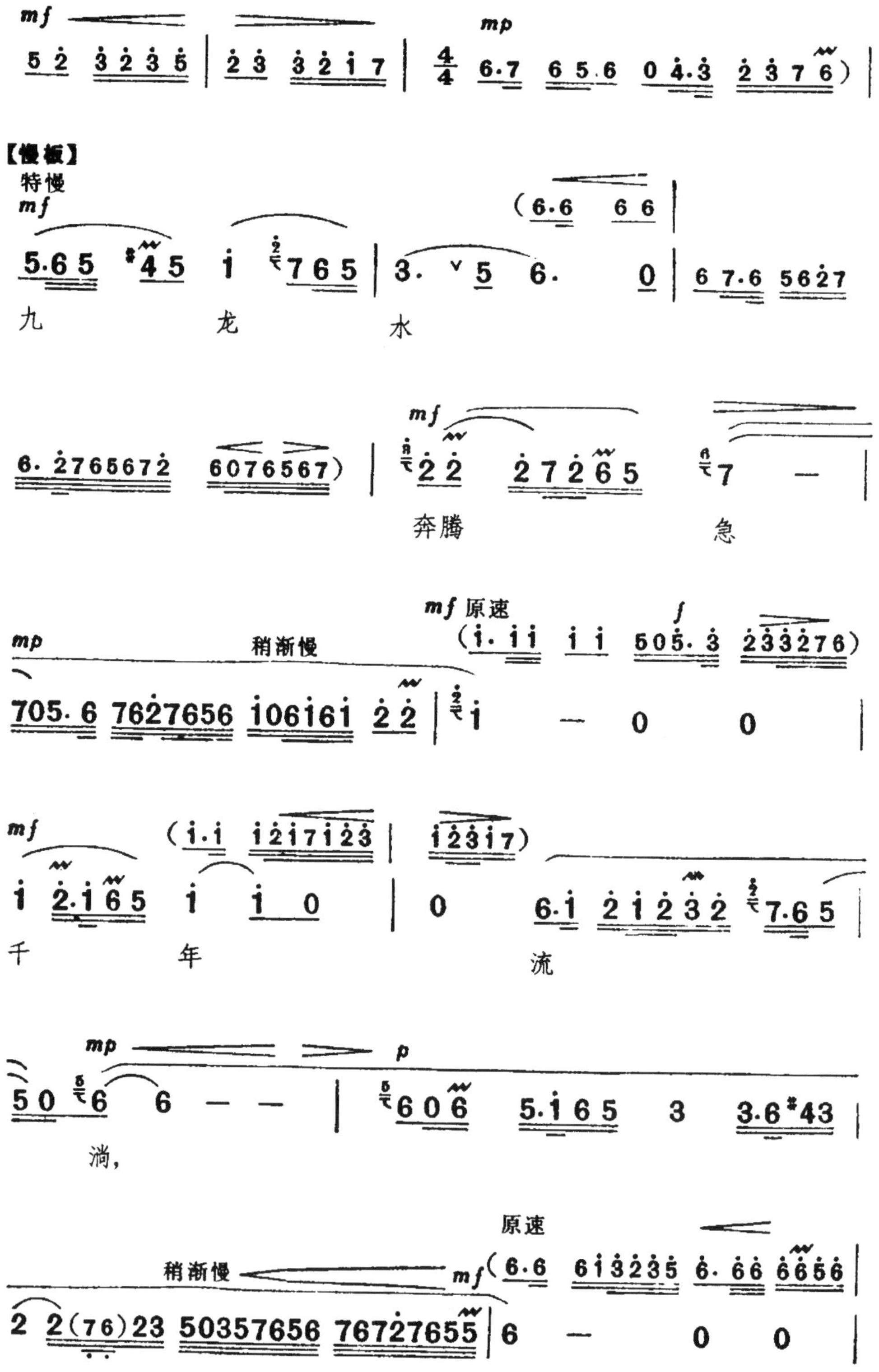
【慢板】
特慢
九 龙 水
奔腾 急
稍渐慢
原速
千 年 流
淌，
稍渐慢
原速

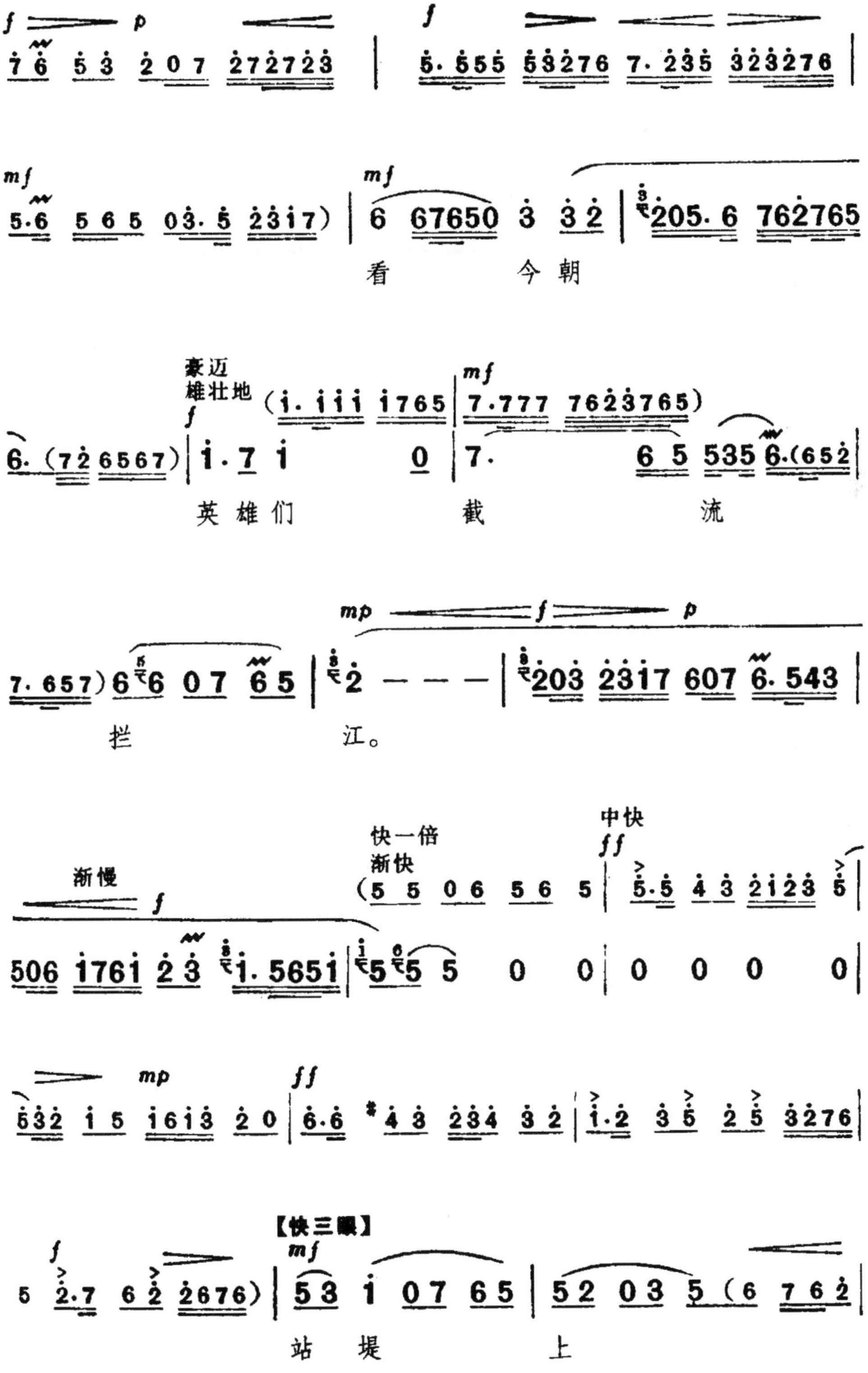
看
今朝
豪迈
雄壮地
英雄们
截
流
拦
江。
渐慢
快一倍
渐快
中快
【快三眼】
站
堤
上

想 旱 区

心 驰 神 往，

恨 不 能 九 万 亩 稻 谷

飘 香。 堵 江 来

出 现 的 可 疑 迹

稍渐慢
mp

象， 一 件 件 细 分 析 事 非 寻

原速 　　　　　　　 **【原板】**

常。 黄 国 忠 怎 熟 悉 后 山

〔注〕＊处表示 $\frac{2}{4}$ 前一小节中每一二分间符的时值等于 $\frac{2}{4}$ 以后每一四分音符的时值。

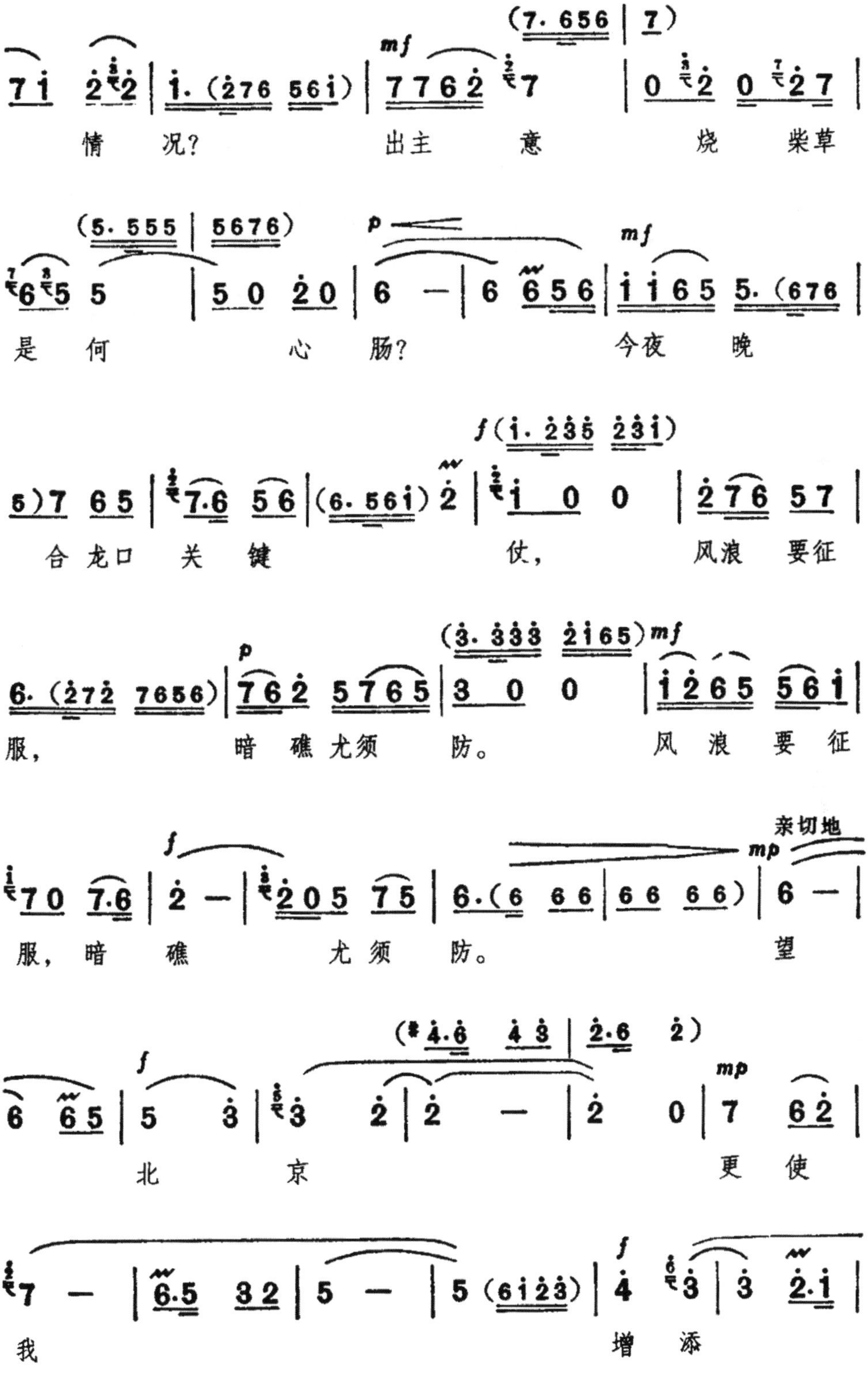
情 况? 出主 意 烧 柴草
是 何 心 肠? 今夜 晚
合龙口 关 键 仗, 风浪 要征
服, 暗 礁 尤须 防。 风 浪 要 征
服, 暗 礁 尤 须 防。 望
亲切地
北 京 更 使
我 增 添

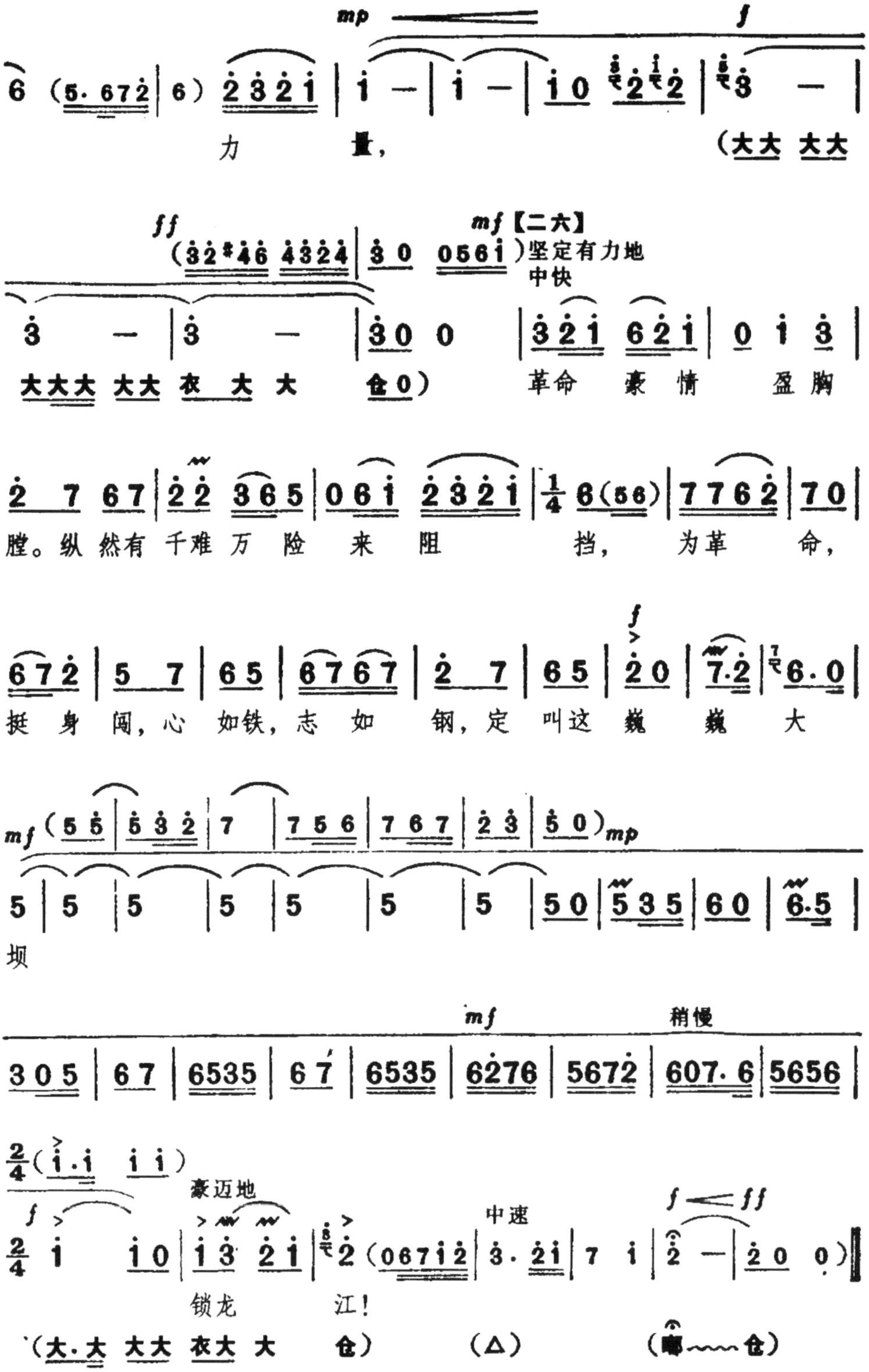
mp
f
力 量，
（大大 大大
ff
mf【二六】
坚定有力地
中快
大大大 大大 衣 大 大 仓0）
革命 豪情 盈胸
膛。纵然有 千难万险 来 阻 挡，为革 命，
挺 身 闯，心 如铁，志 如 钢，定 叫这 巍 巍 大
mf
mp
坝
mf
稍慢
豪迈地
中速
f ff
锁龙 江！
（大·大 大大 衣大 大 仓） （△） （嘟~~仓）

这样的好书记人人夸不够

第六场　阿坚伯唱

$1 = {}^{\flat}E$

【西皮二六】
慢起渐快

中速

(0. 2̇1̇3̇)｜²∕₄ 215 321｜6 2̇ 1̇ (02̇1̇2̇)｜325 3̇. 2̇1̇3̇｜2̇. (635 2̇) 7

(仓 0)　自 从 大 坝　筑 成　后，　　咱

渐慢

6. 767 2̇｜656 1̇｜1̇ 7̇1｜2̇ 01̇. 2̇ 325｜5̇. 2̇35 2̇. 6

水　 英 更 加　 忙 不　休。

原速　　　　　　　　mp

1̇. (235 5̇235｜1062)｜1̇ 03 365｜1̇ 65｜3̇. 5 615｜503 2̇. 1̇

她 带 领 群 众 苦 战 　三 千

2̇ (1̇3̇2̇) 7672｜6̇ 5 5｜5 — ｜5 — ｜56535 6065｜3̇. 656 1̇ 1̇

亩，　废 寝 忘 食、　　　　　　　抱 病 操 劳

渐慢　　　 f　　　 原速 (1̇. 235｜

1601 235｜54. 6 3235｜526 1̇ 0｜6532 1061)｜5̇. 3 6̇ (165)

夺 丰 收。　　　　 你

381

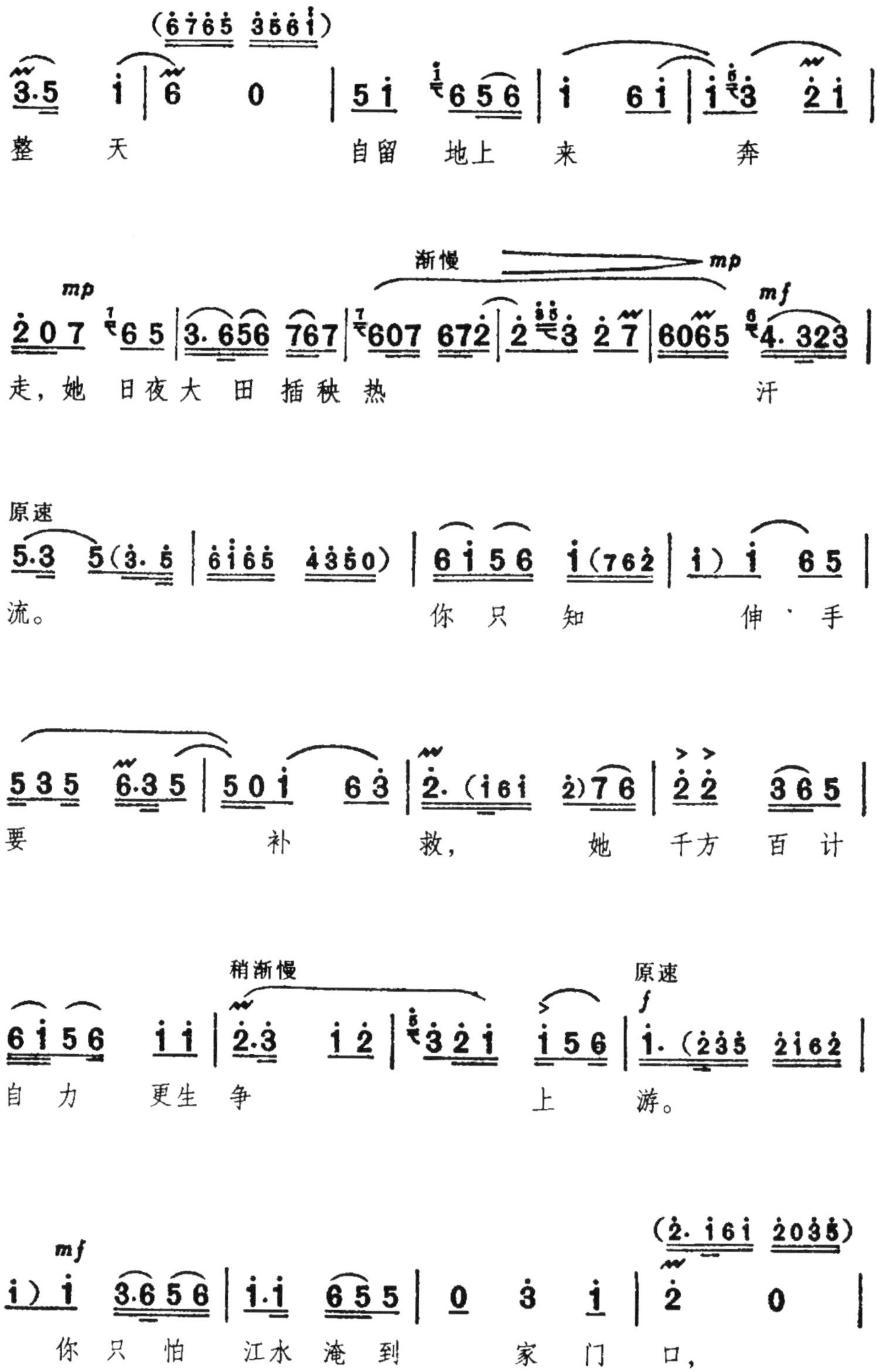
整天 自留地上来奔
渐慢 mp
mp mf
走，她日夜大田插秧热汗
原速
流。 你只知伸手
要补救，她千方百计
稍渐慢 原速
自力更生争上游。
mf
你只怕江水淹到家门口，

mp   渐慢

2̇05 3̇.656 | 7̇6̇7̇2̇ 7̇6̇56 | 1̇.2̇76 561 | 605 3235 |
她 为 筑 坝 带 头 跳 水 截   江

【流水】
转快
mf

2̇ 3̇.2̇ | ⁴⁄₄ 1̇0 2̇ | 1̇2̇ | 1̇2̇3̇ | 2̇ | 1̇2̇1̇2̇ | 3̇1̇ |
流。   这 样 的 好 书 记 人 人 夸 不

渐快

2̇0̇1̇ | 3̇2̇3̇ | 50 | 1̇3̇2̇1̇ | 603 | 2̇.5̇3̇2̇ | 1̇2̇1̇2̇ |
够，你 思 一 思，想 一 想，你 胡 言 乱 语

f

3̇2̇3̇ | 2̇ | 2̇ | 2̇ | 2̇ | 2̇ | 2̇ | 2̇3̇2̇1̇ |
多 荒 谬，

渐慢   散

6̇1̇6̇1̇ | 2̇5̇3̇2̇ | 1̇2̇1̇2̇ | 3̇2̇5̇ | 2̇1̇3̇5̇ | 2̇0 | 2̇1̇ 1̇ 1̇   6 |
                                    难 道 不 害
      （大 0 大 0 大 0）   （大 八 大 八

ff

5̇3̇0̇2̇ | 1̇ 2̇ 3̇ 2̇3̇ 2̇0̇1̇ 6 1̇. 1̇ — 1̇0 ‖
羞?!
仓）

一轮红日照胸间

第六场　江水英唱

$1 = {}^{b}E$　$\frac{2}{4}$

中速

（5.5 55｜532 15｜1.235 2165｜1.3 2165｜1.3 2165）

（仓　一）

【西皮原板】
深情、亲切地　　（1.235 3216）　　（6.6 66｜5.672 7657）
mf

3.65 56｜1. 1.　　0｜5.6 762｜6 -｜6　0

手 捧 宝 书　　满 心 暖，

6.21 3｜2 -｜2 22｜7.2 65｜50 3｜2. 3｜2.1 65｜

一 轮 红 日　　照　　胸 间。

（1.1 11｜12 2765｜1.1 11）

1 -｜1 0｜0 0｜1.5 365｜55 37｜6.5 30｜276 56｜

毫不利己 破 私 念，　　专 门 利 人

（3.3 33｜321 230）mf

61 6532｜50 25｜3 -｜0　0｜6.5｜365（5323）｜5 -｜

公 在 先。有 私 念　　　近 在 咫 尺　　人

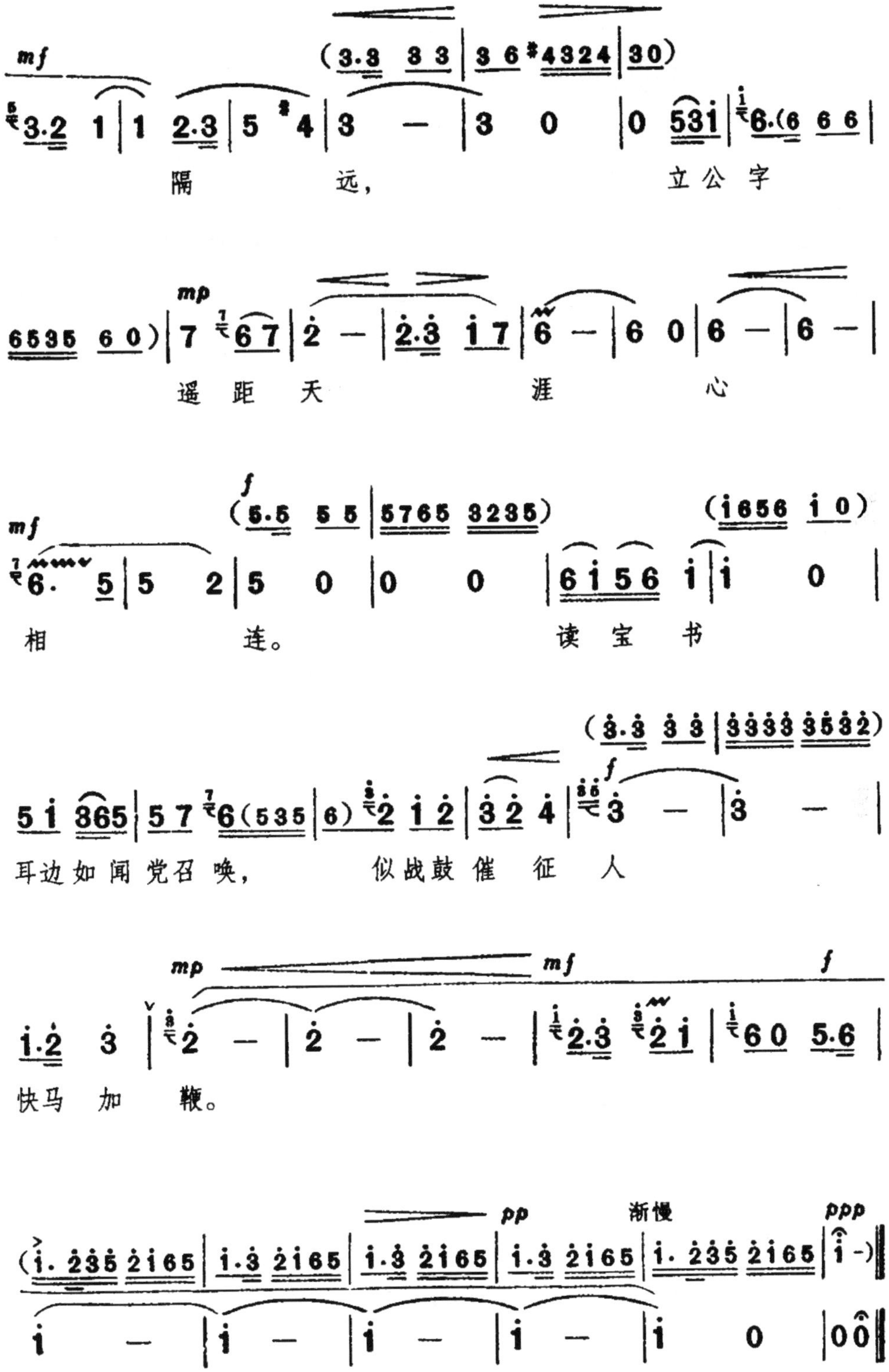
隔 远， 立公字
遥距天 涯 心
相 连。 读宝书
耳边如闻党召唤， 似战鼓催征人
快马加鞭。
渐慢

毛主席把阳光雨露洒满人间

第七场　盼水妈唱

p

| 3· | 5 | 62 2̃7 | 7 32 | 272 | 3 3 (3· 527 |
|水|未|盼 到|我 的 泪|||

| 6276) | 506 | 762 | 7· 767 | 2̃2 0317 | 6· 656 | 4· 323 |
|盼||||干。|||

渐慢

再慢　　快一倍 渐快

| 506 | 13231 2̃1 | 61· 16165 | 3· 53566 | 2/4 5 (506 5653 |

中速
f

| 2327 | 6276 | 52 | 3·6 | 5616 | 5·632 | 1235 | 2336 | 5655 | 0561) |

【原板】
f　　　　　　　稍慢　　　　　原速

| 5 | 5̃3·2 | 12 | 2̃2 (32) | 7 | 652 | 70 (6 | 5672 |
|丁|亥 年||遇 大 旱,|||

(1236 561)

| 6)7 65 | 25 5 (656) | 1·6 561 | (1761) 321 | 16 0 |
|咱 穷 人 缺 水|遭||灾 难,|

| 7767 | 2̃2 | 506 | 765 | 532 76 | (6561) 321 | 161 2̃2 |
|我 的|儿 虎 头 岩 下 找 到|||山 泉。|

f 稍慢　　　　原速

| 562 7 | 6156 | 1 (561) | 5 53 | 01 2· 532 | 1 (236 561) |
|狗 地 主 将 水 源 强 行|霸|占,||

387

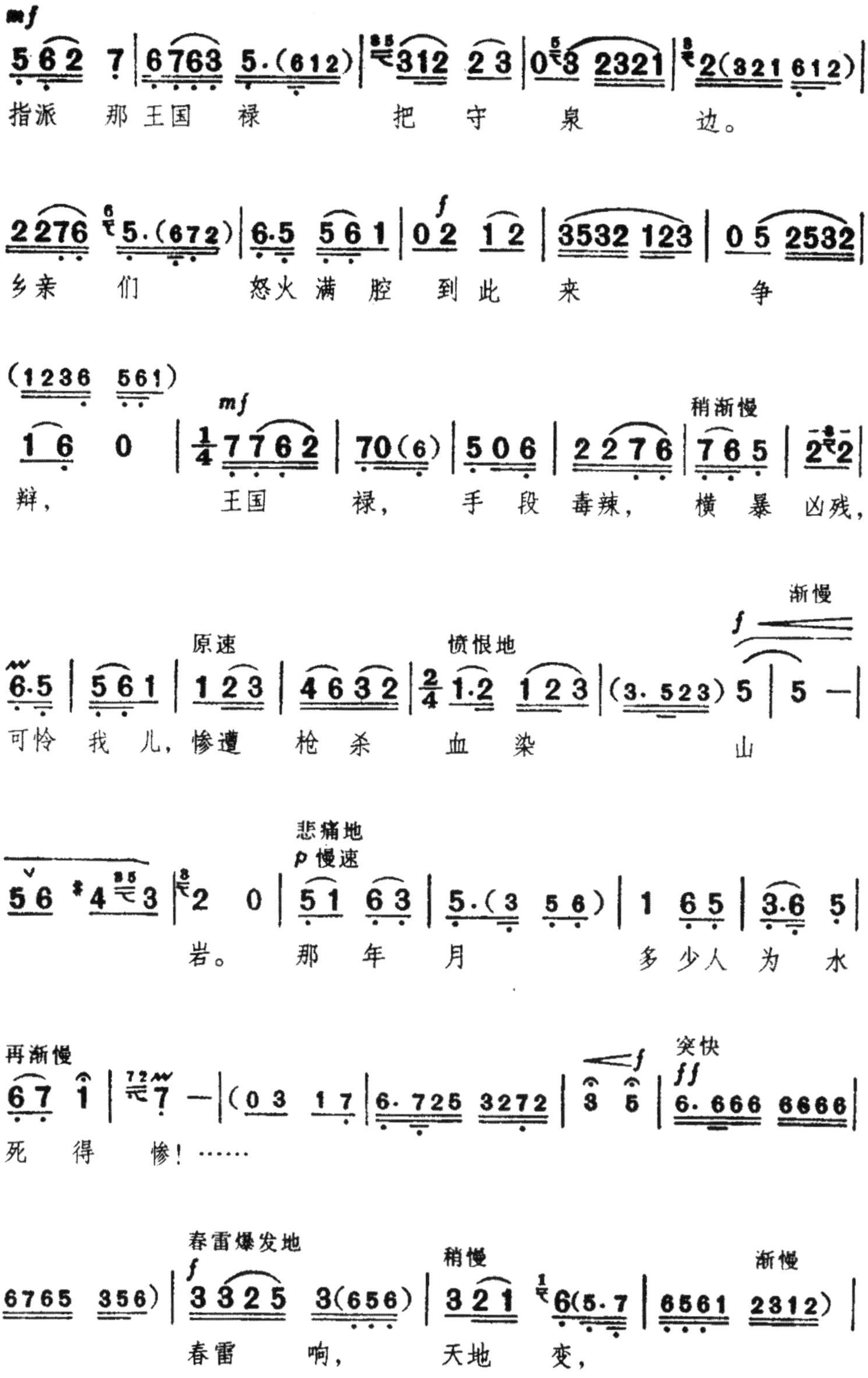
mf
指派 那王国 禄 把 守 泉 边。
乡亲 们 怒火 满 腔 到此 来 争
mf
稍渐慢
辩， 王国 禄， 手 段 毒辣， 横 暴 凶残，
原速
愤恨地
渐慢
f
可怜 我 儿，惨遭 枪 杀 血 染 山
悲痛地
p 慢速
岩。 那 年 月 多少人 为 水
再渐慢
突快
f
ff
死 得 惨！……
春雷爆发地
f
稍慢
渐慢
春雷 响， 天地 变，

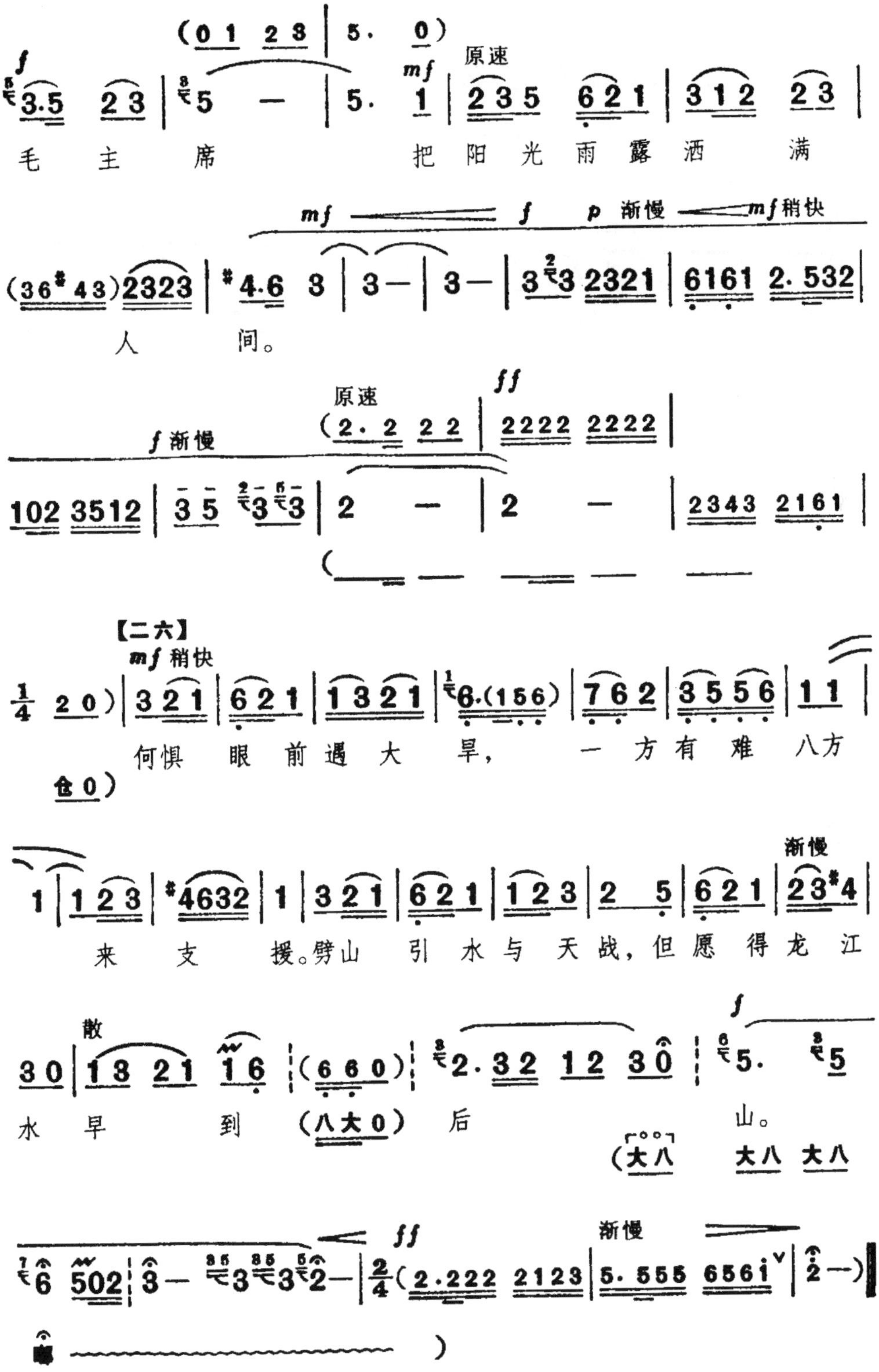
原速
毛 主 席 把阳光雨露洒 满
mf f p 渐慢 mf稍快
人 间。
原速
f渐慢
ff
【二六】
mf稍快
何惧 眼 前 遇 大 旱， 一 方 有 难 八方
仓0）
渐慢
来 支 援。劈山 引 水 与 天 战，但 愿 得 龙 江
散
水 旱 到 （八大0） 后 山。
（大八 大八 大八
ff 渐慢

为人类求解放奋斗终身

第八场　江水英唱

1 = A

散
mf 深沉地

（3. 33 3 3 323 15 1.21 71 2.3 56 3 一）

（白）更对不起三年前帮我们重建江村的阶级弟兄啊！

【反二黄慢板】
特慢
mp

4/4 2 2432 1 2.125 3 3.216 1 1 0 1

（唱）面　　　对　　　　着

（2 2 2 6 6543 23215）
mf

2 — 2 0 0 3 3 2 3 4 3.532
mp

公　字　闸，

p
1 0 3 2.165 1. 2 1 — 1 0 0

（1.1 1 1 1 1111 23567
mp

f
6 6 6532 5 6 6321） 6. 2 1 7.（3 2.165 1071）
p mp

往　　事

390

```
  5̲         5
˜2̲3̲2̲1̲5  3.(5   3.̲2̲1̲2  3̲0̲2̲3) | 5̲.  2̲1   1.̲5  6̣   (6.̲6̲5̲6̲7|
历  历                   如  潮

              f                    mf          f
                                               7̇    2̇
6.̲5̲3̲2)  5̲3̲0̲5  6̲5̲7  ˜7̲.6̲5 | 6 — —  6̲5̲ ˜7̲.6̲
翻            滚,

        (3̲3̲.3̲  3̲1̲2̲3 | #4̲.4̲4̲4  4̲2̲4̲2̲4̲6)           p
5     5̲6̲.5̲  3.    0  | #4.   4̲.6̲  3̲0  4̲0̲3̲

                    mp 稍快些
                    (3̲.3̲3̲  3̲3̲3̲3̲  3̲3̲.3̲  3̲7̲2̲7̲2̲3̲
2̲.3̲#4̲6̲  4̲6̲4̲3̲2̲2̲  3  0̲2̲ | 3 — —  0

  mf          f                    mp
#4̲.4̲4̲  4̲4̲4̲4̲  4̲4̲4̲3̲4̲6̲  4̲3̲2̲3̲4̲6̲ | 3̲ #4̲.6̲  3̲2̲1̲5̲  1̲0̲0̲2̲1̲  7̲1̲)|
(大0  大大大大 大大大大  扎0多0  大)
(△.           )

              f
              (˜2̲2̲  2̲1̲7̲6̲5̲  3̲6̲.1̲  6̲5̲4̲3̲)
2̲  ˜2̲1̲  5̲6̲  6̲5̲#4̲˜5̲3̲ | 2 — 0  0 |
这    砖

  mp
2̲  ˜2̲1̲  3.̲5̲  ˜2̲1̲ | 1.̲2̲1̲  5̲1̣  0̲ ˜3̲  ˜2̲1̲|
这    石    铭       记  着
```

391

阶　　级　　　　　　　　深

情。

三　年　前

龙　江　村

5.5 55　53212｜3 2 5 6 3.212｜3654　3.1 2 3｜501.2　6535）

5.　　　1｜3 2 5 5 0｜3.　　　2 3｜5 1　　0｜

山　　洪迸发。　暴　雨倾盆，

2 5 3 2　1 3｜2（0567　6535）｜2 0 1　5 1｜6.2 1　5 4｜

田地全淹尽，　　　　房被冲毁，人困山顶，

渐慢

3 0 2　1.2 3｜（0 6 4 3）2 0｜2 －｜2 －｜2 2　2 2 7｜

危急　万分。

原速

渐慢　　　　　　mp　　再慢

6 －｜7 6 2 7　6 5｜3 3 5　6 5 1｜7.6 5｜6 0　0 6｜

原速
f

（5.5　5 5｜5 6.1　6532

5 －｜5　0｜5.555　3235｜66.1　6356｜1 2　35.3｜

【原板】
f

2 1 2 3　5 0）｜6.5　5 3 5｜1 6 －｜0　0｜6 5 6　1.0｜

忽然　间　　　　　　　红　灯

（6.6　6 6｜6531　2357）

393

闪

群情振奋，毛主席派二军

来救江村。东海上

开来了救生快艇，赠馒头

送寒衣暖人身心。乡亲们

手捧馒头热泪滚，

毛主席的恩情比天高，比地厚，更比海洋深！更比海洋深！

（大大大 0 大大大大 大大 衣大大 0 仓 0）

战洪水，

后 山 人

不惜 牺牲 抢 担 重

任， 筑长 堤， 造大 闸， 万人 合 力

重建 龙江 村。 咱怎能 好了疮疤 忘

了 痛？ 更不能 饮甜 水 忘 记

掘井 人！ 忆当 年 看眼 前，

此 情 此 景 令 人 心 疼 实难

原速
pp （25⁴₅5 25⁴₅5｜25⁴₅5 25⁴₅5｜

⌢2·³|²₄5 — ｜5 — ｜25⁴₅5 25⁴₅5｜25⁴₅5 25⁴₅5）｜
忍，

【揺板】
mp （51⁷₁1 51⁷₁1｜51⁷₁1 51⁷₁1｜

03⁸₂1｜1 — ｜1 — ｜51⁷₁1 51⁷₁1）｜⁸₂·³²｜
同 志 啊！ 战

【二六】
f mf
1⌢5｜₅3 — ｜3·⁵｜₅2 — ｜2 —｜（25 3213｜¹₄2）3⁸₂1｜
友 哇！ 似 这点

渐慢
15⁵₅305｜6⁵₅6⁵₅6·5｜⌢4｜5｜05｜3·65｜565｜3·521｜
小风 浪 你尚且站不 稳， 更 何 谈 为人 类

散 f > >
3 3521｜²₁6｜（⌢6—₊）｜⁸₂·32 15⌢₅3·（32 1·· 2｜300 0）｜
求解 放 奋 斗 （顷 一 仓）

6 ⌢6· 6⎯5 6⎯｜⌢1 — ⁵₅105⌢ ⁵₅6·5 66⌢ ⁵₅5 —｜
终 身！
（大八 大八 大八 大八 仓— — —

²₄（5· 5 55｜
²₄⁵₅5 0｜5 3 2 75｜767 23｜⌢5 — ）｜
仓0）

永不忘阶级斗争

第八场　李志田唱

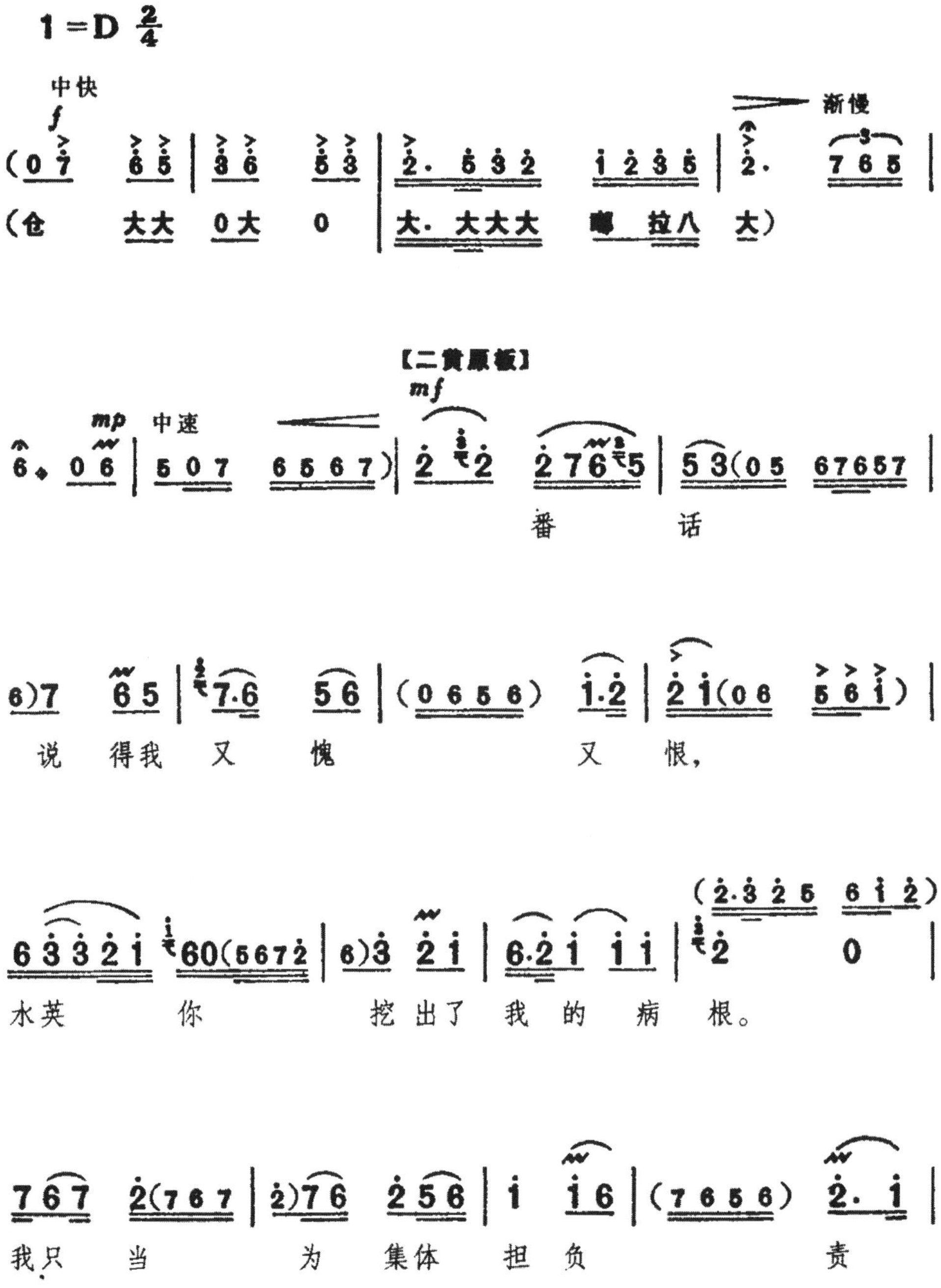
1＝D 2/4
中快
渐慢
(仓 大大 0大 0 大·大大大 嘟 拉八 大)
【二黄原板】
中速
番 话
说 得我 又 愧 又 恨,
水英 你 挖 出了 我 的 病 根。
我只 当 为 集体 担 负 责

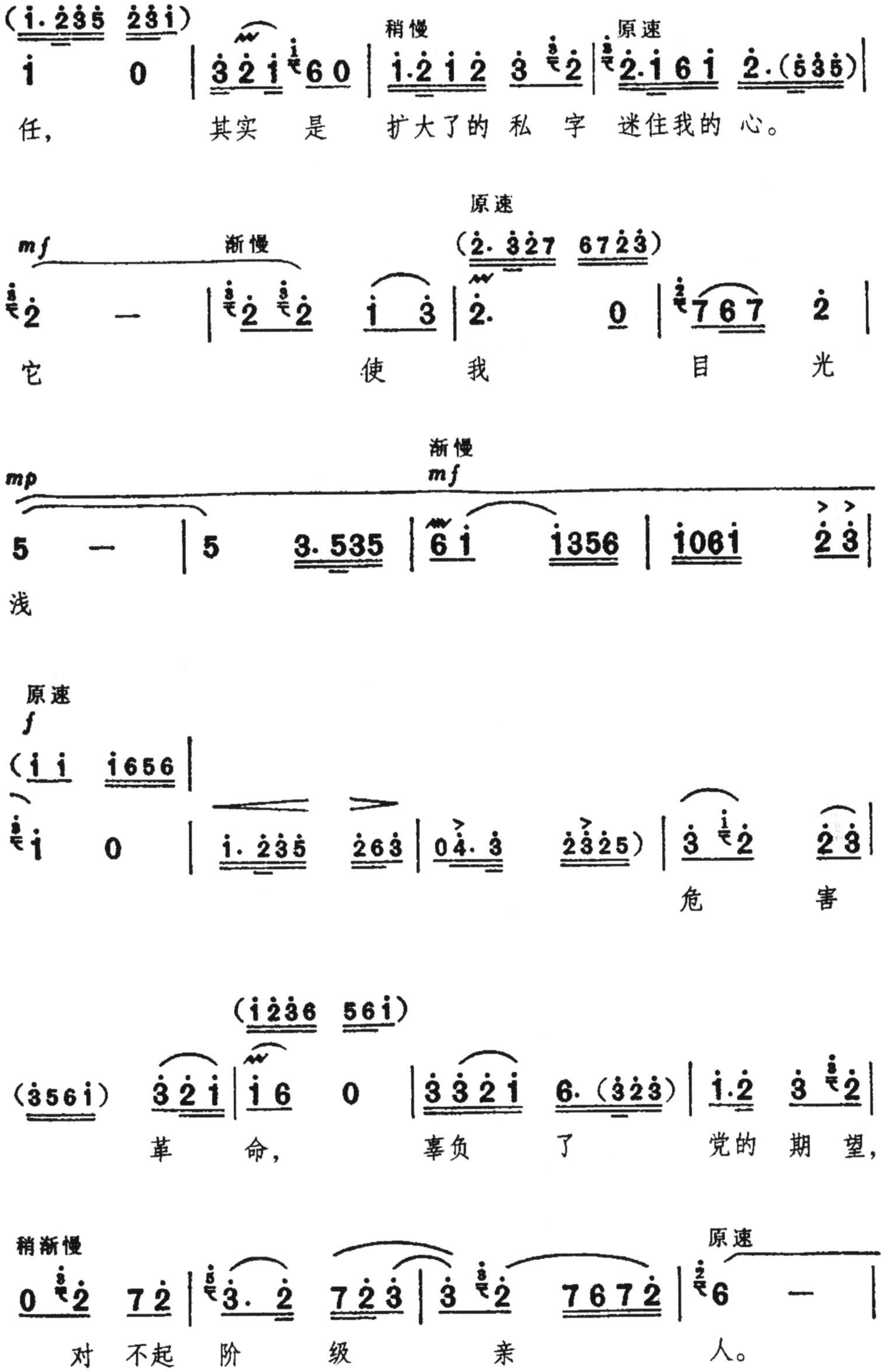
稍慢
原速
任，其实是扩大了的私字迷住我的心。
原速
mf
渐慢
它使我目光
渐慢
mp
mf
浅
原速
f
危害
革命，辜负了党的期望，
稍渐慢
原速
对不起阶级亲人。

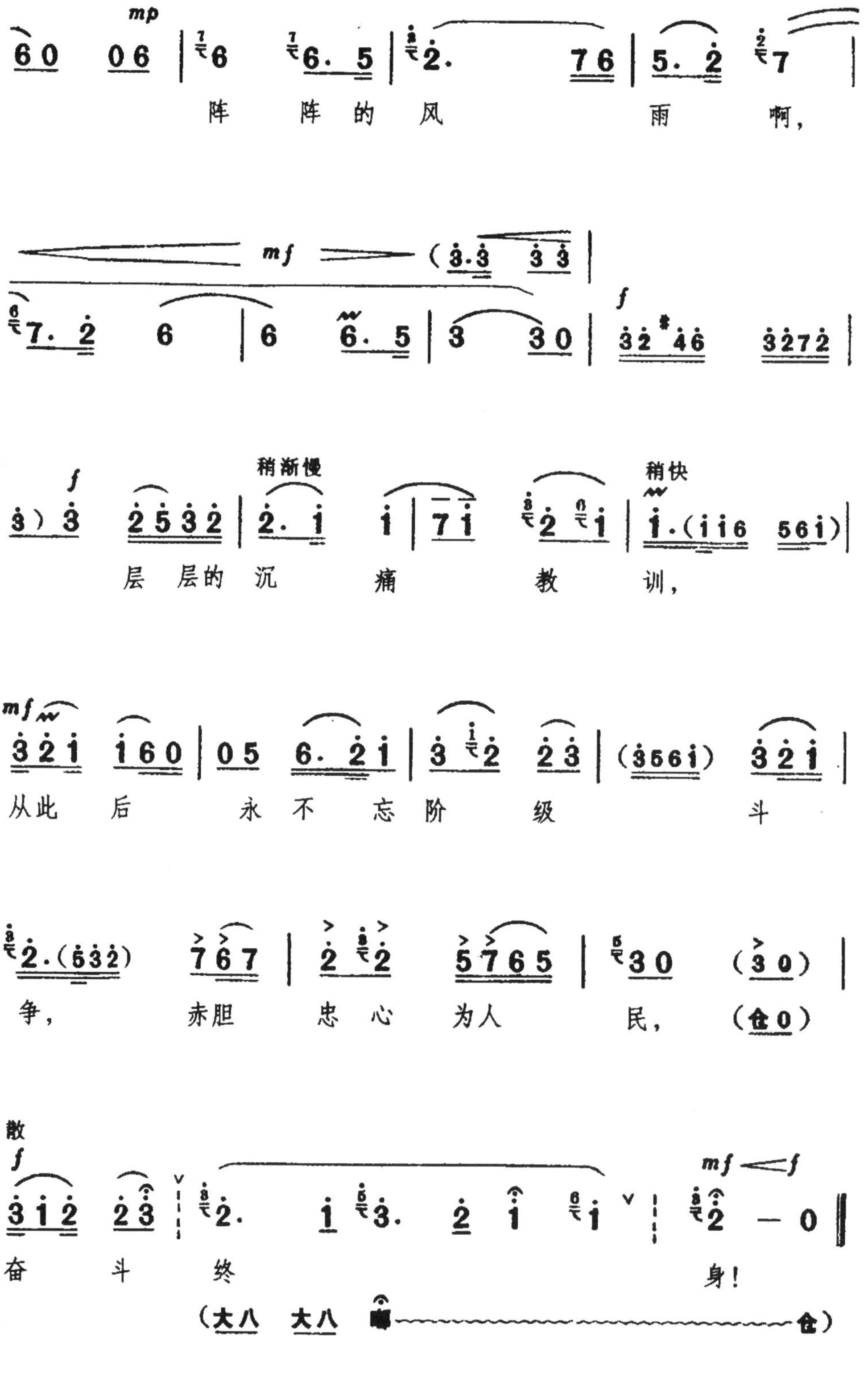
阵 阵 的 风 雨 啊，
稍渐慢
稍快
层 层的 沉 痛 教 训，
从此 后 永 不 忘 阶 级 斗
争， 赤胆 忠 心 为人 民，
散
奋 斗 终 身！

让革命的红旗插遍四方

第八场　江水英唱

1 = A

散
mp   mf
(1   — | 2   —

(白) 志田，抬起头来，看，……   再往前看。……   你再往前看。

【反二黄原板】

f   慢起渐快   中速
3   — | 0 ⌒65) | 2/4 3 2 3 5.6 3 2 | 1 3 2 1 1 (2 3) | 5 3 2 1 2

巴掌山挡
住了你的双眼！(仓0)(唱)抬起　头，　　挺胸　膛，　高瞻　远瞩

mp ———— f —— mp
3.2 1 2 3 | (0135) 6 6 | 6 — | 6 — | 6 0 6 5.7 6 5 | 3 0 4.3 2 1 2 3 |

向　　　　　前方。

稍慢   mf原速
(5. 5 5 5 | 5 5 5 3 5 6 |
56535 6 6 | 5 — | 5 0 0 | 1. 1 1 1 1 | 1 6 5 4 1 |

(大大　大　衣大大　仓)

渐慢
(1 6 5 4 1 | 2 1 2 4 6 | 5 0)
212 4 6 | 5 — | 5 — | 5 0.1 6 5) | 5 3 2 1

亲切地
中慢
mf

莫　教

401

```
                                        mf ⟍
                            (3·3  33 | 3216  15 |

0  6  5 | ⁵3.2  5 | 5 1  2 4 | 3  —  | 3   0 |
"巴掌"把    眼      挡,

        稍快
 ⟋     f                                    mf ⟍
3212  30) | 6 5 6  7 | ⁵⁷6  —  | 6  — ᵛ | 7  6̃5  5  2.3 |
四海  风  云              胸  中  装。

 ⟋            mp         渐慢     ⟍
5 3 5  6̃6 | 5 6 i̊ | 6535 | 2321 | 6161 | 2 3 5 | 1·2325 |

 原速
 f
(2̇·  2̇  2̇2̇ | 2̇ 7 6  5 2 |

2  —  | 2  —  | 5 ♯45  6 7 | 2̇· 6  7 6 2̇ |

2̇ 7 6  5 i̊ | i̊i̊65  3216 | 1·235  6532 | 10021  7̣ 1 )

                            (2̇·  2̇  2̇2̇ | 2̇ 3  2123 )
mp
2̣2  —  | 2̣2̣ 2̣2̣  1̣5 | 2̣3  3̣5 | 2̣2  —  | 2  0 |
要        看  到
```

mf (1·1 1235 | 6532 101 |

5 532 | 1·2 3 | 3 - | 2·3 5 | 51 - | 1 0 |
世 界 上

渐慢 p 【二六】稍慢 mp

6542 5·3 | 2356 3216 | 10· 50) | 5 2·1 | 621 (3561) |
多少 奴隶

2 15 | 5 3·(2 12) | 3 2·1 | 621 (1761) | 2 65 |
未 解 放， 多少 穷人 遭饥

稍快 mf 再稍快

1·(5 32) | 321 621 | 113 20 | 323 53 | 1321 10 |
荒， 多少 姐妹受迫 害，多少 兄弟扛起 枪。

渐慢 f 散 fp

665 365 | 5531 | 6 - | 6·5 30 | (5 -) |
多少 姐妹 受迫 害，

【散板】 mf

323 57 | 1 - | 2·3 4 4·6 | 3 2 |
多少 兄弟 扛 起

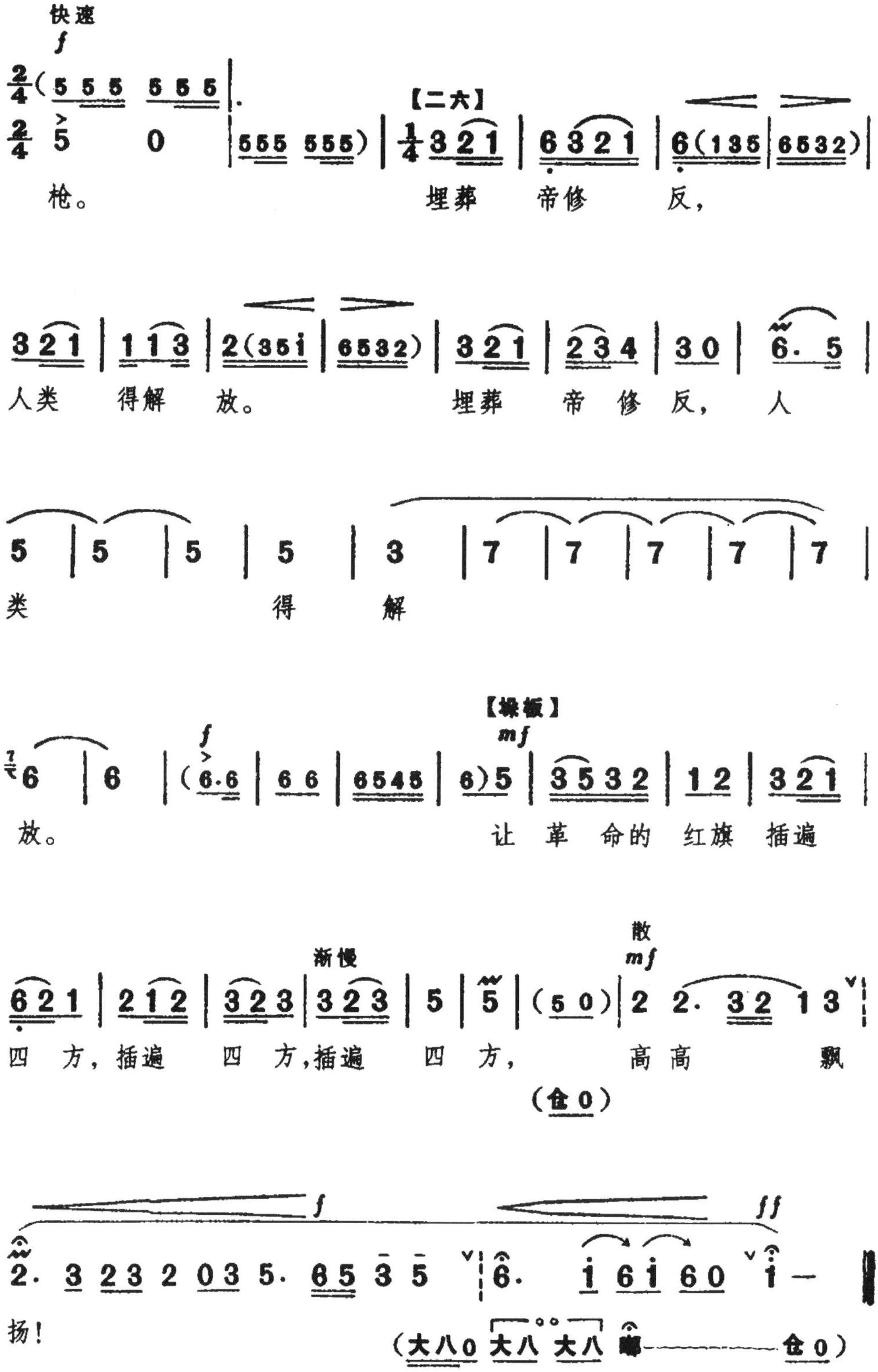
快速
【二六】
枪。
埋葬 帝修 反，
人类 得解 放。
埋葬 帝 修 反， 人
类 得 解
【垛板】
放。 让 革 命的 红旗 插遍
渐慢
散
四 方，插遍 四 方，插遍 四 方， 高 高 飘
（仓 0）
扬！
（大八0 大八 大八 仓 0）

锣 鼓 字 谱 说 明

大	鼓单楗击
八	鼓双楗同击
八大	鼓双楗分击
嘟	鼓双楗滚击
拉	鼓双楗滚击的落音
多	鼓单楗轻击
龙登	板、鼓单楗同时轻一击后，鼓单楗再轻一击或鼓单楗轻二击
乙、个	休止
扎、衣	板音
仓	大锣单击或大锣、小锣、铙钹同击
顷	大锣轻击或大锣、小锣、铙钹同时轻击
冨	大锣、小锣、铙钹同击闷音
台	小锣单击
令	小锣轻击
才	铙钹单击或铙钹与小锣同击
累	小钹、小锣同击或小钹单击
扑	铙钹击闷音
△	吊钹
◎	水声锣

锣 鼓 字 谱 说 明

⌢	延长号
⌒	滑音
▼	顿间
>	重音
‖: :‖	反复
⌐°°⌐	自由反复或自由延长
)0(	自由休止
◁	渐强
▷	渐弱
∨	换气
∿	震音
ppp	最弱
pp	很弱
p	弱
mp	中弱
mf	中强
f	强
ff	很强
fff	最强
sf	特强
fp	强后弱
sfp	特强后弱
散	节奏自由处理

颤音：

(1) "～、～～、～～～" 上颤音，实际效果为：

$\overset{\sim}{6}$　等于 **6 7 6.** 或 **6 1 6.**

$\overset{\sim\lor}{6}$　等于 **67676** 或 **61616**

$\overset{\sim\sim\sim\lor}{6}$ — 等于 **6 7 $\overbrace{6767676}^{5}$** 或 **67676767** ……

　　或等于 **6 1 $\overbrace{6161616}^{5}$** 或 **61616161** ……

(2) "～、～～、～～～" 下颤音，实际效果为：

$\overset{\sim}{6}$　等于 **6 5 6.**

$\overset{\sim\sim}{6}$　等于 **65656**

$\overset{\sim\sim\sim}{6}$ — 等于 **6 5 $\overbrace{6565656}^{5}$** 或 **65656565** ……

（颤音随符号长度之不同，声音颤动的长度亦不同。长的颤音
有先慢后快的，有先快后慢的，还有全慢全快的，等等。）

(3) "tr～～～" 大颤音，实际效果为

tr～～～
5 — 等于 **56565656** **$\overbrace{565656565}^{5}$**

（此种大颤音只用于器乐部分）

407

革命现代京剧

龙　江　颂

人 民 文 学 出 版 社 出 版
中国人民解放军战士出版社翻印
中国人民解放军第七_一八工厂印刷
1972年 5 月第 1 版
1972年 5 月武汉第 1 次印刷

江水英堅決執行縣委決定，在龍江大隊堵江送水，
決心在戰鬥中使人換思想地換裝。

堵江要淹掉龙江大队三百亩高产田，大队长李志田
思想不通，要找县委解决困难。江水英意味深长地说：
"咱龙江大队可从来没把困难上交过呀！"

　　在急需柴草抢救大坝塌方的时候，窑上突然提前起火。阿坚伯根据党支部的决定，当机立断，叫阿莲快去窑上搬运柴草。

　　江水英让旱区来的小红喝水。小红杯到嘴边却停住
了，原来她奶奶盼水妈说："一碗水也能救活几棵秧苗。"
在场群众深受感动。

　　大坝合龙前，江水英披着星光，巡看工地，激情满怀，准备奋战一场。

"中国人死都不怕，还怕困难么？"江水英带领群众
跳入水中，用身体挡住激流、顶住风浪、保证大坝合龙。

江水英捧着阿坚伯送来的鸡汤，想着广大贫下中农多年来对自己的关怀和爱护，十分感动。

江水英和盼水妈在后山亲热相见，并向她调查了阶
级敌人黄国忠的罪恶历史。

　　李志田轻信黄国忠的流言蜚语，贸然决定关闸断水，
阿坚伯奔上闸去，坚决阻拦。

江水英热情地帮助李志田认识错误，鼓励他抬起头，
挺胸膛，"莫教：'巴掌'把眼挡，四海风云胸中装。"

江水英当众揭破黄国忠的伪装，使这个死心塌地的反革命分子原形毕露。

在毛泽东思想光辉照耀下，在党的坚强领导下，龙江大队和旱区社队互相支援，创造了大旱年大丰收的厅奇，谱出了一曲共产主义风格的凯歌。

《文革史料叢刊》

李正中 輯編
古月齋叢書3-8

文革史料叢刊 內容簡介

至今中國大陸對於文化大革命仍有極大的爭議，官方和自由派認為文革是錯誤的，自由派甚至認為毛澤東要對此負責。極左派仍支持文革的正當性，認為走資派鄧小平篡奪黨和國家，建立修正主義國家。文革最大的貢獻，就是它本身的失敗，透過失敗破解中國的改革文明進程，也引起我們對整個人類歷史更深遠的思索。

本書輯編李正中是一位歷史研究者，也是文革受難者，他以史學家角度鉅細靡遺地蒐集整理文革遺物，舉凡手寫稿、油印品，鉛印文字、照片、繪畫，傳單、小報、造反隊的隊旗、臂標等等。歷時數十年歲月蒐集的內容包羅萬象，以供來者深入研究這一段歷史。

「無史料，即無歷史」。史料可分為有意史料與無意史料兩類者，本叢刊為無意史料，都是文革之時不知不覺之中，所留下來的直接史料，更具有學術研究的意義。有了充分的史料，自然會有高明之士運用其正確的史觀深入研究，而有所造就。臺灣蘭臺出版社以服務學術界為原則，不以營利為目的，目前已出版至第六輯，希望有利於文革及其相關的研究。

蘭臺出版社書訊 文革史料叢刊（第一輯—第六輯）

第一輯共六冊，圓背精裝
ISBN：978-986-5633-03-5

第一冊	頁數：758
第二冊	頁數：514
第三冊	頁數：474
第四冊	頁數：542
第五冊	頁數：434
第六冊	頁數：566

第一冊：最高指示及中央首長關於文化大革命講話

第二冊：批判劉少奇與鄧小平罪行大字報選編

第三冊：劉少奇與鄧小平反動言論彙編

第四冊：反黨篡軍野心家罪惡史選編

第五冊：文藝戰線上兩條路線鬥爭大事紀

第六冊：文革紅衛兵報紙選編

第二輯共五冊，圓背精裝
ISBN：978-986-5633-30-1

第一冊	頁數：188
第二冊(一)	頁數：416
第二冊(二)	頁數：414
第二冊(三)	頁數：434
第三冊	頁數：470

第一冊：文件類

（一）中共中央文件

（二）地方文件 69

第二冊：文論類（一

第二冊：文論類（二

第二冊：文論類（三

第三冊：講話類

9 789865 633035　30000
古月齋叢書 3 定價 30000元 (再版)

9 789865 633301　20000
古月齋叢書 4 定價 20000元

第三輯共五冊，圓背精裝
ISBN：978-986-5633-48-6

第一冊	頁數：239
第二冊	頁數：284
第三冊	頁數：372
第四冊（一）	頁數：368
第四冊（二）	頁數：336

古月齋叢書 5　定價 25000元

第一冊：大事記類
第二冊：會議材料類
第三冊：通訊類
第四冊（一）：雜誌、簡報類
第四冊（二）：雜誌、簡報類

第四輯共五冊，圓背精裝
ISBN：978-986-5633-50-9

第一冊	頁數：308
第二冊（一）	頁數：456
第二冊（二）	頁數：424
第三冊（一）	頁數：408
第三冊（二）	頁數：440

古月齋叢書 6　定價 35000元

第一冊：參考資料、報紙類
第二冊（一）：戰報類
第二冊（二）：戰報類
第三冊（一）：大批判、大學報集
第三冊（二）：大批判、大學報集

第五輯共五冊，圓背精裝
ISBN：978-986-5633-54-7

第一冊	頁數：468
第二冊	頁數：518
第三冊	頁數：428
第四冊	頁數：452
第五冊	頁數：466

古月齋叢書 7　定價 30000元

第一冊－第五冊：
大批判、大學報集

第六輯共五冊，圓背精裝
ISBN：978-986-5633-59-2

第一冊	頁數：460
第二冊（一）	頁數：422
第二冊（二）	頁數：382
第三冊（一）	頁數：311
第三冊（二）	頁數：389

古月齋叢書8　定價 30000元

第一冊-第五冊：
劇本、歌曲集

購書方式
書款請匯入：

銀行
戶名：蘭臺網路出版商務有限公司
土地銀行營業部（銀行代號005）
帳號：041-001-173756

劃撥帳號
戶名：蘭臺出版社
帳號：18995335

100 台北市中正區重慶南路1段121號8樓之14
TEL：（8862）2331-1675 FAX：（8862）2382-6225
E-mail：books5w@gmail.com
網址：http://bookstv.com.tw/